全国高等职业院校报关与国际货运专业系列教材
全国职业院校关务技能大赛备赛参考书
全国报关职业教育教学指导委员会推荐教材

报关基础与实务

（第二版）

院校主编◎张援越
企业主编◎赵羿喆

中国海关出版社有限公司
中国·北京

图书在版编目（CIP）数据

报关基础与实务/张援越，赵羿喆主编．—2版．
—北京：中国海关出版社有限公司，2021.8
ISBN 978-7-5175-0511-2

Ⅰ.①报…　Ⅱ.①张…②赵…　Ⅲ.①进出口贸易—海关手续—中国—高等职业教育—教材　Ⅳ.①F752.5

中国版本图书馆CIP数据核字（2021）第159163号

报关基础与实务（第二版）
BAOGUAN JICHU YU SHIWU（DI-ER BAN）

主　　编：张援越　赵羿喆
责任编辑：刘白雪
助理编辑：衣尚书
出版发行：中国海关出版社有限公司
社　　址：北京市朝阳区东四环南路甲1号　　邮政编码：100023
网　　址：www.hgcbs.com.cn
编 辑 部：01065194242-7538（电话）
发 行 部：01065194238/46/54/5127（电话）
社办书店：01065195616（电话）
https：//weidian.com/？userid=319526934（网址）
印　　刷：北京圣艺佳彩色印刷有限责任公司　　经　　销：新华书店
开　　本：787mm×1092mm　1/16
印　　张：15　　字　　数：358千字
版　　次：2021年8月第2版
印　　次：2021年8月第1次印刷
书　　号：ISBN 978-7-5175-0511-2
定　　价：52.00元

本教材配备国家级报关与国际货运专业教学资源库，学习者可扫描下方二维码，获取全面、全方位的教学资源增值服务。

全国高等职业院校报关与国际货运专业系列教材编委会

《报关基础与实务》编写组

院校主编：

张援越　天津商务职业学院

企业主编：

赵羿喆　天津中铁青源国际货运代理有限公司

参　　编：

王　莉　天津商务职业学院
屠立昆　天津商务职业学院
邢　丽　天津商务职业学院
史成全　天津振华报关行有限公司
马　涛　天津振华报关行有限公司
冯子蓉　天津振华报关行有限公司
牛淑梅　恩智浦半导体有限公司

资源制作：

张品一　天津商务职业学院
杜连超　天津商务职业学院
李　畅　天津商务职业学院

特约审稿：

康利欣　天津振华报关行有限公司

序

“全国高等职业院校报关与国际货运专业系列教材”由中国报关企业的业务专家和报关职业院校长期从事关务教学与科研的骨干教师联合编写，从内容到形式上，既贴近行业实际，又符合教学规律。本套教材作为“全国职业院校关务技能大赛备赛参考书”，结合大赛实际，不断吸取各方意见，不断优化，将大赛成果融入书中。同时，本套教材也是“报关与国际货运”专业教学资源库的配套用书。教材包含大量由一线业务高手提供的具有代表性的、贴近业务实际的真实案例，同时还提供了丰富的习题训练以辅助老师教学，帮助学生学习。

编委会组织专家在2017版基础上进行了本次修订，结合最新行业动态，更新了相关知识点。将高等职业教育与现代报关职业的最新要求紧密结合，将“互联网+”的思维全程融入教材，使教材内容兼备了系统性、专业性和可操作性。

高职院校是报关后备人才的重要培养基地。抓好后备人才培养，有利于行业的发展。在此，也希望参与本系列教材建设的各方专家，再接再厉，把握行业发展新动态，对接报关职业新标准，体现教材编写新形态，把本系列教材再版工作做好，为职业院校提供更好的精品教材。

中国报关协会副会长

2020年6月

前　言

报关（Customs Clearance）是指进出口货物收发货人、进出境运输工具负责人、进出境物品的所有人或者其代理人，以及出入境人员向海关办理货物、物品、运输工具进出境手续及相关海关事务的过程。

随着行业的发展，“关务”一词开始逐渐替代“报关”。传统的报关职业也开始从技术操作型职业向现代综合服务型职业转变。但无论是基于行业的新业态还是职业的新形态，进出口报关作业和报关单证填制依然是从业人员必须掌握的重要技术与技能。

近年来，海关进行了全国通关一体化、关检融合、通关无纸化、金关工程（二期）等多项改革。为使职业教育紧贴行业新业态，瞄准职业新形态，编写组对本教材进行了大幅度调整。

本教材对接《报关员国家职业标准（试行）》中“助理报关师”的工作内容、技能要求和相关知识，加入了出入境检验检疫制度、不同信用等级企业的海关管理原则和措施、“两步申报”通关作业程序、金关工程（二期）加工贸易管理系统操作、跨境电子商务零售商品报关操作、中国国际贸易“单一窗口”录入规范等最新岗位技能要求，打破了以往基础与实务分别阐述的方式，按照职业教育“做中学、做中教”的理念进行编写，使学习者能够在实际操作中掌握职业核心技能，了解专业知识。

本教材既可以作为高职院校报关专业学生的教材及全国职业院校关务技能大赛备赛用书，也可以作为应用型本科院校经贸专业及相关专业学生的教材，还可以作为关务人员的工具书。

本教材在编写过程中，得到了海关总署、中国报关协会、天津报关协会，特别是天津振华报关行有限公司等单位专家和其他资深行业专家、企业人士及教育界人士的大力支持，在此深表感谢！

由于编写时间有限，教材中难免存在疏漏、不足之处，敬请有关各界人士指正，以便在后续版本中得以改进和完善。

编　者

2021 年 4 月

目 录

上篇 进出口报关基础与实务

下篇　报关单填制基础与实务

上篇 进出口报关基础与实务

SHANGPIAN JINCHUKOU BAOGUAN JICHU YU SHIWU

第一章　进出口报关概述

DI-YI ZHANG JINCHUKOU BAOGUAN GAISHU

◇ 知识目标

了解海关的性质、职能和权力。
了解对外贸易管制的形式及对外贸易管制中海关的监管措施。
了解我国出入境检验检疫制度的主要内容。

◇ 能力目标

能够区分国境与关境。
能够区分海关监管货物。
能够区分对外贸易管制与海关监管。
能够判断国家规定实施检验检疫的进出境商品范围。

第一节　海关基础知识

一、了解海关

（一）海关的定义

《中华人民共和国海关法》（以下简称《海关法》）第二条对海关进行了定义：“中华人民共和国海关是国家的进出关境（以下简称进出境）监督管理机关。海关依照本法和其他有关法律、行政法规，监管进出境的运输工具、货物、行李物品、邮递物品和其他物品，征收关税和其他税、费，查缉走私，并编制海关统计和办理其他海关业务。”

（二）海关的机构设置

海关机构的设置为海关总署、直属海关和隶属海关三级。第一级是海关总署；第二级是广东分署，天津、上海 2 个特派员办事处，42 个直属海关；第三级是各直属海关下辖的隶属海关。直属海关由海关总署领导，向海关总署负责；隶属海关由直属海关领导，向直属海关负责。

1. 海关总署

海关总署是国务院下属的正部级直属机构，统一管理全国海关。海关总署现有 21 个内设部门、10 个直属单位，管理 2 个社会团体，并在欧盟、俄罗斯、美国等地派驻海关机构。中央纪委国家监委在海关总署派驻纪检监察组。

2. 直属海关

直属海关是指直接由海关总署领导，负责管理一定区域范围内海关业务的海关。直属海关承担着在关区内组织开展海关各项业务和关区集中审单作业，全面有效地贯彻执行海关各项政策、法律、法规、管理制度和作业规范的重要职责，在海关三级业务职能管理中发挥着承上启下的作用。

3. 隶属海关

隶属海关是指由直属海关领导，负责办理具体海关业务的海关，是海关进出境监督管理职能的基本执行单位，一般设在口岸和海关业务集中的地点。

（三）海关关徽

关徽是中国海关的专用标志、象征。1953 年 4 月经国务院批准，于同年 10 月 1 日起开始使用。

中国海关关徽由金黄色钥匙与商神手杖交叉组成（见图 1–1）。其中两蛇相缠的商神手杖是古希腊神话中商神赫尔墨斯的手持之物。赫尔墨斯是古希腊诸神中的传信使者，兼商业、贸易、利润和发财之神，以及管理商旅、畜牧、交通之神，故其手持的金手杖也便成了商神杖，被世人视为商业及国际贸易的象征。金钥匙寓意国门钥匙，具有海关掌管国家经济大门的含义，象征海关为祖国把关。钥匙上的三个齿，分别代表海关的监管、征税、查私3大任务（自1987年7月1日起实施的《海关法》确定，海关任务改为监管、征税、查私、统计4项）。中国海关关徽寓意着中国海关依法实施进出境监督管理，维护国家的主权和利益，促进对外经济贸易发展和科技文化交往，保障社会主义现代化建设。

图1-1 中国海关关徽

二、海关的性质

（一）海关是国家行政机关

海关从属于国家行政管理体制，是国家管理运输工具、货物和物品进出境事务的行政职能机关。

（二）海关是国家进出境监督管理机关

海关是由国家设立，代表国家对进出境的运输工具、货物及物品实施监管的进出境监督管理机关。海关依照法律和行政法规赋予的权力，制定具体的行政规章和行政措施，对进出关境活动实施监督管理，以保证其按照国家的法律规范进行，并对那些违法行为依法实施处罚，从而实现有别于其他国家行政机关的监督管理职能。

小贴士

关境与国境

关境是世界各国海关通用的概念，指适用于同一海关法或实行同一关税制度的领域；国境是指一个国家行使主权的领土范围，包括领陆、领水、领空和领海。一般情况下，关境等于国境。但对于关税同盟的签署方来说，其成员方之间货物进出国境不征收关税，只对来自和运往非同盟方的货物在进出共同关境时征收关税，因而对于每个成员方来说，其关境大于国境，如欧盟。若某一国家在其国内设立自由港、自由贸易区等特定区域，因进出这些特定区域的货物都是免税的，所以该国的关境小于国境。我国的关境范围是除享有单独关境地位的地区外的中华人民共和国的全部领域。我国的单独关境有香港特别行政区、澳门特别行政区和台湾地区（本教材所称“进出境”均指进出关境）。

（三）海关是国家行政执法机关

海关是国家有关行政管理制度的行政执法机关。海关行政执法涉及国民经济管理、文化教育管理、国防管理、外事管理等多项内容，是国家保证法律、法规实施的行政执法行为。海关依照法定职权、法定程序和有关法律、法规的规定，对进出境的监督管理对象施加影响，或直接进行监督检查，并采取行政强制措施，排除执法过程中的阻力。

海关的监督管理是主动的、独立的行政执法活动，包括行政监督、行政处理、行政处罚、行政强制执行等，必须依照法定方式或者通过一定程序才能正式生效。

海关的执法依据是现行《海关法》、其他有关法律和行政法规。此外，海关总署可以根据法律和国务院的行政法规、决定、命令，制定规章，作为执法依据的补充、细化。省、自治区、直辖市等地方人民政府不得制定海关法律规范，地方性法规、地方性规章不是海关执法的依据。

三、海关职能

《海关法》第二条明确规定了海关的任务是“依照本法和其他有关法律、行政法规，监管进出境的运输工具、货物、行李物品、邮递物品和其他物品，征收关税和其他税、费，查缉走私，并编制海关统计和办理其他海关业务”，即海关监管、海关征税、海关缉私和海关统计 4 项基本任务。

（一）海关监管

海关监管是指海关运用国家赋予的权力，通过一系列管理制度与管理程序，依法对运输工具、货物、物品实施的一种行政管理。海关监管是一项国家职能，其目的在于保证一切进出境活动符合国家政策和法律的规范，维护国家主权和利益。需要注意的是，海关监管不是海关监督管理的简称，海关监督管理是海关全部行政执法活动的统称，而海关监管仅针对运输工具、货物和物品。

海关对进出境监管具有再管理性，即海关要执行或监督执行国家其他对外贸易管理法规，贯彻实施国家对外贸易管制政策及其各项管理制度，如进出口货物许可证管理、配额管理、食品卫生检疫、动植物检疫、进出口商品检验、药品检验、文物管理、濒危物种管理、金银管理、外汇管理、知识产权保护等适用于海关执行的 50 多项法律、行政法规。海关通过审核报关单证，查验进出口货物，在确认“单证相符”“单货相符”后，予以结关放行。因此，海关是国家各项进出口活动行政管理的关键审查机关，在进出境这一环节维护国家与全社会在政治、经济、文化、道德、公众健康等方面的根本利益。

（二）海关征税

海关征税是指海关按照《海关法》和《中华人民共和国进出口税则》（以下简称《税则》），对准许进出口的货物、进出境物品征收关税和其他税费。

关税是国家以法律形式授权海关征收的，海关是唯一有权征收关税的机关；其他税费指海关在货物进出口环节，按照有关法律规定和关税征收程序负责代其他机关征收的若干国内税、费，目前主要有代国家税务总局征收的进口环节增值税、消费税，以及代交通运输部征收的船舶吨税等。

（三）海关缉私

查缉走私是世界各国海关普遍承担的一项职能，是海关以刑事执法和行政执法手段，在海关监管场所和设关地附近沿海沿边规定地区内，对走私违法犯罪活动进行制止、查处和综合治理等活动，其目的是维护国家经济利益和进出口贸易秩序。

《海关法》明确规定："国家实行联合缉私、统一处理、综合治理的缉私体制。海关负责组织、协调、管理查缉走私工作。"

（四）海关统计

海关统计是海关4项基本任务之一。海关统计的任务是对进出口货物贸易进行统计调查、统计分析和统计监督，进行进出口监测预警，编制、管理和公布海关统计资料，提供统计服务。海关统计是国家制定对外经济贸易政策、进行宏观经济调控、实施海关严密高效管理的重要依据，是研究我国对外贸易经济发展和国际经济贸易关系的重要资料。

综上所述，海关的4项基本职能是一个统一的有机联系的整体。

海关监管，通过监管进出境运输工具、货物、物品的合法进出，保证国家有关进出口政策、法律、行政法规的贯彻实施，是海关4项基本任务的基础。海关征税，其所需的数据、资料等是在海关监管的基础上获取的，征税与监管有着十分密切的关系。海关缉私是监管、征税2项基本任务的延伸，对在监管、征税工作中发现的逃避监管和偷漏税款的行为，必须运用法律手段予以制止和打击。海关统计是在监管、征税工作的基础上完成的，它为国家宏观经济调控提供了准确、及时的信息，同时又对监管、征税等业务环节的工作质量起到检验评估的作用。

四、海关权力

海关权力是指国家为保证海关依法履行职责，通过《海关法》和其他法律、行政法规赋予海关的对进出境运输工具、货物、物品的监督管理权力。

（一）海关权力的特点

1. 复合性

海关权力是一种典型的复合性权力。刑法和司法的相互融合在海关工作领域显得尤为突出。随着世界经济一体化的不断深入发展，海关权力的复合性不仅是必要的，而且将迅速发展，以促成海关行政的高效率，维护国际经济新秩序，强化社会良性运作，提高国际贸易效率。

2. 自由裁量性

海关监管的范围非常广泛，内容和形式发展也常有变化，在监管和处罚的过程中往往有着许多不可预见的因素，因此允许海关执法人员在法律许可的一定幅度范围内具体灵活地掌握罚款或罚没并处的量罚。

3. 广泛性

海关在口岸是代表国家对进出口货物、物品和运输工具实行监督管理，管理内容涉及政治、经济等各个方面，管理对象既有中国人，也有外国人，既有个人，也有机关、团体、企事业单位。为更好地履行职责，国家赋予海关比较广泛的权力。

（二）海关权力的内容

根据《海关法》和其他法律、法规的规定，中国海关拥有的权力从学理上大致可分为行政法规创制权、进出口监督管理权、关税征收管理权、走私违规行为调查处罚权、行政处置权、行政许可权、司法请求权和走私犯罪侦查权 8 类。

1. 行政法规创制权

海关的行政法规创制，泛指海关依照法律的授权制定和颁布具有行政约束力的规范性文件的活动，包括以下 3 种情况：

（1）海关行政立法参与权。海关行政立法参与权是指海关直接或间接地参与海关行政立法活动，如参与《海关法》立法讨论，提出立法建议，起草制定《中华人民共和国进出口关税条例》（以下简称《关税条例》）、《中华人民共和国海关行政处罚实施条例》（以下简称《海关行政处罚实施条例》）、《中华人民共和国海关稽查条例》（以下简称《海关稽查条例》）、《中华人民共和国知识产权海关保护条例》（以下简称《知识产权海关保护条例》）等行政法规，经国务院颁布实施。

（2）海关行政规章制定权。海关行政规章制定权属于海关总署。

（3）海关行政法规解释权。海关总署对依照法律、法规授权制定的行政规章和其他规范性文件拥有解释权。其法律效力分为两种：一是对法律条文的一般性解释，具有普遍约束力；二是对个案适用法律、法规、规章条文的解释，此类解释只适用于个案，一般不具有普遍约束力。

2. 进出口监督管理权

进出口监督管理权是指海关对进出境货物、物品和运输工具进行监督管理的职权。进出口监管是海关业务中最基本的环节，是海关职能的基础或核心。进出口监督管理权可概括为以下几种：

（1）检查权。海关有权检查进出境运输工具；检查有走私嫌疑的运输工具和有藏匿走私货物、物品嫌疑的场所；检查走私嫌疑人的身体。海关对进出境运输工具的检查不受海关监管区域的限制；对走私嫌疑人身体的检查，应在海关监管区和海关附近沿海沿边规定地区内进行，并应得到直属海关关长的批准或经其授权的隶属海关关长的批准；对于有走私嫌疑的运输工具和有藏匿走私货物、物品嫌疑的场所，在海关监管区和海关附近沿海沿边规定地区内，海关人员可直接进行检查。如超出以上范围，在调查走私案件时，应经直属海关关长批准或经其授权的隶属海关关长批准，才能进行检查，但不能检查公民住宅。

（2）查验权。海关对进出口货物、物品有查验权。

（3）查阅、复制权。海关可以查阅进出境人员的证件，查阅复制与进出境运输工具、货物、物品有关的合同、发票、账册、单据、记录、文件、业务函电、录音录像制品和其他相关资料。

（4）查问权。海关根据法律、行政法规的规定，对违反海关规定的当事人进行查问，调查其违法行为。

(5) 查询权。海关在调查走私违法案件时，经海关关长批准，可以查询当事人在金融机构、邮政企业的存款或汇款。

(6) 稽查权。海关根据《海关法》《海关稽查条例》的有关规定，自进出口货物放行之日起3年内或者保税货物、特定减免税货物的海关监管年限内及海关监管年限期满的次日起3年内，可以对有关企业进行稽查。

3. 关税征收管理权

关税征收管理权是指海关依据国家制定的进出口税则对进出境的货物和物品稽征关税的权力。

关税征收具有两大显著特点：

(1) 关税征收以海关监管为基础，征税是监管的延续。如果没有海关监管权，海关征税权则无法实施。因此，国家立法将征收关税的权力赋予海关。

(2) 关税发生在进出口环节，与其他国内税收相比具有相对独立性。关税是中央财政的直接来源，海关征税权能否顺利实施，将直接影响国家对市场经济进行宏观调控的力度。

4. 走私违规行为调查处罚权

走私违规行为调查处罚权包括：

(1) 查问权。海关有权对违反《海关法》的当事人或走私犯罪嫌疑人进行查问。通过查问查明事实，核实案件材料，收集定案证据，同时通过查问听取当事人的解释，澄清疑点，分辨是非，保护当事人的合法权益。

(2) 查询存款账户权。《海关稽查条例》第十七条规定："经直属海关关长批准或者其授权的隶属海关关长批准，海关可以凭《协助查询通知书》向商业银行或者其他金融机构查询被稽查人的存款账户。"

(3) 扣留权。海关有权扣留违反《海关法》和其他有关法律法规的进出境运输工具、货物、物品，扣留与走私违法行为有关的合同、发票、账册、单据、记录、文件、业务函电、录音录像制品。海关还有权扣留走私犯罪嫌疑人。

(4) 追缉权。进出境运输工具或者个人违抗海关监管逃逸的，海关有权连续追缉至海关监管区和海关附近沿海沿边规定地区以外，将其带回处理。

(5) 使用武器权。《中华人民共和国枪支管理法》第五条规定："海关的缉私人员，在依法履行职责时确有必要使用枪支的，可以配备公务用枪。"《海关法》也规定海关工作人员在执行缉私任务时，为履行职责，可以配备武器和警械，并按照海关总署、公安部发布的《海关工作人员使用武器和警具的规定》管理使用。

(6) 行政处罚权。海关有权处罚违反海关监管规定和不构成走私案件的当事人；有权依法没收走私货物、物品和走私违法所得，以及没有领取许可证擅自进出口国家限制进出口的货物；有权对违反海关监管规定的行为依法处以罚款；企事业单位违反《海关法》，海关有权视情节暂时取消其报关资格。

5. 行政处置权

行政处置权包括：

(1) 变价抵缴权。进出口货物收发货人、违法案件当事人不按海关规定缴纳税款、不执行海关处罚决定，也未在规定期限内提出复议或者向人民法院起诉的，海关有权根据《海关法》的规定（自海关税款缴纳通知书填发 3 个月后，或海关行政处罚决定书送达 30 天后），将有关应税货物、被扣违法进出口货物或者运输工具进行变卖（拍卖），以所得价款抵缴关税或罚款。

（2）变卖处理权。进出口货物收发货人自货物进境之日起 3 个月未向海关申报的、进出境物品因故暂留海关超出 3 个月未向海关办理退运或结关手续的，海关有权将有关货物、物品变卖（拍卖）。所得价款在扣除因变卖发生的运输、装卸、储存等费用和应缴税款后，如尚有余款，经当事人申请，海关予以发还。

（3）责令退运、补税权。根据海关法规的有关规定，海关有权对下列货物、物品予以退运：出口货物因故从境外退回境内的，进口货物因溢卸、误卸或者违反《海关法》进口的；旅客携带海关限制进口物品超过限值、限量、限税范围的。

根据海关关税法规的有关规定，海关有权对因纳税人偷税、漏税行为或因海关计算失误而少征的关税追补入库。其中追回因纳税人偷税、漏税行为而少征的税，叫作关税追征，期限为 3 年；补回因海关计算失误而少征的税，叫作关税补征，期限为 1 年。

6. 行政许可权

行政许可权包括：

（1）合同备案登记权。《海关法》规定，凡经营加工贸易，或者三资企业单位，必须凭有效证明和文件向海关办理合同备案登记手续。海关审核后，根据相应情况分别发放保税仓库登记证书、进料加工登记手册等。海关通过合同登记备案、申报审核、查验放行及核销结案等程序对上述企业单位实施监管。

（2）举报奖励权。对于检举及协助海关查获走私案件或违反海关监管规定案件的单位和个人，以及对于检举或者协助海关查获低报、瞒报价格案件的相关人员，海关有权依照规定予以奖励，并为受奖单位和个人保密。

7. 司法请求权

司法请求权包括：

（1）案件移送权。海关查获的走私违法案件，如已构成走私罪嫌疑，海关有权立案侦查，并依法向有管辖权的人民检察院移送起诉。对调查中发现的虽然不构成犯罪，但是不属于海关管辖的行政违法案件，海关也应按行政案件管辖分工移送有关机关立法查处。

（2）请求协助权。《海关法》规定，若海关在执行职务时遭到抗拒，执行有关任务的公安人员和人民武装警察部队应当予以协助。此外，海关在执行扣留、取证和暂停支付等公务活动时，有权要求有关单位和个人予以配合。

（3）强制执行申请权。对已经依法送达的海关行政处罚决定书或海关行政复议决定书，当事人在法定期限内既不提出复议申请，也不履行，又不向人民法院起诉的，海关有权依据《中华人民共和国行政处罚法》《中华人民共和国行政复议条例》和《海关法》的规定申请人民法院强制执行。

8. 走私犯罪侦查权

走私犯罪侦查权包括：

（1）侦查权。海关有权侦查有走私犯罪嫌疑的人员、货物和行为，包括扣留有关货物、运输工具及人员。

（2）扣留权。海关有权对有走私犯罪嫌疑的人员予以扣留，进行审查。

（3）执行逮捕权。海关有权对经确认有重大走私犯罪嫌疑的当事人执行逮捕，以进一步审查其行为。

（4）预审权。海关有权对走私犯罪嫌疑人进行初步审讯，确定有关犯罪事实与证据，为移送检察机关提起诉讼做准备。

（三）海关权力的行使原则

海关权力行使应遵循的基本原则如下：

1. 合法原则

根据行政法理论，行政权力行使的合法性可包括：

（1）行使行政权力的主体资格合法，即行使权力的主体必须有法律授权。例如，只有缉私警察才能行使涉税走私犯罪案件的侦查权，海关其他人员则无此项权力。又如，《海关法》规定海关行使某些权力时应“经直属海关关长或者其授权的隶属海关关长批准”，如未经批准，海关人员不能擅自行使这些权力。

（2）行使权力必须以法律规范为依据。《海关法》第二条规定了海关的执法依据是《海关法》、其他有关法律和行政法规。无法律规范授权的执法行为属于越权行为，应属无效。

（3）行使权力的方法、手段、步骤、时限等程序应合法。

（4）一切行政违法主体（包括海关及管理相对人）都应承担相应的法律责任。

2. 适当原则

行政权力的适当原则是指权力的行使应该以公平性、合理性为基础，以正义性为目标。因国家管理的需要，海关在验、放、征、减、免、罚的管理活动中拥有很大的自由裁量权，即法律仅规定一定原则和幅度，海关关员可以根据具体情况和自己的意志，自行判断和选择，采取最合适的行为方式及其内容来行使职权。因此，适当原则是海关行使行政权力的重要原则之一。为了防止自由裁量权的滥用，目前我国对海关自由裁量权进行监督的法律途径主要有行政监督（行政复议）和司法监督（行政诉讼）程序。

五、海关监管货物及物品

（一）进出境货物

《海关法》规定，进口货物自进境起到办结海关手续止，出口货物自向海关申报起到出境止，过境、转运和通运货物自进境起到出境止，应当接受海关监管。

根据货物进出境的目的不同，海关将进出境货物分为 5 大类：一般进出口货物、保税货物、特定减免税货物、暂时进出境货物和其他进出境货物。

根据货物进境、出境后是否复运出境、进境，又可将进出境货物分为 2 大类：

一是实际进出境货物，即进境、出境后不再复运出境、进境的货物；

二是非实际进出境货物，即进境、出境后还将复运出境、进境的货物。

这是海关对进出境货物实施监督管理在法律意义上的时间、范围的限制规定。海关按照对各种监管货物的不同要求，分别设立了相应的海关监管制度。具体监管作业在第二章中进行详细阐述。

（二）进出境物品

《海关法》规定，个人携带进出境的行李物品、邮寄进出境的物品，应当以自用、合理数量为限。对于行李物品而言，“自用”是指进出境旅客本人自用、馈赠亲友而非为出售或出租，“合理数量”是指海关根据进出境旅客的旅行目的和居留时间所规定的正常数量；对于邮递物品而言，则是指海关对进出境邮递物品规定的征、免税限制。自用合理数量原则是海关对进出境物品监管的基本原则，也是对进出境物品通关的基本要求。需要注意的是，对于通过随身携带或邮寄渠道进出境的物品要按进出境货物办理进出境通关手续。经海关登记准予暂时免税进境或者暂时免税出境的物品，应当由本人复带出境或者复带进境。享有外交特权和豁免的外国机构或者人员的公务用品或者自用物品进出境，依照有关法律、行政法规的规定办理。

海关依法对进出境旅客携带物、邮寄物实施检疫。

综上所述，进出境货物和进出境物品的主要区别是：前者主要用于销售或出租，后者是自用或用于馈赠；前者无数量限制（国家限制除外），后者的数量应为合理数量。

第二节　对外贸易管制

对外贸易管制通常分为禁止进出口、限制进出口和自由进出口三类。

对外贸易管制是政府的一种强制性行政管理行为，相关企业和从业人员必须严格按照相应的管理要求办理进出口手续。

一、对外贸易管制的目的及特点

（一）对外贸易管制的目的

随着世界经济全球化、区域化的不断发展，各国之间的经济关系变得越来越紧密，相互依存度也越来越高，各种区域经济合作和贸易协定应运而生，因此一国的对外贸易管制政策在充分考虑本国经济状况的同时，还必须受到其所加入的国际贸易协定规则的约束，必须在规则允许范围内，按照规定的程序进行相对自主的管理。国际贸易政策环境也随着各国政府对外贸易管制措施的改变而改变。

对外贸易管制的目的主要包括：

（1）保护本国的经济利益、环境和自然资源，保障国民人身安全，调控本国经济。

（2）推行本国的外交政策。不论是发达国家还是发展中国家，往往出于政治或安全上的考虑，在不同时期对不同国家或不同商品实行不同的对外贸易管制措施，以达到其政治上的目的或安全上的目标。

（二）对外贸易管制的特点

（1）因时间、形势变化而变化。

（2）以对进口的管制为重点。

二、对外贸易管制与海关监管

我国的对外贸易管制是通过海关监管来实现的。

（一）海关监管是实现对外贸易管制的重要手段

我国的对外贸易管制是通过商务主管部门及其他政府职能主管部门按照贸易管制政策发放各类许可证件（监管证件）或者下发相关文件，海关作为进出境监督管理机关，依据《海关法》，并按照许可证件（监管证件）和相关文件，依照国家或国际标准，对实际进出口货物的合法性实施监督管理来实现的。

海关执行对外贸易管制主要针对“单”（包括报关单及其他随附单据）、“证”［各类许可证件（监管证件）、相关文件］、“货”（进出口货物）3 项内容。“单”“证”“货”相互印证、内容相符，达到“单单相符”“单货相符”“单证相符”“证货相符”，并符合出入境检验检疫合格标准的情况下，海关才可放行。

随着互联网技术的不断发展普及和应用，无纸化通关已成为提高通关效率的必经之路，2018 年通关无纸化已全面铺开并进入了实质运作阶段。为顺应通关无纸化要求，海关总署积极推进与许可证件主管部门的电子数据联网工作，已实现进出口许可证、两用物项和技术进出口许可证、有毒化学品进出口环境管理放行通知单、农药进出口登记管理放行通知单、自动进口许可证、密码产品和含有密码技术设备进口许可证、民用爆炸物品进口审批单、进口药品通关单、药品进出口准许证、精神药物进出口准许证、麻醉药品进出口准许证、进口广播电影电视节目带（片）提取单、赴境外加工光盘进口备案证明、音像制品（成品）进口批准单、古生物化石出境批件、野生动植物进出口证书、进口兽药通关单、人民币调运证明、黄金及黄金制品进出口准许证等电子数据联网，实现了进出口许可证件从申领、发证、验证，到核查、核销的无纸化，为实现通关无纸化作业创造了基础条件。

（二）报关是海关确认进出口货物合法性的先决条件

根据《海关法》规定，国家限制进出口的货物，没有许可证件（监管证件）的，海关不予放行。进出口货物收发货人或其代理人通过配合海关查验货物，确认“单”“证”“货”是否相符。因此，报关不仅是进出口货物收发货人或其代理人必须履行的手续，也是海关确认进出口货物合法性的先决条件。

（三）贸易管制手段

海关在通关系统中对 7500 多项商品设置了 30 余种监管证件代码，对限制进出口货物及大部分许可证件设定了相应的监管证件代码，并与监管方式相对应，通关系统根据监管方式及监管证件的对应关系，在通关过程中对所需的监管证件进行提示，并对联网许可证件电子数据实现系统自动比对、自动核扣，大大提高了海关执行贸易管制政策的有效性和准确性。

三、禁止进出口货物、技术管理

禁止进出口的目的在于维护国家安全和社会公共利益，保护人民的生命健康，履行我国所缔结或者参加的国际条约和协定。国家商务主管部门会同其他主管部门，依照《中华人民共和国对外贸易法》（以下简称《对外贸易法》）等有关法律法规的规定，制定、调整并公布禁止进出口货物、技术目录。海关依据国家相关法律法规对禁止进出口货物、技术实施监督管理。

（一）禁止进口货物、技术管理

对列入国家公布的禁止进口目录以及国家法律法规明令禁止或停止进口的货物、技术，任何对外贸易经营者不得经营进口。

1. 禁止进口货物管理

我国政府明令禁止进口的货物包括：列入由国务院商务主管部门或由其会同国务院有关部门制定的禁止进口货物目录的商品、国家有关法律法规明令禁止进口的商品，以及其他各种原因停止进口的商品。

（1）列入禁止进口货物目录的商品

①《禁止进口货物目录》（第一批）是为保护我国的自然生态环境和生态资源，从我国国情出发，履行我国所缔结或者参加的与保护世界自然生态环境相关的一系列国际条约和协定而发布的。包括属于破坏臭氧层物质的四氯化碳、三氯三氟乙烷，属于世界濒危物种管理范畴的象牙、犀牛角、麝香、虎骨等。

②《禁止进口的旧机电产品目录》［此目录自 2019 年 1 月 1 日起执行，原《禁止进口货物目录》（第二批）废止］是国家对涉及生产安全（压力容器类）、人身安全（电器、医疗设备类）和环境保护（汽车、工程及车船机械类）的旧机电产品所实施的禁止进口管理。

③《禁止进口固体废物目录》（由原《禁止进口货物目录》第三、四、五批合并修订而成，根据《2018 年年底调整为禁止进口的固体废物目录》《2019 年年底调整为禁止进口的固体废物目录》调整）涉及的是对环境有污染的固体废物，包括废动植物产品；矿渣、矿灰及残渣；硅废碎料；废药物；杂项化学品废物；塑料废碎料及下脚料；废橡胶、皮革；回收（废碎）纸及纸板，包括废特种纸；废织物原料及制品；废玻璃；金属和金属化合物废物；废电池；废弃机电产品和设备及其未经分拣处理的零部件、拆散件、破碎件、砸碎件；其他。

根据 2020 年 11 月 24 日发布的《关于全面禁止进口固体废物有关事项的公告》（生态环境部、商务部、国家发展和改革委员会、海关总署联合公告 2020 年第 53 号）的有关精神，自 2021 年 1 月 1 日起，禁止以任何方式进口固体废物，禁止我国境外的固体废物进境倾倒、堆放、处置。

④《禁止进口货物目录》（第六批）是为保护人的健康，维护环境安全，淘汰落后产品，履行《关于在国际贸易中对某些危险化学品和农药采用事先知情同意程序的

鹿特丹公约》和《关于持久性有机污染物的斯德哥尔摩公约》而颁布的。包括长纤维青石棉、二噁英等。

⑤《禁止进口货物目录》（第七批）是为履行《关于持久性有机污染物的斯德哥尔摩公约》《关于汞的水俣公约》而颁布的。包括含汞燃料电池、紧凑型热阴极荧光灯、零售包装的含汞除草剂及含汞杀虫剂、含汞的非电子血压测量仪器及器具等。

（2）国家有关法律法规明令禁止进口的商品

①动植物病源（包括菌种、毒种等）及其他有害生物、动物尸体、土壤；

②来自动植物疫情流行的国家和地区的有关动植物及其产品和其他检疫物；

③带有违反“一个中国”原则内容的货物及其包装；

④以氯氟羟物质为制冷剂、发泡剂的家用电器产品和以氯氟羟物质为制冷工质的家用电器用压缩机；

⑤滴滴涕、氯丹；

⑥莱克多巴胺和盐酸莱克多巴胺；

⑦林丹和硫丹等。

（3）其他各种原因停止进口的商品

①以 CFC-12 为制冷工质的汽车及以 CFC-12 为制冷工质的汽车空调压缩机（含汽车空调器）；

②旧服装；

③Ⅷ因子制剂等血液制品；

④氯酸钾、硝酸铵；

⑤禁止进口和销售 100 瓦及以上普通照明白炽灯等。

2. 禁止进口技术管理

根据《对外贸易法》、《中华人民共和国技术进出口管理条例》（以下简称《技术进出口管理条例》）、《中国禁止进口限制进口技术管理办法》的有关规定，国务院商务主管部门会同国务院有关部门，制定、调整并公布禁止进口的技术目录。属于禁止进口的技术不得进口。

截至 2021 年 7 月，《中国禁止进口限制进口技术目录》列明的禁止进口的技术涉及交通运输设备制造、有色金属冶炼及压延加工、化学原料及化学制品制造、石油加工、电气机械及器材制造、印刷、医药制造、非金属矿物制品等领域。

（二）禁止出口货物、技术管理

对列入国家公布的禁止出口目录以及国家法律法规明令禁止出口的货物、技术，任何对外贸易经营者不得经营出口。

1. 禁止出口货物管理

我国政府明令禁止出口的货物主要有列入禁止出口货物目录的商品和国家有关法律法规明令禁止出口的商品。

（1）列入禁止出口货物目录的商品

①《禁止出口货物目录》（第一批）是为保护我国自然生态环境和生态资源，从我国国情出发，履行我国所缔结或者参加的与保护世界自然生态环境相关的一系列国

际条约和协定而发布的。包括属于破坏臭氧层物质的四氯化碳、三氯三氟乙烷，属于世界濒危物种管理范畴的犀牛角、虎骨、麝香，有防风固沙作用的发菜和麻黄草等植物。

②《禁止出口货物目录》（第二批）主要是为保护我国匮乏的森林资源，防止乱砍滥伐而发布的。具体商品为木炭。

③《禁止出口货物目录》（第三批）是为保护人的健康，维护环境安全，淘汰落后产品，履行《关于在国际贸易中对某些危险化学品和农药采用事先知情同意程序的鹿特丹公约》和《关于持久性有机污染物的斯德哥尔摩公约》而颁布的。包括长纤维青石棉、二噁英等。

④《禁止出口货物目录》（第四批）主要包括硅砂、石英砂等。

⑤《禁止出口货物目录》（第五批）包括无论是否经化学处理过的森林凋落物以及泥炭（草炭）。

⑥《禁止出口货物目录》（第六批）包括含汞燃料电池、零售包装的含汞生物杀虫剂等。

（2）国家有关法律法规明令禁止出口的商品

①未定名的或者新发现并有重要价值的野生植物；

②原料血浆；

③商业性出口的野生红豆杉及其部分产品；

④劳改产品；

⑤以氯氟羟物质为制冷剂、发泡剂的家用电器产品和以氯氟羟物质为制冷工质的家用电器用压缩机；

⑥滴滴涕、氯丹；

⑦莱克多巴胺和盐酸莱克多巴胺；

⑧林丹和硫丹等。

2. 禁止出口技术管理

根据《对外贸易法》《技术进出口管理条例》《中国禁止出口限制出口技术管理办法》的有关规定，国务院商务主管部门会同国务院有关部门遵照下列原则制定、调整并公布禁止出口的技术目录。属于禁止出口的技术不得出口。

我国禁止出口技术参考原则：

（1）为维护国家安全、社会公共利益或者公共道德，需要禁止出口的；

（2）为保护人的健康或者安全，保护动物、植物的生命或者健康，保护环境，需要禁止出口的；

（3）依据法律、行政法规的规定，其他需要禁止出口的；

（4）根据我国缔结或者参加的国际条约、协定的规定，其他需要禁止出口的。

截至 2021 年 7 月，列入《中国禁止出口限制出口技术目录》禁止出口部分的技术涉及渔、牧、有色金属矿采选、农副食品加工、饮料制造、造纸及纸制品、化学原料及化学制品制造、医药制造、非金属矿物制品、有色金属冶炼及压延加工、交通运输设备制造、专业设备制造、计算机及其他电子设备制造、工艺品制造、电信和其他信息传输服务、卫生等几十个行业领域，包括畜牧品种的繁育、中国特有的物种资源、蚕类品种繁育和蚕茧采集加工利用、水产品种的繁育、绿色植物生长调节剂制造、采矿工程、肉类加工、饮料生产、造纸、焰火爆竹生产、中药材资源及生产、中药饮片炮制、非晶无机非金属材料生产、低维无机非金属材料生产、有色金属冶金、稀土的提炼加工和利用、航天器测控、航空器设计与制造、集成电路制造、机器人制造、地图制图、书画墨及八宝印泥制造、中国传统建筑、计算机网络、空间数据传输、卫星应用、大地测量、中医医疗等几十项技术。

四、限制进出口货物、技术管理

限制进出口的目的在于维护国家安全和社会公共利益，保护人民的生命健康，履行我国所缔结或者参加的国际条约和协定。国家商务主管部门会同其他主管部门，依照《对外贸易法》等有关法律法规的规定，制定、调整并公布限制进出口货物、技术目录。海关依据国家相关法律、法规对限制进出口目录货物、技术实施监督管理。

（一）限制进口货物、技术管理

进出口货物收发货人如需进口限制类管理的货物、技术，必须依照国家有关规定，取得相关许可证件（监管证件），方可进口。

1. 限制进口货物管理

按照限制方式，我国限制进口货物管理可划分为许可证件管理和进口配额管理两种形式。

（1）许可证件管理

许可证件管理是指在一定时期内根据国内政治、工业、农业、商业、军事、技术、卫生、环保、资源保护等领域的需要，以及为履行我国所加入或缔结的有关国际条约的规定，以经各主管部门签发许可证件（监管证件）的方式来实现限制进口的措施。

许可证件管理主要包括进口许可证、两用物项和技术进口许可证、濒危物种进口、药品进口、音像制品进口、有毒化学品进口、黄金及其制品进口等管理。

（2）进口配额管理

进口配额管理是许多国家实行进口数量限制的重要手段之一。

进口配额是指一国政府在一定时期内，对某些商品的进口数量或金额加以直接限制。在规定的期限内，配额以内的货物可以进口，超过配额的不准进口，或者征收较高关税后才能进口。进口配额制主要有绝对配额和关税配额两种形式。

①绝对配额是指在一定时期内，对某些商品的进口数量或金额规定一个最高限额，在这个限额内允许进口，达到这个限额后不准进口。绝对配额分为全球配额、国别配额两种形式。

A. 全球配额是一种世界范围内的绝对配额，对某种商品的进口数量给出一个总限额，对来自任何国家或地区的商品均适用。即一国或地区的主管当局在公布的总限额内，按进口商的申请先后顺序或过去某一时期的实际进口额批给进口商一定的额度，直至总限额发完为止，超过总限额则不准进口。

B. 国别配额是在总配额内按国别或地区分配给固定的配额，超过规定的配额便不准进口。为了区分来自不同国家和地区的商品，通常进口国规定进口商必须提交原产地证明书。实行国别配额可以使进口国家根据其与有关国家或地区的政治经济关系分配给予不同的额度。

②关税配额是一种通过征收关税与进口配额相结合的限制进口的措施。该措施对商品进口的绝对数额不加限制，而是在一定时期内，对部分商品的进口制定关税配额税率并规定该商品进口数量总额。

在配额内进口的商品，给予低税、减税或免税待遇；对超过配额进口的商品则征收较高的关税，或征收附加税或罚款。

关税配额税率优惠幅度很大，如小麦的关税配额税率与最惠国税率相差达数十倍。国家通过关税来实现限制进口的目的，因此关税配额管理是一种相对数量的限制。

2. 限制进口技术管理

限制进口技术实行目录管理，即属于目录范围内的限制进口的技术，实行许可证件（监管证件）管理，未取得许可的，不得进口。国务院商务主管部门会同国务院有关部门，根据《对外贸易法》《技术进出口管理条例》《中国禁止进口限制进口技术管理办法》的有关规定，制定并公布限制进口的技术目录。

进出口货物收发货人进口属于限制进口的技术，应当向商务主管部门提出技术进口申请。商务主管部门收到技术进口申请后，应当会同有关部门对申请进行审查。技术进口申请经批准后，可以对外签订技术进口合同。进出口货物收发货人签订技术进口合同后，应当向商务主管部门申请技术进口许可证。经审核符合发证条件的，由商务主管部门签发许可证件（监管证件），企业持相关证件向海关办理进口通关手续。

截至 2021 年 7 月，列入《中国禁止进口限制进口技术目录》限制进口部分的技术涉及电气机械及器材制造、专用设备制造、化学原料及化学制品制造、石油加工、纺织和食品制造等行业领域。

进出口货物收发货人在向海关办理申报限制进口技术手续时，必须主动递交技术进口许可证件，否则海关不予放行并将追究其法律责任。

（二）限制出口管理

国家实行限制出口管理的货物、技术，须经国家商务主管部门许可，才可出口。

1. 限制出口货物管理

对于限制出口货物，国家实行配额管理（数量限制）和许可证件管理。

（1）出口配额管理

目前，我国出口配额管理分为出口配额许可证管理和出口配额招标管理。

①出口配额许可证管理

国家对某些商品的出口，在一定时期内（通常为 1 年）规定数量总额，经国家批准获得配额的，才允许出口。

出口配额许可证管理是通过直接分配的方式，由商务主管部门或者其他有关部门根据申请者需求并结合其进出口实绩、能力等条件，按照效益、公正、公开和公平竞争的原则进行分配。申请获批后，国家各配额主管部门签发各类配额证明。

申请者取得配额证明后，凭配额证明到商务主管部门及其授权发证机关申领出口许可证。

②出口配额招标管理

国家对某些商品的出口，在一定时期内（通常为 1 年）规定数量总额，采取招标分配，经招标获得配额的，允许出口。

国家各配额主管部门对中标者签发各类配额证明。中标者取得配额证明后，凭配额证明到商务主管部门或其授权发证机关申领出口许可证。

（2）出口许可证件管理

出口许可证件管理，是指在一定时期内根据国内政治、军事、技术、卫生、环保、资源保护等领域的需要，以及为履行我国所加入或缔结的有关国际条约的规定，通过国家各主管部门签发许可证件的方式来实现限制部分货物出口的措施。目前，出口许可证件管理主要包括出口许可证、濒危物种出口、两用物项出口、黄金及其制品出口等许可管理。

2. 限制出口技术管理

限制出口技术实行目录管理，即国务院商务主管部门会同国务院有关部门制定并公布限制出口的技术目录。属于目录范围内的限制出口的技术，实行许可证管理，未取得许可的，不得出口。

我国限制出口技术的基本原则包括：

（1）维护国家安全、社会公共利益或者公共道德；

（2）保护人的健康或者安全，保护动物、植物的生命或者健康，保护环境；

（3）法律、行政法规的相关规定；

（4）我国缔结或者参加的国际条约、协定的规定。

我国限制出口的技术目录主要有《两用物项和技术进出口许可证管理目录》《中国禁止出口限制出口技术目录》等。截至 2021 年 7 月，列入《中国禁止出口限制出口技术目录》限制出口部分的技术涉及农、林、牧、渔、农副食品加工、食品制造、饮料制造、纺织、造纸及纸制品、化学原料及化学制品制造、医药制造、橡胶制品、金属冶炼及压延加工、非金属矿物制品、金属制品、通用及专用设备制造、电气机械及器材制造等数十个行业领域。

进出口货物收发货人出口属于上述限制出口技术的，应当向商务主管部门提出技术出口申请，经批准并获取技术出口许可证件后，方可持证向海关办理出口通关手续。

进出口货物收发货人在向海关办理申报出口手续时，必须主动递交相关技术出口许可证件，否则海关不予放行并将追究其法律责任。

五、自由进出口

除列入国家禁止、限制进出口货物、技术目录外的其他货物、技术，均属于自由进出口范围。自由进出口的货物、技术，进出口时不受限制。

基于监测进出口情况的需要，国家对部分属于自由进口的货物实行自动进口许可管理，对自由进出口的技术实行技术进出口合同登记管理。

（一）货物自动进口许可管理

自动进口许可管理是在任何情况下对进口申请一律予以批准的进口许可制度。这种进口许可实际上是一种在自由进口货物进口前对其进行自动登记的许可制度，通常用于国家对这类货物的统计和监督。

进口属于自动进口许可管理目录的货物，进口经营者应当在办理报关手续前，向商务主管部门提交自动进口许可申请，凭主管部门签发的自动进口许可的批准证件，向海关办理通关手续。

（二）技术进出口合同登记管理

进出口属于自由进出口的技术，应当向商务主管部门或者其委托的机构办理合同备案登记。商务主管部门审核后签发技术进出口合同登记证，申请人凭以办理外汇、银行、税务、海关等相关手续。

第三节　出入境检验检疫制度

出入境检验检疫制度是指海关依据我国有关法律和行政法规，以及我国政府所缔结或者参加的国际条约、协定，对出入境的货物、物品及其包装物，交通运输工具，运输设备和出入境人员实施的检验检疫监督管理的法律依据与行政手段的总和。

随着我国与世界经济的不断融合，以及各类贸易协定的限制，许可证件管理等非关税措施将逐渐趋于弱化，而被世界各国普遍运用的出入境检验检疫制度在众多国际公认标准的依托下将成为我国未来重要的非关税措施。

2018 年，按照《深化党和国家机构改革方案》的部署，出入境检验检疫管理职责和队伍划入海关总署。关检业务的融合优化，有利于口岸监管资源的统筹配置，通过流程简化和优化，降低企业成本，提升通关效率，改善口岸营商环境。

一、出入境检验检疫工作的主要任务和目的

依据国家有关法律、法规规定，出入境检验检疫工作的主要任务和目的是：

（1）对进出口商品进行检验、鉴定和监督管理，加强进出口商品检验工作，规范进出口商品检验行为，维护社会公共利益和进出口贸易有关各方的合法权益，促进对外贸易的顺利发展。

（2）对出入境动植物及其产品，包括其运输工具、包装材料进行检疫和监督管理，防止危害动植物的病菌、害虫、杂草种子及其他有害生物由国外传入或由国内传出，保护我国农、林、牧、渔业生产和国际生态环境与人类健康。

（3）对出入境人员、交通工具、运输设备，以及可能传播检疫传染病的行李、货物、邮包等物品实施国境卫生检疫和口岸卫生监督，防止传染病由国外传入或由国内传出，保护人类健康。

（4）出入境检验检疫机构按照 SPS 协议/TBT 协议建立有关制度，在保护我国人民的健康和安全及我国动植物生命和健康的同时，采取有效措施打破国外技术壁垒。

二、出入境检验检疫工作的主要内容

依据国家有关法律、法规规定，出入境检验检疫工作的主要内容包括：

1. 进出口商品检验

凡列入《出入境检验检疫机构实施检验检疫的进出境商品目录》（以下简称《法检目录》）的进出口商品和其他法律、法规规定必须经检验的进出口商品，必须经过出入境检验检疫部门或其指定的检验检疫机构检验。规定进口商品应检验未检验的，不准销售、使用；出口商品未检验合格的，不准出口。

2. 进口商品认证管理

国家对涉及人类健康和动植物健康，以及环境保护和公共安全的产品实行强制性认证制度。

列入《强制性产品认证目录》的商品，必须经过指定的认证机构认证合格、取得指定认证机构颁发的认证证书，并加施认证标志后，方可进口。

此外，我国对显示器、液晶电视机、等离子电视机、电饭锅、电磁炉、家用洗衣机、电冰箱、储水式电热水器、节能灯、高压钠灯、打印机、复印机、电风扇、空调等产品强制实施能效标识。

3. 出口商品质量许可

国家对重要出口商品实行质量许可制度。出入境检验检疫部门单独或会同有关主管部门负责签发质量许可证书，未获得质量许可证书的商品不准出口。检验检疫部门已对机械、电子、轻工、机电、玩具、医疗器械、煤炭等类商品实施出口产品质量许可制度。国内生产企业或其他代理人均可向当地检验检疫机构申请出口质量许可证书。检验检疫机构对于实施许可制度的出口产品实行验证管理。

4. 食品卫生监督检验

进口食品、食品添加剂、食品容器、包装材料、食品用工具及设备必须符合我国有关法律法规的规定。申请人须向检验检疫部门申报并接受卫生监督检验，检验检疫部门对进口食品按食品危险性等级分类进行管理，依照国家卫生标准进行监督检验，检验合格的方准进口。

所有出口食品必须经过检验，未经检验或检验不合格的不准出口。凡在我国境内生产、加工、存储相应出口食品的企业，未经备案登记的，检验检疫机构不予受理检验检疫申报。出口食品生产企业需要办理国外卫生注册的，未取得有关进口国批准或认可的，不得向该国出口食品。

5. 动植物检疫

检验检疫部门依法实施动植物检疫的范围包括：

（1）出境、入境、过境的动植物，动植物产品和其他检疫物。检验检疫部门对进境动物、动物产品、植物种子、种苗及其他繁殖材料实行进境检疫许可制度，办理检疫审批；对出境动植物、动植物产品或其他检疫物的生产、加工、存放过程实施检疫监管；对过境运输的动植物、动植物产品和其他检疫物实行检疫监管；对携带、邮寄动植物，动植物产品和其他检疫物的进境实行检疫监管。

（2）装载动植物、动植物产品和其他检疫物的装载容器、包装物、铺垫材料。

（3）来自动植物疫区的运输工具。对来自疫区的运输工具，口岸检验检疫部门实施现场检疫和有关消毒处理。

（4）进境拆卸的废旧船舶。

（5）有关法律、行政法规、国际条约规定或者贸易合同约定应当实施动植物检疫的其他货物、物品。

6. 卫生检疫与处理

出入境检验检疫部门统一负责对出入境的人员、交通工具、集装箱、行李、货物、邮包等实施医学检查和卫生检查。检验检疫部门对未染有检疫传染病或者已实施卫生处理的交通工具，签发入境或者出境检疫证。

检验检疫部门对入境、出境人员实施传染病监测，有权要求入境人员填写健康申明卡，出示预防接种证书、健康证书或其他有关证件。

检验检疫部门负责对国境口岸和停留在国境口岸的出入境交通工具的卫生状况实施卫生监督，主要包括：

（1）监督和指导对啮齿动物、病媒昆虫的防除；

（2）检查和检验食品、饮用水及其存储、供应、运输设施；

（3）监督从事食品、饮用水供应的从业人员的健康状况；

（4）监督和检查垃圾、废水、污水、粪便、压舱水的处理，可对卫生状况不良和可能引起传染病传播的因素采取必要措施。

检验检疫部门负责对发现患有检疫传染病、监测传染病、疑似检疫传染病的入境人员实施隔离、留验和就地诊验等医学措施；对来自疫区、被传染病污染、发现传染病媒介的出入境交通工具、集装箱、行李、货物、邮包等物品进行消毒、除鼠、除虫等卫生处理。

7. 旧机电产品装运前检验

进口旧机电产品的收货人或其代理人应当在合同签订前向出入境检验检疫部门办理备案手续。对需要实施装运前检验的，检验检疫部门实施装运前检验。

8. 出口商品运输包装检验

出入境检验检疫部门对列入《法检目录》和其他法律、法规规定必须经检验检疫机构检验的出口商品的运输包装进行性能检验，未经检验或检验不合格的，不准用于盛装出口商品；对出口危险货物包装容器实行危险货物包装容器出口质量许可制度，危险货物包装容器须经检验检疫机构进行性能检验和使用鉴定后，方可生产使用。

9. 货物装载和残损鉴定

用船舶和集装箱装运粮油食品、冷冻品等易腐食品出口的，应向口岸检验检疫机构申请检验船舱和集装箱，经检验合格并发给证书后，方准装运。

对外贸易关系人及仲裁、司法等机构，对海运进口商品可向检验检疫部门提请办理残损鉴定、监视卸载、海损鉴定、验残等工作。

10. 涉外检验、鉴定、认证审核认可和监督

国家对从事进出口商品检验、鉴定、认证业务的中外合资、合作机构、公司及中资企业的经营活动实行统一监督管理；对境内外检验鉴定认证公司设在各地的办事处，实行备案管理。

11. 与外国和国际组织开展合作

出入境检验检疫部门承担 TBT 协议和 SPS 协议咨询点业务；承担联合国、亚太经济合作组织、亚欧会议等国际组织在标准与一致化和检验检疫领域的联络点工作；负责对外签订政府部门间的检验检疫合作协议、认证认可合作协议、检验检疫协议执行议定书等，并组织实施。

12. 特殊监管区域检验检疫管理

我国海关对保税区、边境特别管理区等特殊区域制定了检验检疫的管理办法，如《沙头角边境特别管理区进出物品检验检疫管理规定》《保税区检验检疫监督管理办法》等，适用于对进出保税区、法律法规规定应当实施检验检疫的货物及其包装物、铺垫材料、运输工具、集装箱的检验检疫及监督管理工作。

三、出入境检验检疫范围

根据《出入境检验检疫报检规定》，出入境检验检疫范围包括：

1. 国家法律法规规定须经检验检疫的

《中华人民共和国商品检验法》（以下简称《商检法》）及其实施条例、《中华人民共和国动植物检疫法》（以下简称《动植物检疫法》）及其实施条例、《中华人民共和国国境卫生检疫法》（以下简称《卫生检疫法》）及其实施细则、《中华人民共和国食品安全法》（以下简称《食品安全法》）及其实施条例等有关法律、行政法规规定的货物、动植物、运输工具、人员等，在出入境时必须向海关申报检验检疫，由海关实施检验检疫或鉴定工作。

2. 输入国家或地区规定必须凭检验检疫证书方准入境的

国际贸易中有些国家（地区）发布法令或行政规定，要求对来自我国的动植物、动植物产品，凭我国海关签发的动植物检疫证书及有关证书方可入境。因此，凡出口货物输入国家（地区）有此类要求的，申报人须报经海关实施检验检疫或进行除害处理，取得相关证书或标识。

3. 有关国际条约规定须经检验检疫的

我国是一些国际条约、公约和协定的成员，同时我国还与几十个国家（地区）缔结了有关商品检验或动植物检疫的双边协定、协议。因此，我国需按照国际条约、公约、协议（协定）中的检验检疫条款实施检验检疫。

4. 申请签发原产地证明书及普惠制原产地证明书的

原产地证明书是一种证明货物原产地或制造地的文件，是进口方国家给予出口国配额或优惠关税待遇的核定依据。因此，凡对外贸易合同、协议中规定以我国海关签发的检验检疫证书为交接、结算依据的货物，申报人必须向海关申报，由海关按照合同、协议的要求实施检验检疫或鉴定，并签发有关证书。

第二章　一般进出口货物通关程序

DI-ER ZHANG YIBAN JINCHUKOU HUOWU TONGGUAN CHENGXU

◇ 知识目标

了解报关单位的定义。
了解AEO企业的定义。
了解一般进出口货物的特征和进出境环节。

◇ 能力目标

能够掌握不同信用等级企业的海关管理措施。
能够掌握一般进出口货物的通关程序。
能够掌握“两步申报”通关作业流程。

第一节　报关单位

报关单位是指依法在海关注册备案或登记的报关企业和进出口货物收发货人。除法律、行政法规或者海关规章另有规定外，报关企业、进出口货物收发货人办理报关手续，必须依法经海关注册备案或登记。

一、报关单位注册登记或备案

2021 年 1 月 9 日，《关于〈报关单位注册登记证书〉（进出口货物发货人）纳入“多证合一”改革的公告》（海关总署、市场监督管理总局公告 2019 年第 14 号）就《中华人民共和国海关报关单位注册登记证书》（简称《报关单位注册登记证书》）（进出口货物收发货人）纳入“多证合一”改革相关问题公告如下：申请人办理工商注册登记时，需要同步办理“报关单位注册登记证书”的，应按照要求勾选进出口货物收发货人的备案登记，并补充填写相关备案信息。市场监管部门按照“多证合一”流程完成登记，并在国家市场监督管理总局层面完成与海关总署的数据交换。海关确认接收到企业工商注册信息和商务备案信息后即完成企业备案，企业无须再到海关办理备案登记手续。

企业可以通过中国国际贸易“单一窗口”标准版（以下简称“单一窗口”）或“互联网+海关”一体化网上办事平台查询海关进出口货物收发货人的备案登记结果。

海关不再核发《报关单位注册登记证书》。进出口货物收发货人需要获取书面备案登记信息的，可以通过“单一窗口”在线打印备案登记回执，并到所在地海关加盖海关印章。

2021 年 4 月 29 日，第十三届全国人民代表大会常务委员会第二十八次会议通过《全国人民代表大会常务委员会关于修改〈中华人民共和国道路交通安全法〉等八部法律的决定》，全国人大常委会对《中华人民共和国海关法》进行了修改，取消了“报关企业注册登记”海关行政审批事项。将报关企业由“许可”改为“备案”，标志着在全国范围内，海关对报关企业实现备案管理，报关企业准入已全面放开。

报关企业“许可”改为“备案”后，企业的申请手续大幅精简，企业可自主选择通过“单一窗口”或“互联网+海关”等多种方式提交备案申请，无须提交纸质资料即可实现全程网上办理。此外，报关企业有效期在全国范围内均已取消，改为长期有效。

二、报关单位的海关信用管理

根据《海关法》及其他有关法律、行政法规的规定，为了推进社会信用体系建设，建立企业进出口信用管理制度，促进贸易安全与便利，海关按照社会信用体系建设的总体要求，以“诚信守法便利，失信违法惩戒”为原则，根据企业经营管理、内控规范、守法守信等能够反映企业信用的客观情况，科学、公平、公正地明确了认证企业、一般信用企业和失信企业的认定标准及管理措施。

（一）认证企业

认证企业是中国海关经认证的经营者（AEO）。中国海关依法开展与其他国家或者地区海关的 AEO 互认合作，并给予互认企业相应的通关便利措施，充分体现了与国际海关接轨的要求。"经认证的经营者"在世界海关组织制定的《全球贸易安全与便利标准框架》中被定义为"以任何一种方式参与货物国际流通，并被海关当局认定符合世界海关组织或相应供应链安全标准的一方，包括生产商、进口商、出口商、报关行、承运商、理货人、中间商、口岸和机场、货站经营者、综合经营者、仓储业经营者和分销商"。经双方海关认证的 AEO 企业进口货物，可以享受通关便利措施。

企业向海关申请成为认证企业的，海关按照《海关认证企业标准》对企业实施认证。《海关认证企业标准》分为一般认证企业标准和高级认证企业标准，每类标准均包括通用认证标准和根据企业经营类别不同而制定的单项认证标准，具体包括内部控制、财务状况、守法规范、贸易安全 4 大类。认证企业应当同时符合通用认证标准和与其实际情况相符的相应经营类别的单项认证标准。

企业申请成为认证企业，应当向海关提交" 适用认证企业管理申请书"。海关认证通过后，企业获得海关制发的"认证企业证书"。

申请认证期间，企业涉嫌走私被立案侦查或者调查的，海关将终止认证。企业涉嫌违反海关监管规定被立案调查的，海关也可终止认证。

（二）认证企业适用的管理措施

1. 一般认证企业适用的管理措施

（1）进出口货物平均查验率在一般信用企业平均查验率的 50%以下；

（2）优先办理进出口货物通关手续；

（3）海关收取的担保金额可以低于其可能承担的税款总额或者海关总署规定的金额；

（4）海关总署规定的其他管理措施。

2. 高级认证企业适用的管理措施

高级认证企业除适用一般认证企业管理措施外，还适用下列管理措施：

（1）进出口货物平均查验率在一般信用企业平均查验率的 20%以下；

（2）可以向海关申请免除担保；

（3）减少对企业稽查、核查频次；

（4）可以在出口货物运抵海关监管区之前向海关申报；

（5）海关为企业设立协调员；

（6）AEO 互认国家或者地区海关通关便利措施；

（7）国家有关部门实施的守信联合激励措施；

（8）因不可抗力中断国际贸易恢复后优先通关；

（9）海关总署规定的其他管理措施。

高级认证企业适用的管理措施优于一般认证企业。

因企业信用状况认定结果不一致导致适用的管理措施相抵触的，海关将按照就低原则实施管理。认证企业涉嫌走私被立案侦查或者调查的，海关将暂停适用相应管理措施，按照一般信用企业进行管理。认证企业涉嫌违反国境卫生检疫、进出境动植物检疫、进出口食品化妆品安全、进出口商品检验规定被刑事立案的，海关将暂停适用相应管理措施。

（三）一般信用企业

企业有下列情形之一的，海关认定为一般信用企业：

（1）首次注册备案或者登记的企业；

（2）认证企业不再符合《海关认证企业标准》，并且未发生失信企业所涉情形的；

（3）自被海关认定为失信企业之日起连续 2 年未发生失信企业所涉情形的。

（四）失信企业

企业有下列情形之一的，海关认定为失信企业：

（1）有走私犯罪或者走私行为的；

（2）非报关企业 1 年内违反海关监管规定行为次数超过上年度报关单、进出境备案清单、进出境运输工具舱单等相关单证总票数千分之一，且被海关行政处罚金额累计超过 100 万元的；

报关企业 1 年内违反海关监管规定行为次数超过上年度报关单、进出境备案清单、进出境运输工具舱单等相关单证总票数万分之五，且被海关行政处罚金额累计超过 30 万元的；

（3）拖欠应缴税款或者拖欠应缴罚没款项的；

（4）经过实地查看，确认企业登记的信息失实且无法与企业取得联系的，被海关列入信用信息异常企业名录超过 90 日的；

（5）假借海关或者其他企业名义获取不当利益的；

（6）向海关隐瞒真实情况或者提供虚假信息，影响企业信用管理的；

（7）抗拒、阻碍海关工作人员依法执行职务，情节严重的；

（8）因刑事犯罪被列入国家失信联合惩戒名单的；

（9）其他海关认定为失信企业的情形。

当年备案的非报关企业、报关企业，1 年内因违反海关监管规定被海关行政处罚金额分别累计超过 100 万元、30 万元的，海关认定为失信企业。

（五）失信企业适用的管理措施

（1）进出口货物平均查验率在 80%以上；

（2）不予免除查验没有问题企业的吊装、移位、仓储等费用；

（3）不适用汇总征税制度；

（4）除特殊情形外，不适用存样留像放行措施；

（5）经营加工贸易业务的，全额提供担保；

（6）进出口货物平均检验检疫抽批比率在 80%以上；

（7）提高对企业稽查、核查频次；

（8）国家有关部门实施的失信联合惩戒措施；

（9）海关总署规定的其他管理措施。

（六）企业信用状况的调整

1. 海关对企业信用状况的认定结果实施动态调整

（1）海关对高级认证企业每 3 年重新认证一次，对一般认证企业不定期重新认证。重新认证前，海关应当通知企业，并且参照企业认证程序进行重新认证。对未通过认证的企业，海关制发“企业信用等级认定决定书”，调整企业信用等级。

（2）认证企业被海关调整为一般信用企业管理的，1 年内不得申请成为认证企业；认证企业被海关调整为失信企业管理的，2 年内不得成为一般信用企业。高级认证企业被海关调整为一般认证企业管理的，1 年内不得申请成为高级认证企业。

（3）自被海关认定为失信企业之日起连续 2 年未发生《中华人民共和国海关企业信用管理办法》第十二条规定情形的，海关应当将失信企业调整为一般信用企业。失信企业被调整为一般信用企业满 1 年的，可以向海关申请成为认证企业。

2. 企业有分立合并情形的，海关对企业信用状况的认定结果按照以下原则作出调整

（1）企业发生存续分立，分立后的存续企业承继分立前企业的主要权利义务的，适用海关对分立前企业的信用状况认定结果，其余的分立企业视为首次注册备案或者登记企业；

（2）企业发生解散分立，分立企业视为首次注册备案或者登记企业；

（3）企业发生吸收合并，合并企业适用海关对合并后存续企业的信用状况认定结果；

（4）企业发生新设合并，合并企业视为首次注册备案或者登记企业。

第二节 一般进出口货物通关程序

根据进出口货物用途的不同，海关以国际贸易中进出口货物的交易方式为基础，结合海关对进出口货物监督管理综合设定的管理方式，将进出口货物分为一般进出口货物、保税货物（含保税加工货物和保税物流货物）、特定减免税货物、暂时进出境货物和其他海关监管货物 5 大类。

海关监管方式体现在报关单中“备案号”“贸易方式”“征免性质”“用途”和“征免”等栏目。

一般进出口货物是指在进出境环节缴纳了应征进出口税费并办结了所有必要的海关手续，海关放行后不再进行监管，可以直接进入生产和流通领域的进出口货物。

一般进出口货物有以下特征：

（1）进出境时缴纳进出口税费；

（2）进出境时提交相关的许可证件；

（3）海关放行即办结了海关手续。

对一般进出口货物来说，海关放行就意味着海关手续已经全部办结，海关不再监管，可以直接进入生产和流通领域。

一、通关准备作业

一般进出口货物在进出境环节通常有如实申报、配合查验、缴纳税费、提取及装运货物等程序。在申报前，企业需要做好通关准备作业。

通关准备作业是指企业在货物进出境前办理相关进出境业务的备案核准手续，以及为减少争议或快速通关而做的相关准备工作。

（一）委托磋商

报关企业通常会安排营销人员专门负责与进出口公司进行委托磋商。磋商的主要内容包括：

（1）业务类型。

（2）委托业务是否属于本企业经营范围内，重点包括：

①对于首次接洽的客户，应要求对方提供资质证明，包括营业执照、税务登记证、海关注册证书和海关适用管理类别决定书等企业资质材料或材料副本。

②审核对方资质时，应注意对方单位的全称、注册地址、经营地址及相关材料的合法性和有效性。

③应深入了解对方的经营状况、财务状况、诚信状况，以及在海关等部门的守法记录等信息。

（3）委托方对通关服务的基本要求和特殊要求。

（4）商谈具体服务协议条款，主要包括：

①委托双方的全称、注册地址、联系方式；

②详细、明确的服务内容；

③委托双方的权利和义务；

④收费条款和结算方式；

⑤保密条款；

⑥不可抗力条款；

⑦违约责任和争议解决方式；

⑧委托方应避免发生侵犯知识产权的行为；

⑨要求委托双方遵守其他有关法律规定及海关的各项管理规定；

⑩合同期限。

（二）签订委托协议

1. 评审通关服务合同

报关企业在评审服务合同时，应重点分析以下内容：

（1）内容的风险点

①因委托方的资质、信用问题而可能带来的履约能力的风险；

②进出口商品违反《知识产权海关保护条例》的规定，侵犯他人知识产权带来的风险；

③委托方的海关管理类别等级较低导致报关成本增加的风险；

④进出口商品的复杂性带来的时间延误、成本增加的风险；

⑤履约期限条款与不确定因素不匹配带来的履约能力风险；

⑥海关稽查期限内发现问题、补缴税款时，因委托方原因给报关企业带来代付偿还风险；

⑦影响合法、快速通关的其他风险。

（2）要求的合法性

①委托服务内容是否符合法律法规要求；

②进出口商品是否符合国家相关政策。

（3）履约能力

将全部或部分委托事项外包第三方时要考虑：

①是否经委托方授权；

②分包商的履约能力；

③成本费用；

④切实保护委托方的各项权利。

（4）争议解决方式

如委托方与受托方产生争议，可采取以下方式解决：

①根据风险评估结果，双方进行协商，合法解决争议；

②委托方的要求有违反国家法律和海关规定的，应主动告知并予拒绝；

③超出报关企业履约能力的，可商委托方采取外包服务或者分阶段代理的方式解决。

2. 签订通关服务合同

（1）规范签订

①报关企业授权专门人员负责签收合同。

②审核合同条款是否与双方商定的内容一致。

③审核委托方的签章是否真实有效。

④合同签署时间不晚于通关服务实际操作时间。

（2）管理合同

①建立合同管理制度，对合同进行有效管理。

②设立专门保管场所，并由专人负责合同和相关资料的管理，以便日后海关稽查、产生纠纷时调阅。

（3）管理客户资料

①建立客户服务档案，内容包括：执行过程、客户要求、客户投诉及处理记录、客户业务量统计及其他服务资料。

②对客户档案的内容保密。

③及时更新客户资料。

（4）跟踪合同执行情况

①指定资深人员负责监督合同的执行情况。

②如出现不符合合同条款的情况，应及时与委托方协商处理，并做好备忘录。

③合同到期前，应与委托方协商，确定合同是否续签或终止事宜。

④因国家政策、海关法规变化导致通关服务手续、单证、税费发生变化时，应及时协商修改相应条款。

二、通关实施作业

（一）单证接收与审查

1. 单证接收

（1）报关企业通常由专人签收单证。

（2）签收单证时，应审核单证是否齐全或完整。

（3）完整保存签收的委托方提供的单证，并做好内部登记。

（4）根据业务分工进行报关企业内部单证流转，做好签收，并记录各环节流转的时间节点。

2. 单证审核

在报关企业操作过程中，一般由资深的专门人员，按照海关监管要求，对委托方提供的单证进行合理审核。

（1）报关企业接受进出口货物收发货人的委托办理通关业务时，应当对委托人所提供情况的真实性、准确性、完整性进行合理审核。审核内容包括：

①证明进出口货物实际情况的有关资料，包括货物品名、规格、用途、产地、贸易方式；

②进出口货物的合同、发票、运输单据、装箱单等商业单据；

③进出口所需的许可证件、特定减免税证明、加工贸易手册（账册）及随附单证等；

④报关企业还应当向其委托方了解买卖双方是否具有关联关系，对货物的处置、使用是否具有特殊的限制条件等情况。

报关企业对委托人所提供情况的真实性、准确性、完整性未能进行合理审核而导致申报的内容出现错误或违法情况，报关企业应承担相应的法律责任。

（2）报关企业应当对委托方委托申报或报备的时效性进行合理审核。审核内容包括：

①进口微生物、人体组织、生物制品、血液及其制品或种畜、禽及其精液、胚胎、受精卵的，应当在入境前 30 天申请；

②进口其他动物的，应当在入境前 15 天申请或报备；

③进口植物、种子、种苗及其他繁殖材料的，应当在入境前 7 天申请或报备；

④出境货物最迟应于报关或装运前 7 天报备，对于个别检验检疫周期较长的货物，应留有相应的检验检疫时间；

⑤需隔离检疫的出境动物在出境前 60 天预报，隔离前 7 天报备。

（3）审核贸易方式

根据委托方提供的随附单证及货物的相关实际情况确认贸易方式。

（4）审核商品编码

①要求委托方以书面形式提供进出口商品编码和确定商品归类所需的资料。

②依据《税则》、《进出口税则商品及品目注释》（以下简称《商品及品目注释》）、《中华人民共和国进出口税则本国子目注释》（以下简称《本国子目注释》）、海关总署发布的关于商品归类的行政裁定、海关总署发布的商品归类决定，审核委托方提供的商品编码。

③对有归类疑难、归类争议的商品，建议委托方向货物进出境地海关或具有资质的预归类单位申请办理商品预归类。

（5）审核申报要素

①根据《中华人民共和国海关进出口商品规范申报目录》（以下简称《规范申报目录》），审核对应的商品名称、申报要素。

②经审核未满足"申报要素"规定的，要求委托方提供"申报要素"所列各项的相关资料。

③根据委托方提供的资料和申报要素栏中所列各项，确定报关单中"商品名称、规格型号"数据项的填写内容后，送委托方书面确认。

（6）审核商品原产地

①对于委托方表明进口货物属于适用最惠国税率的，应审核随附的贸易合同的相应内容，以及提（运）单、发票中相应的内容。

②对于委托方表明进出口货物属于适用优惠贸易协定税率的，要求其提供正本原产地证书、货物运输单证及有关资料；对于委托方表明进出口货物属于适用特惠税率的，要求其提供正本原产地证书电子数据或正本复印件，以及货物运输单证等资料。

③对于委托方表明进出口货物属于适用反倾销税的，要求其提供正本原产地证书及原厂商发票等有关资料。

（7）审核商品价格

应要求委托方按照《海关法》《关税条例》《中华人民共和国海关审定进出口货物完税价格办法》等相关规定提供价格资料。如发现明显有违常识的进出口货物价格，应要求委托方核对价格情况，提供能证实货物价格真实性的资料。

（8）审核监管证件

①根据商品归类审核结果，确认监管证件是否相符。

②根据合同、发票等内容，核查监管证件信息的一致性、有效性。

（9）审核其他单证

①对于进出境修理货物、暂时进出境货物等需办理保证金或保函手续的，应核查保证金或保函内容与基本单证信息的一致性。

②对于减免税货物，应要求委托方提供"进出口货物征免税证明"，并核查其中商品名称、规格型号、单价、数量、进出口口岸等内容与其他基本单证信息的一致性。

③委托方提供预归类文件的，应审核其提供的实际进出口货物的相关资料与预归类文件所列商品的一致性。

④对于加工贸易进口货物，应要求委托方提供加工贸易手册（账册），并核查其中商品名称、商品编码、规格型号、数量、进出口口岸等内容与其他随附单证信息是否一致。

小贴士

申报单证分类

申报单证通常分为报关单和随附单证两大类。其中，随附单证包括基本单证、特殊单证。

1. 报关单

报关单是指进出口货物报关单或者带有进出口货物报关单性质的单证，如特殊监管区域进出境货物备案清单、进出口货物集中申报清单、ATA 单证册、过境货物报关单等。

2. 随附单证

随附单证指随进出口货物报关单必须提交海关验核的单据或海关要求提供的单据。

基本单证，包括进出口货物的货运单据和商业单据。主要包括合同、商业发票、装箱单、进口提单、出口装货单等。

特殊单证，包括进出口货物涉及特殊管制规定的单据、专业性单据。涉及特殊管制规定的单据主要包括进出口许可证件、征免税证明、原产地证明书等；专业性单据主要包括实施准入管理的证明、实施产品资质管理的证明、实施企业资质管理的证明、属于评估或验证类文件资料和涉及国家技术规范强制要求的证明材料等。

（二）申报作业流程

申报是指进出口货物收发货人或代理报关企业，依照《海关法》以及其他有关法律、行政法规和规章的要求，在规定的期限、地点，采用电子数据报关单或纸质报关单形式，向海关报告实际进出口货物的情况，并且接受海关审核的行为。

《海关法》规定，进出口货物收发货人应当向海关如实申报，交验进出口许可证件等有关单证。国家限制进出口的货物，没有进出口许可证件的，海关不予放行。

1. 一般申报要求

（1）申报地点

全国通关作业一体化全面启动后，除特殊货物在限定口岸申报外，进出口企业可在任一海关进行申报，即企业可根据实际需要，自主选择在货物进出口岸、企业属地或其他任一海关报关，除必须进行转关操作的进出口货物外，均可实现一体化作业模式申报。

按照申报地点分类，报关方式可以分为 4 种：

①在口岸海关报关

口岸海关报关即报关企业在货物实际进出境地海关办理报关手续。如货物涉及查验，由货物进出境地海关实施查验。

②在属地海关报关

属地海关报关即报关企业在企业主管地海关办理报关手续，货物在口岸海关实际进出境。如货物涉及查验，由货物实际进出境的口岸海关实施查验。

③在除口岸及属地海关外的其他海关报关

采用该种报关方式进出口的企业较少，适用于有特殊需要的进出口货物。如货物涉及查验，由货物实际进出境的口岸海关实施查验。

④在货物所在地的主管海关报关

主管海关报关即以保税货物、特定减免税货物和暂准进境货物等申报进境的货物，如因故改变使用目的从而改变性质，转为一般进口时，应当在货物所在地的主管海关申报。

（2）申报期限

①进口申报期限

进口货物的收货人或代理报关企业应当自运输工具申报进境之日起 14 日内，向海关申报。

进口转关运输货物的收货人或代理报关企业应当自运输工具申报进境之日起 14 日内，向进境地海关办理转关运输手续，转关货物应当自运抵指运地之日起 14 日内向指运地海关申报。

进口货物的收货人超过规定期限向海关申报的，由海关征收滞报金。

进口货物自装载货物的运输工具申报进境之日起超过 3 个月仍未向海关申报的，货物由海关提取并依法变卖。对不宜长期保存的货物，海关可以根据实际情况提前处理。

②出口申报期限

出口货物发货人或代理报关企业应当在货物运抵海关监管场所后、装货的 24 小时之前向海关申报。

③其他

经电缆、管道或其他特殊方式进出境的货物，进出口货物收发货人或代理报关企业按照海关规定的期限申报。

（3）申报日期

申报日期是指申报数据被海关接受的日期。

进出口货物收发货人或代理报关企业的申报数据自被海关接受之日起，就产生法律效力，即进出口货物收发货人或代理报关企业开始承担“如实申报”“如期申报”的法律责任。

无论是以电子数据报关单方式申报，还是以纸质报关单方式申报，海关以接受申报数据的日期为申报日期。

采用先电子数据报关单申报，后提交纸质报关单，或者仅以电子数据报关单方式申报的，申报日期为海关系统接受申报数据时记录的日期，该日期将反馈给申报单位。

电子数据报关单经过海关系统检查被退回的，视为海关不接受申报，进出口货物收发货人或代理报关企业应当按照相关要求修改后，重新申报。申报日期则为海关接受重新申报的日期。

海关已接受申报的报关单电子数据，经人工审核确认需要退回修改的，进出口货物收发货人或代理报关企业应当在 10 日内完成修改并且重新发送报关单电子数据。申报日期仍为海关接受原报关单电子数据的日期；超过10日的，原报关单无效，进出口货物收发货人或代理报关企业应当另行向海关申报，申报日期为海关再次接受申报的日期。

（4）申报方式

申报采用电子数据报关单申报形式或纸质报关单申报形式。电子数据报关单和纸质报关单均具有法律效力。

电子数据报关单申报形式是指进出口货物的收发货人或代理报关企业通过计算机系统按照《中华人民共和国海关进出口货物报关单填制规范》（以下简称《报关单填制规范》）的要求向海关传送报关单电子数据及随附单证电子数据。

纸质报关单申报形式是指进出口货物的收发货人或代理报关企业，按照海关的规定填制纸质报关单，备齐随附单证，向海关当面递交上述材料。

目前，全国海关的全部通关业务现场已全面施行通关作业无纸化申报。

"通关作业无纸化"是指海关以企业分类管理和风险分析为基础，按照风险等级对进出口货物实施分类，运用信息化技术改变海关核验进出口企业递交纸质报关单及随附单证办理通关手续的做法，直接对企业通过申报系统录入申报的报关单及随附单证的电子数据进行无纸审核、验放处理的通关作业方式。

2. "一次申报、分步处置"通关作业流程

（1）舱单安全准入风险处置

舱单传输人（进出境运输工具负责人、无船承运业务经营人、货运代理企业、船舶代理企业、邮政企业及快件经营人等舱单电子数据传输义务人）按照规定向海关传输舱单及相关电子数据，海关舱单管理系统对舱单实施逻辑检控和审核，对不符合舱单填制规范的，退回舱单传输人予以修改，对通过逻辑检控和审核的，海关进行风险甄别。

对涉及安全准入等需进行拦截处置的进境货物（含公路口岸承运货物的运输工具，下同），海关在其抵达进境口岸后实施前置预防性检疫处理（含检疫处理监管）、前置辐射探测、先期机检等顺势及非侵入的探测和处置。

海关对舱单货物进行安全准入审查、处置后，进出口货物收发货人或代理报关企业可正常向海关申报报关数据。

（2）企业报关报税

①进出口货物申报

进出口货物收发货人或代理报关企业按海关要求填制报关单，将报关单数据通过申报系统进行录入，并以电子数据形式随附必要的报关单据，形成正式申报的电子数据报关单。已在海关办理汇总征税，总担保备案的企业，可在自主申报时选择"汇总征税"模式，录入总担保备案编号，一份报关单对应一个总担保备案编号。发送电子数据前，进出口货物收发货人或代理报关企业应核查所申报的内容是否真实、规范、准确，交验的各种单据是否正确、齐全、有效，申报内容应做到单单相符（报关单内容与各种单证信息应相互一致）、单证相符（报关单内容与各种证件信息应相互一致）。

进出口货物收发货人或代理报关企业应保证电子化单证信息的真实性和有效性，上传的单证扫描件的格式应符合海关要求，并按规定保存相关纸质单证。海关在监管过程中按照风险布控、签注作业等要求需要验核纸质单证的，进出口货物收发货人或代理报关企业应当补充提交相关纸质单证。

②“自报自缴”作业

“自报自缴”是指进出口企业或单位自主向海关申报报关单及随附单证、税费电子数据，并自行缴纳税费的行为。企业在中国电子口岸录入端选择通关作业无纸化方式向海关录入申报数据、上传随附单证进行申报。

③电子审核

系统对报关单及随附单证电子数据进行规范性、逻辑性审核，对舱单、许可证件、电子备案信息等进行审核，对于符合条件的，海关接受申报，向企业发送接受申报回执；对于不符合条件的，系统自动退单，发送退单回执，企业需重新办理有关申报手续。

（3）报关单重新申报、补充申报及修改与撤销

①重新申报

海关不接受申报并退回电子数据报关单，进出口货物收发货人或代理报关企业按规定修改后重新申报。

海关已接受申报的报关单电子数据，经人工审核确认需要退回修改的，进出口货物收发货人或代理报关企业应当在10日内完成修改并重新发送报关单电子数据，申报日期仍为海关接受原报关单电子数据的日期；超过10日的，原报关单无效，进出口货物收发货人或代理报关企业应当另行向海关申报，申报日期为海关再次接受申报的日期。

②补充申报

进出口货物收发货人或代理报关企业主动向海关进行补充申报的，应在向海关申报电子数据报关单时，一并通过系统向海关申报电子数据补充申报单。

海关对进出口货物的申报价格、商品归类、原产地等内容的完整性、真实性和准确性有疑问时，可通过系统发送电子指令通知进出口货物收发货人或代理报关企业向海关申报电子数据补充申报单。进出口货物收发货人或代理报关企业应当在收到电子指令之日起5个工作日内，通过系统向海关申报电子数据补充申报单。补充申报的申报单包括“中华人民共和国海关进出口货物价格补充申报单”“中华人民共和国海关进出口货物商品归类补充申报单”“中华人民共和国海关进出口货物原产地补充申报单”等申报单证。

未在规定时限内完成补充申报的，海关按照有关规定确定货物的完税价格、商品编码和原产地。海关对已放行货物的完税价格、商品编码、原产地等内容进行进一步核实时，制发“补充申报通知书”通知进出口货物收发货人或代理报关企业。

③海关要求对报关单进行修改或者撤销

海关已接受申报的报关单电子数据，经人工审核确认需要退回修改的，进出口货物收发货人或代理报关企业应当在10日内完成修改并重新发送报关单电子数据，申报日期仍为海关接受原报关单电子数据的日期；超过10日的，原报关单无效，进出口货物收发货人或代理报关企业应当另行向海关申报，申报日期为海关再次接受申报的日期。海关通过预录入系统向进出口货物收发货人或代理报关企业发起报关单修改或者

撤销确认，进出口货物收发货人或代理报关企业应在 5 日内向海关确认“同意办理”或者“不同意办理”的意见。

（4）企业缴税

对应税报关单，企业收到海关接受申报回执后，办理税款相关手续：选择缴纳税款的，自行向银行缴纳。预先向海关提供税款担保并备案的，可以选择提供担保，海关按照规定办理担保核扣手续，系统自动扣减与应缴税款等额的担保额度；若余额不足，系统自动退单。

①选择电子支付/电子支付担保模式的，进出口企业或单位登录电子支付平台，查询电子税费信息并确认支付，申报地海关现场按相关规定办理后续手续。

②选择柜台支付模式的，进出口企业或单位在收到申报地海关现场打印的纸质税款缴款书后，到银行柜台办理税费缴纳手续。

③选择汇总征税模式的，对无布控查验等海关要求事项的汇总征税报关单，海关通关系统自动扣减相应担保额度后，报关单自动触发放行，进出口货物收发货人或代理报关企业按汇总征税的相关规定办理后续手续。企业办理汇总征税时，有滞报金等其他费用的，应在货物放行前缴清。

放行后将集中支付税款。有纸申报企业应在货物放行之日起 10 日内递交纸质报关单证，至当月月底不足 10 日的，应在当月月底前递交。所有应税企业应于每月第 5 个工作日结束前完成上月应纳税款的汇总电子支付，申报地海关在企业缴纳税款后的下一个工作日完成税款缴款书的打印工作。

汇总征税作业系统可实现担保额度的智能化管理，根据企业税款缴纳情况循环使用，税款缴库后，企业担保额度自动恢复。

④预先向海关提供税款担保并备案的，可以选择提供担保，海关按照规定办理担保核扣手续。

自报自缴税单在纸质税款缴款书上注明“自报自缴”字样，属于缴税凭证，不具有海关行政决定属性。放行前经人工审核计税的，纸质税款缴款书上不注明“自报自缴”字样。

⑤未及时缴税情形的处置。企业未按上述①②③模式及时缴纳税款的，海关径行打印纸质的海关税款缴款书，交付或通知企业履行纳税义务。企业在纸质税单规定期限内仍未缴税的，海关办理保证金转税手续或通知担保机构履行担保纳税义务。企业出现欠税风险的，进出口地直属海关暂停企业适用汇总征税；风险解除后，经注册地直属海关确认，恢复企业适用汇总征税。

企业可利用海关计税（费）服务工具计算应缴纳的相关税费，并对系统显示的税费计算结果进行复核和确认，连同报关单及随附单证预录入内容一并提交海关。进出口企业或单位需在当日对税费进行确认而未确认的，可重新申报。

（5）报关单风险甄别与处置

对已接受申报的报关单，海关风险防控部门根据预先加载的风险判别规则、风险参数，运用系统进行风险甄别。对需要进行报关单修改、撤销、退补税、联系企业补充提交税款担保等事务性辅助操作，以及办理许可证人工核扣等必要手续的，系统将其转入申报地海关。申报地海关按照作业指令要求，下达修撤单、退补税、稽（核）

查指令等。

（三）配合查验

在现场通关作业时，海关会通过系统或人工下达布控查验和实货验估指令，海关查验关员会在区别查验指令属性后，按照细化的查验要求实施查验。

海关对存在禁限管制、侵权、品名规格数量伪瞒报等风险，以及情报反映存在走私违规嫌疑的货物依法进行准入查验，对存在归类、价格、原产地等税收风险的货物依法进行验估查验。

1. 准入查验

准入查验是指海关对存在禁限管制、侵权、品名规格数量伪瞒报等风险，以及情报反映存在走私违规嫌疑的货物依法进行实际核查的执法行为。

在进出口货物报关单申报后放行前，海关对有布控查验指令的报关单实施准入查验，具体查验事宜由现场海关查验人员实施。接到海关查验通知后，进出口货物报关单位应提前做好查验准备并按时到场接受货物查验。

货物准入查验结果异常的，现场海关查验人员将如实记录，转交现场海关综合业务部门运用查验异常处置系统进行查验结果异常处理。综合业务部门将对照查验人员记录的具体异常情形，按照规定办理案件处置移交工作，其中符合一般案件处置规定的，移送缉私部门；属于简单案件或简易程序规定情形的案件移送至相关部门处置；对违反知识产权规定的案件移送至法规部门；对符合报关单修改与撤销等情况的查验结果异常，留在本部门进行报关单修改与撤销处理。

2. 现场验估查验

现场验估是指在海关税收征管作业过程中，现场海关根据税收征管中心预设验估类风险参数及指令，为确定商品归类、完税价格、原产地等税收征管要素而实施的验核进出口货物单证资料或报验状态，对涉税要素申报的完整性和规范性进行评估的行为。验估是一种复杂的通关事务，也是非常重要的一个环节，它适用于一般情况下难以确定归类、价格、原产地等的涉税报关单，其比例在实际通关过程中较低。

现场海关验估部门具体执行验估类参数及指令，实施验估作业并进行相应处置及反馈，包括验核有关单证资料、样品；验核进出口货物报验状态，做好取样、留像等存证工作或在取样后送检化验；开展质疑、磋商，收集和补充单证资料等工作；录入验估作业记录及结果，按要求反馈处置结果等。

货物放行前海关对由系统或人工下达实货验估指令的，与查验统筹安排，按照细化的查验要求，由取得验估上岗资质的查验人员实施查验，验估人员提供必要协助。企业须配合海关实施实货验核。

3. 查验的时间与地点

报关企业现场操作人员收到查验通知后，应首先到查验场地办理查验货物进场手续，在确认货物抵达查验场地后，向海关预约查验时间。海关查验一般安排在海关监管区内的指定场地进行。报关企业现场操作人员在接受海关查验前应确认待查验货物的准确位置及堆放地点，当海关通知查验时，报关企业现场操作人员应及时到达指定的查验作业区配合海关查验。如果超过规定时间又无合理理由的，海关将径行查验。

对易受温度、静电、粉尘等因素影响，以及因其他特殊原因不宜在口岸海关监管区实施查验的进出口货物，企业可向主管地海关（进口为指运地海关，出口为启运地海关）申请，经批准后可异地查验。

4. 查验方法

查验应当由两名以上海关人员共同实施。海关实施查验可以彻底查验，也可以抽查。按照操作方式，可以分为人工查验和机检查验。人工查验包括外形查验、开箱查验等方式。海关可以根据货物情况及实际执法需要，确定具体的查验方式。

配合查验是进出口货物收发货人或代理报关企业的义务，查验货物时，进出口货物收发货人或代理报关企业人员应当到场，配合海关的查验。

5. 复验与径行开验

（1）复验

复验是指海关对进出口货物进行再次查验。有下列情形之一的，海关可以对已查验货物进行复验：

①经初次查验未能查明货物的真实属性，需要对已查验货物的某些性状做进一步确认的；

②货物涉嫌走私违规，需要重新查验的；

③进出口货物收发货人对海关查验结论有异议，提出复验要求并经海关同意的。

已经参加过查验的查验人员不参加对同一票货物的复验。

（2）径行开验

径行开验是指当海关认为必要时，即使进出口货物收发货人或代理报关企业人员没有在场，海关也可以对进出口货物进行查验、复验或者提取货样。

6. 损坏货物索赔

查验过程中由于海关工作人员责任造成的货物损失，进出口货物收发货人或代理报关企业现场操作人员可以要求海关就货物损坏的实际情况进行赔偿。根据规定，海关赔偿的范围为进出口货物直接的经济损失，间接的经济损失不包括在海关赔偿的范围之内。以下情况不属于海关赔偿的范围：

①报关企业现场操作人员搬移、开拆、重封包装或保管不善等自身原因造成的损失，易腐、易失效货物在海关正常工作时间内的变质或失效；

②海关正常查验所造成的不可避免的磨损；

③不可抗力因素造成的损失；

④在海关查验之前或之后发生的损失或损坏。

（四）货物提离与放行

1. 海关进出境现场放行和货物结关

（1）海关进出境现场放行

海关进出境现场放行是指海关接受进出口货物申报、审核电子数据报关单和纸质报关单及随附单证、查验货物、征免税费或接受担保以后，对进出口货物作出结束海关进出境现场监管决定，允许进出口货物离开海关监管现场。

海关进出境现场放行有两种情况：一种情况是货物已经结关，对于一般进出口货物，放行时进出口货物收发货人或代理报关企业已经办理了所有海关手续，因此，海关进出境现场放行即等于结关；另一种情况是货物尚未结关，放行时进出口货物的收发货人或代理报关企业并未全部办完海关手续，海关在一定期限内还需进行监管，所以该类货物的海关进出境现场放行不等于结关。

（2）货物结关

货物结关是进出口货物办结海关手续的简称。进出口货物收发货人或代理报关企业向海关办理完所有的海关手续，履行了法律规定的与进出口有关的一切义务，就办结了海关手续，海关不再进行监管。

2. 提取货物或装运货物

进口货物收货人或代理报关企业签收加盖海关放行章戳记的进口提货凭证（提单、运单、提货单等），凭以到货物进境地的港区、机场、车站、邮局等的海关监管仓库办理提取进口货物的手续。

出口货物发货人或代理报关企业签收加盖海关放行章戳记的出口装货凭证（运单、装货单、场站收据等），凭以到货物出境的港区、机场、车站、邮局等的海关监管仓库办理将货物装上运输工具离境的手续。

3. “两步申报”通关作业流程

（1）“两步申报”通关模式对境内收发货人信用等级的要求

境内收发货人信用等级为一般信用及以上的，实际进境的货物均可采用“两步申报”。

（2）“两步申报”通关模式

第一步：概要申报。

基本流程为概要申报→风险甄别排查处置→监管证件比对→通关现场作业→允许货物提离→货物提离。

①进口货物概要申报

企业向海关申报时，应说明进口货物是否属于禁限管制商品、是否依法需要检验检疫（是否属于《法检目录》内商品，以及法律法规规定需检验或检疫的商品）、是否需要缴纳税款。

不属于禁限管制且不属于依法需检验或检疫的，申报9个项目，并确认涉及物流的2个项目，应税的须选择符合要求的担保备案编号；属于禁限管制的，需增加申报2个项目；属于依法需检验或检疫的，需增加申报5个项目。

A. 概要申报项目：境内收发货人、运输方式/运输工具名称及航次号、提运单号、监管方式、商品编号（6位）、商品名称、数量及单位、总价、原产国（地区）。

其中，商品编号（6位）填报《税则》和《中华人民共和国海关统计商品目录》（以下简称《统计商品目录》）确定编码的前6位；数量及单位填报成交数量成交计量单位；总价填报同一项号下进口货物实际成交的商品总价格和币制，如果无法确定实际成交商品总价格则填报预估总价格。其他项目按照《报关单填制规范》的要求填写。

B. 物流项目：毛重、集装箱号。

C. 属于禁限管制需增加的申报项目：许可证号/随附证件代码及随附证件编号、集装箱商品项号关系。

D. 属于依法需要检验或检疫需增加的申报项目：产品资质（产品许可/审批/备案）、商品编号（10 位）+检验检疫名称、货物属性、用途、集装箱商品项号关系。

系统对申报要素进行规范性、逻辑性检查，对舱单、监管证件、担保等进行校验，符合条件的，海关接受申报；不符合条件的，系统自动退单。

保税加工货物、海关特殊监管区域货物和保税监管场所货物进行“两步申报”时，第一步概要申报环节不使用保税核注清单。

②风险甄别排查处置

海关对安全准入风险进行甄别，发出货物查验指令，由现场海关实施查验；或下达单证作业指令，由现场海关实施单证作业。被重大税收风险参数锁定的报关单，由税收征管部门进行税收风险排查处置。

③监管证件比对

涉及监管证件且实现联网核查的，系统自动进行电子数据比对。

④通关现场作业

A. 现场单证作业。若系统发出单证作业指令，申报地海关进行人工审核；无单证作业指令的，系统自动审核。

B. 货物查验与处置。若系统发出货物查验指令，口岸海关对货物进行查验。完成查验且无异常的，人工审核通过；查验发现异常的，按异常处置流程处置。

⑤允许货物提离

对审核通过的报关单，系统发出允许货物提离指令。

⑥货物提离口岸监管作业场所（场地）

系统向监管作业场所（场地）卡口发送放行信息，向企业发送允许货物提离信息，企业办理货物提离手续。

第二步：完整申报。

基本流程为完整申报→风险排查处置→监管证件比对核查/核扣→计征税费→通关现场作业→报关单放行。

①进口货物完整申报

完整申报是针对概要申报报关单的补充申报。企业自运输工具申报进境之日起 14 日内完成完整申报，向接受概要申报的海关补充申报报关单完整信息及随附单证电子数据。系统对完整申报信息进行规范性、逻辑性检查。不符合条件的，系统自动退单；符合条件的，系统接受完整申报。

保税加工货物、海关特殊监管区域货物和保税监管场所货物进行“两步申报”时，第二步完整申报环节报关单按原有模式，由保税核注清单生成。

②风险排查处置

对完整申报的报关单，税收征管部门、风险防控部门开展税收等风险甄别和排查处置，下达单证验核指令或稽（核）查指令。

如概要申报时选择不需要缴纳税款，完整申报时经确认需要缴纳税款的，企业应当按照进出口货物报关单撤销的相关规定办理。

③监管证件比对

涉及监管证件且实现联网核查的，系统自动进行电子数据比对核查、核扣。

④计征税费

企业利用海关计税（费）服务工具计算应缴纳的相关税费，并对系统显示的税费计算结果进行复核和确认。在收到系统发送的回执后，自行办理相关税费缴纳手续。适用汇总征税模式的，税款缴库后，企业担保额度自动恢复。

⑤通关现场作业

申报地海关验估部门根据税收征管部门指令进行单证验核，进行人工审核；申报地海关综合业务部门根据指令要求进行单证作业，进行人工审核；无单证审核要求的，系统自动审核。

⑥报关单放行

对系统自动审核通过或经人工审核通过的完整申报报关单，系统自动完成放行。

三、通关后续作业

（一）海关后续监管

海关后续监管是指进出口货物单证放行或现场放行后，海关根据有关规定对进出口货物及进出口企业在规定期限内的持续检查、监管。

1. 稽（核）查作业

进出口货物放行或报关单放行后，风险防控部门对经甄别需通过稽（核）查指令予以处置的事项，下达稽（核）查指令。税收征管部门根据职责对放行后报关单实施研判处置。属地海关稽（核）查部门根据税收征管部门、风险防控部门的稽（核）查指令开展作业。

2. 隔离检疫

隔离检疫是指将海关放行的进境动植物限定在指定的隔离场圃内，不少于限定的时间饲养或种植，在饲养或种植期间进行检疫、观察、检测和处理的强制性措施。以进境动物为例，进境种用大中动物隔离期为 45 天。进口其他进境动物应该在指定的动物隔离检疫场所隔离检疫，隔离检疫期为 30 天。

3. 销售记录检查

主管海关应当对本辖区内进口商的进口和销售记录进行检查。

4. 溯源管理

海关对生产、出口、消费全链条的农产品、食品质量安全进行追溯。

5. 召回

进口存在安全隐患的、可能造成或者已经对人体健康和生命安全造成损害的食品、化妆品、汽车、玩具、CCC 认证的民用商品，收货人应当主动召回，并立即向所在地海关报告。收货人不主动召回的，主管海关可以责令其召回。必要时，由海关总署责令其召回。

（二）报关单证存档管理

鉴于海关后续监管要求，报关企业及其委托人应做好相应的报关单证存档管理。

1. 报关单证存档管理的特点

报关单证存档管理除应保证真实、准确和完整外，还具有以下特点：

（1）报关单证存档管理是企业的法定义务

《海关稽查条例》中明确规定了与进出口活动直接有关的企业、单位应当按照海关的要求，保存报关单证、进出口单证、合同及与进出口业务直接有关的其他资料。未按规定设置或编制有关资料的，海关有权对其作出处罚。

（2）报关单证保管具有明确的存档期限

根据《海关稽查条例》的规定，报关单证、进出口单证、合同及与进出口业务直接有关的其他资料，应当自进出口货物放行之日起保管3年。其中，属保税货物、减免税进出口货物的，保管期限为海关监管期限内及办结海关核销手续或解除海关监管期限后的3年。

2. 报关单证存档管理的作用

首先，真实、准确和完整地保存报关单证是降低企业风险的有力保障，方便配合海关稽查管理的要求。

其次，通过对已结关进出口货物报关单证的存档管理，对案例进行总结、归纳、分析，可为日后处理类似案例提供良好的参考。

3. 报关单证存档管理的基本原则

（1）建立科学的管理制度，逐步实现管理的规范化、标准化

报关单证的存档管理是否有序、完好、完整、便于查阅，是报关工作的重要基础，因此建立科学的报关单证存档管理制度，逐步实现管理的规范化、标准化尤为重要。

（2）设立专门的保管场所，实行专人管理

根据报关单证在不同时间段的不同用途，保管于不同的场所。对于要用于现场申报的报关单证，实行现场报关人员现场管理；对于用于日后核销的报关单证，实行公司重要文件存留场所专人统一管理。

（3）对报关单证存档实行分类管理，建立简单有效的搜索系统

按照报关单证在不同时间的不同用途，实行分类管理。利用现代化的管理工具，建立有效的搜索系统，以便合理利用存档的单证和数据。

4. 报关单证存档分类管理

报关单证存档分类管理原则是以全部报关单证为对象，结合报关工作的特点和单证的不同作用，保持档案之间的有机联系，形成一整套的分类体系，便于日后调阅与查找。

（1）按照报关时间分类

将未向海关申报的进出口货物的报关单证（包括无纸化通关中未提交的单证）与海关已放行的进出口货物的报关单证分类管理。对于未向海关申报的进出口货物报关单证，实行报关单证操作人员在单证准备期间与申报期间对单证的专门管理。其次，对于海关已放行的进出口货物的报关单证，由报关单证操作人员将报关单证按照签收制度交由专人保管。

（2）按照客户、业务种类分类

将已按报关时间分类的报关单证，按照客户的不同，将需要退回给客户作为核销

或继续使用的报关单证分类管理，以便准确、快速地将报关单证退回给客户。同时，作为代理报关公司留存管理的报关单证，同样按照客户分类管理，以便实现快速查询。

对于报关企业或同一客户的报关单证，按照业务种类分类管理。例如，同一客户拥有海运、空运或陆运通关业务或进口、出口通关业务，按照业务种类分类管理，有利于客户对报关单证进行查询。自理企业也会针对不同的部门，相应地按业务种类分类管理。

（3）按照报关单证种类分类管理

对于按客户或同一客户不同业务种类分别管理的报关单证，可以按照报关单证的种类再实行更为细致的分类管理。例如，报关单证明联、许可证件等都可以按照其对应的单证种类进行分类管理。最终形成一个立体式的分类层次，方便日后的查询与使用。

第三章 保税货物通关程序

DI–SAN ZHANG BAOSHUI HUOWU TONGGUAN CHENGXU

◇ 知识目标

了解保税货物的定义、特征及海关监管模式。
了解加工贸易手册和加工贸易账册的区别。

◇ 能力目标

能够掌握保税货物的监管方式和通关程序。
能够掌握金关工程（二期）加工贸易系统的申报流程。

第一节　保税加工货物通关程序

保税货物是指经海关批准，暂时未办理纳税手续进境，在境内储存、加工、装配后复运出境的货物。

保税货物分为保税加工货物和保税物流货物两类。

保税加工货物（也称加工贸易保税货物），是指经海关批准，暂时未办理纳税手续进境，在境内加工、装配后复运出境的货物。

保税物流货物（也称保税仓储货物），是指经海关批准，暂时未办理纳税手续进境，在境内储存后复运出境的货物。

一、保税加工货物概述

（一）基本特征

1. 备案保税

根据国家规定，企业通过向海关备案并获得批准保税，加工贸易料件才能保税进口，即准予备案的加工贸易料件进口时不办理纳税手续（保税进口）。

2. 纳税暂缓

根据国家规定，专为加工出口产品而进口的料件，按实际加工复出口成品所耗用料件的数量，进口时暂缓缴纳进口关税和进口环节增值税、消费税，待成品出口后，确定为免缴。如成品无法出口，则按照一般贸易进口货物进行监管。

3. 监管延伸

保税加工进口的料件，在离开进境地口岸海关监管场所未缴纳进口关税和增值税，海关需要继续监管至加工、装配后复运出境或者办结正式进口手续为止。

4. 核销结关

保税加工货物（出口加工区的除外）需要经过海关批准核销（销案）后才能结束监管（结关）。

（二）加工贸易形式

1. 来料加工

来料加工是指进口料件由境外企业提供，经营企业不需要付汇进口，按照境外企业的要求进行加工或者装配，境内加工企业只收取加工费，制成品由境外企业负责销售的经营活动。

2. 进料加工

进料加工是指进口料件由境内经营企业付汇进口，制成品由境内经营企业负责外销出口的经营活动。经营加工贸易的企业可以是对外贸易企业，也可以是外商投资企业。

（三）相关企业

1. 经营企业

经营企业是指负责对外签订加工贸易进出口合同的各类进出口企业和外商投资企业，以及经海关批准获得来料加工经营许可的对外加工装配服务公司。

2. 加工企业

加工企业是指具有法人资格，接受经营企业委托，负责对进口料件进行加工或者装配的生产企业，或由经营企业设立，实行相对独立核算并已经办理营业执照，但不具有法人资格的工厂。

承揽者是指与经营企业签订加工合同，专门承接经营企业委托的外发加工业务的企业或者个人。

（四）监管方式

除特殊监管区域外，加工贸易监管方式包括：加工贸易手册、加工贸易账册和以企业为单元监管。

1. 加工贸易手册

加工贸易手册是以合同管理为基础，实行电子身份认证，在加工贸易手册备案设立、口岸通关、核销结案等环节采用“电子手册+自动核算”的模式。

2. 加工贸易账册

加工贸易账册是海关对加工贸易企业实施联网监管的体现。加工贸易企业通过数据交换平台向海关报送能满足海关监管要求的物流、生产、经营等数据，海关对数据进行核对、核算，并结合实物进行核查。加工贸易账册就是海关为联网监管企业设立的电子底账。每家联网监管企业只设立一本加工贸易账册，海关根据联网监管企业的生产情况和监管需要确定核销周期，在该核销周期内对联网监管企业的加工贸易账册进行核销。

加工贸易账册与加工贸易手册的区别见表3-1。

表3-1 加工贸易账册与加工贸易手册的区别

加工贸易账册	加工贸易手册
适用于规模较大、信息化程度较高的企业	适用于规模小、信息化管理水平不高的企业
体现“以企业为单元”的管理思路	体现“以合同为单元”的管理思路
进出口数量是根据企业最大生产周转金额来核定的	进出口数量与合同一致
不区分来料加工和进料加工	区分来料加工和进料加工

3. 以企业为单元监管

以企业为单元监管是介于加工贸易手册和加工贸易账册之间的一种监管方式，其初衷是通过由企业自主确定核销周期、单耗自核，简化深加工结转、外发加工、集中内销等作业手续，为企业减负松绑。其特点是以企业为监管单元，以账册为主线，以与企业物料编码对应的商品编码（料号）或经企业自主归并后形成的商品编码（项号）为基础，企业自主确定核销周期和单耗申报时间，并以自主申请销案方式定期办理核销手续。

（五）通关程序

保税加工货物的通关程序与一般进出口货物相比，除进出境阶段需要经过如实申报、配合查验、提取或装运货物等环节外，由于该类货物进境时暂缓纳税（保税），需要事先办理海关批准手续，这就是前期设立阶段。与之相配的就是后续核销阶段，即办理解除监管手续。

保税加工货物通关的基本程序为：加工贸易手（账）册设立、进出口报关和加工贸易手（账）册核销。

加工贸易手（账）册设立是指加工贸易企业持加工贸易合同及其他单证到主管海关备案，申请保税并领取加工贸易手（账）册或其他准予备案凭证的行为。

加工贸易手（账）册核销是指加工贸易企业在履行完加工贸易合同或终止合同并对出口货物进行处理后，按照规定的期限和程序，向加工贸易主管海关申请核销并解除监管的行为。

二、加工贸易手册监管模式下的通关程序

（一）加工贸易手册设立

1. 金关工程（二期）加工贸易管理系统

2020 年，金关工程（二期）加工贸易管理系统（以下简称“金二”加贸系统）全面上线，企业办理加工贸易业务不再使用 QP 系统，可通过登录“单一窗口”或“互联网+海关”一体化网上办事平台，使用“金二”加贸系统。

“金二”加贸系统已具备随附单证无纸化功能，企业在办理加工贸易各项业务时，根据需要上传电子化随附单证，无须提交纸质单证。由于“金二”加贸系统随附单证无纸化上传只接受 PDF 文件，企业应确保企业端已安装相应的 PDF 阅读软件。

2. 加工贸易企业经营状况及生产能力信息填报

根据《关于取消〈加工贸易企业经营状况及生产能力证明〉的公告》（商务部、海关总署公告 2018 年第 109 号）的要求：

（1）自 2019 年 1 月 1 日起，企业从事加工贸易业务不再申领《加工贸易企业经营状况及生产能力证明》（以下简称《生产能力证明》），商务主管部门也不再为加工贸易企业出具《生产能力证明》。

（2）企业开展加工贸易业务，须具备相应生产经营能力。经营企业应具有进出口经营权，加工企业应具有与业务范围相适应的工厂、加工设备和工人。企业应自觉履行安全生产、节能低碳、环境保护等社会责任。

（3）企业开展加工贸易业务，须登录加工贸易企业经营状况及生产能力信息系统，自主填报“加工贸易企业经营状况及生产能力信息表”（以下简称信息表），并对信息真实性作出承诺。信息表有效期为自填报（更新）之日起 1 年，到期后或相关信息发

生变化，企业应及时更新信息表。

（4）已网上填报信息表的企业到主管海关办理加工贸易手（账）册设立（变更）手续，无须提交纸质信息表。

3. 规范性申报

加工贸易企业在办理加工贸易手册设立前，应该全面掌握有关加工贸易料件、成品、单损耗等情况，对本企业加工贸易料件、成品的品名、商品税号、规格型号及单价等物料信息进行汇总、核实，按照规范性申报的要求，对照《税则》条目注释，按照《规范申报目录》中相应商品所列申报要素的各项内容，如实申报加工贸易料件、成品的品名、规格、型号、成分、含量、等级、用途、功能等信息。

加工贸易料件、成品的品名必须以明确、具体、规范的学名或行业认可的商品中文名称申报。不能申报货物的俗称或某类商品的统称（如塑料粒子、板材、混纺布、服装辅料、打印机成套散件等）。

4. 业务流程

经营企业应当向加工企业所在地主管海关办理加工贸易手册设立手续。但是在“金二”加贸系统全面应用的背景下，不少直属海关实施加工贸易集中作业，在这种情况下，经营企业按照信息表内容和海关监管要求，通过“单一窗口”或“互联网+海关”一体化网上办事平台，向承担集中作业的隶属海关传输纸质单证的电子化数据，申请办理手册设立手续。

经营企业需要上传的单证包括但不限于以下几种：

（1）经营企业对外签订的合同。属来料加工的，提交来料加工协议或合同；属进料加工的，提交进料加工进口合同。

（2）其他需要提交的证明文件和材料。如企业营业执照复印件、生产流程介绍、单耗资料等。

（3）备案的加工贸易料件、成品，如属于管制商品，应提交监管证件。

需要注意的是，“金二”加贸系统已经取消备案资料库环节，企业可直接办理手册设立手续。

经海关审核通过予以设立的，“金二”加贸系统中将建立12位编号的手册底账。手册编号的规则：第1位为“B”或“C”，表示手册类型分别为来料加工手册或进料加工手册；第2~5位为主管海关关区代码；第6、7位为年份，如2019年为“19”，2020年则为“20”；第8位为手册性质代码A；第9~12位为顺序号，从0001开始计数。

根据《关于〈商务部　海关总署2016年第45号公告〉执行有关问题的公告》（海关总署公告2016年第56号）的要求，企业应按照合同有效期申报手册有效期，原则上不得超过1年。开展飞机、船舶等大型装备制造的加工贸易企业，经主管海关批准，可按照合同实际有效期确定手册有效期。

加工贸易企业有下列情形之一的，不得办理手册设立手续：

（1）进口料件或者出口成品属于国家禁止进出口的。

（2）加工产品属于国家禁止在我国境内加工生产的。

（3）进口料件不宜实行保税监管的。

（4）经营企业或者加工企业属于国家规定不允许开展加工贸易的。

（5）经营企业未在规定期限内向海关报核已到期的加工贸易手册，又重新申报设立手册的。

5. 单耗管理

单耗是加工贸易监管的重心，单耗管理的目的就是确保加工贸易企业将保税进口的料件真实合理地用在出口成品上。尽管以企业为单元的监管模式允许企业采用单耗、耗料清单和工单 3 种核算方式来计算所耗用的保税进口料件，但是单耗核算仍然是加工贸易手册最基本的核算方式。加工贸易单耗管理的依据是《中华人民共和国海关加工贸易单耗管理办法》。

不同类型的加工贸易企业、不同种类的加工贸易商品，单耗的计算和申报方式不同，大致可以分为以下 4 类。

（1）排版类。如进口布料生产成衣、进口铜箔进行裁切等，需要根据排版图、裁剪图等计算所耗用的保税料件。

（2）称重类。如进口塑料粒子生产注塑件、进口不锈钢板材生产冲压件等，需要通过实际称重确定净耗、工艺损耗，进而计算出单耗。

（3）装配类。如进口电子元器件生产手机、进口零配件组装机器等，需要根据 BOM、组装图纸等确定所耗用的保税料件。

（4）化工类。如进口石油炼化各种石油衍生品等，需要根据化学反应式等计算料件和成品，以及副产品的投入产出关系。

6. 加工贸易担保

加工贸易担保是海关事务担保的一种。根据《关于保证金台账“实转”管理事项转为海关事务担保事项有关手续的公告》（海关总署公告 2018 年第 18 号）的规定，由于施行多年的加工贸易银行保证金台账制度被取消，保证金台账“实转”管理事项转为海关事务担保事项。即现行的加工贸易担保制度涵括了原先加工贸易“实转”保证金与风险担保金两部分内容。在加工贸易手册设立环节，加工贸易企业必须提供担保的情况包括以下几种：

（1）涉嫌走私，已经被海关立案调查，案件尚未审结的；

（2）由于管理混乱被海关要求整改，在整改期内的。

此外，根据企业分类、商品分类及其他具体情形，企业也有可能在手册设立环节被要求提供相应的担保。

手册设立审批通过后，“金二”加贸系统会根据参数，对需征收担保的自动生成征收担保指令，生成担保征收单。企业可在“单一窗口”企业端加工贸易担保系统模块进行征收单查询，对被担保单位、企业信息、缴款单位、缴款账号等具体的征收单信息进行修改、补充录入，并缴纳相应的保证金或提供保函，待海关在“金二”加贸系统内确认完毕才可正常使用手册。

7. 加工贸易手册变更

加工贸易手册变更是指企业由于经营管理和生产的需要，向海关申请对已备案手册的表头、料件表、成品表或单耗表中的内容进行新增、修改或者删除，海关予以审核的过程。

企业申请变更加工贸易手册，经海关审核，对需要征收担保的，“金二”加贸系统生成担保征收单，并发送至企业端，企业缴纳完毕并经海关确认后，系统才能通过企业的手册变更申请。

需要注意的是，加工贸易手册延期也是变更的一种。经主管海关确认，加工贸易手册可予以延期的，最长不超过两年。

8. 进出口许可证件管理

进口料件时，一般可免于交验进口许可证件，但易制毒化学品、监控化学品、消耗臭氧层物质、原油、成品油等规定商品必须交验。出口成品时，属于国家规定应提交监管证件的，必须交验。

（二）进出口通关

1. 加工贸易货物进出口路径

（1）进口加工贸易货物

加工贸易企业可以通过以下路径进口加工贸易货物：

①从境外直接进口；

②从保税区、出口加工区、保税港区、综合保税区、保税物流园区等海关特殊监管区域进口；

③从保税仓库、保税物流中心等保税监管场所进口；

④通过深加工结转方式，购买另一加工贸易企业生产的成品（或半成品）。

（2）出口加工贸易货物

加工贸易企业可以通过以下路径出口加工贸易货物：

①直接将货物出口至境外；

②将货物出口至保税区、出口加工区、保税港区、综合保税区、保税物流园区等海关特殊监管区域；

③将货物出口至出口监管仓库、保税物流中心等保税监管场所；

④通过深加工结转方式销售给另一加工贸易企业。

2. 保税核注清单

保税核注清单是金关二期保税底账核注的专用单证，属于办理加工贸易及保税监管业务的相关单证。在“金二”加贸系统中，企业申报进出口时，必须录入并申报相应的保税核注清单。

保税核注清单启用后，加工贸易企业的进出口流程有以下变化：

（1）加工贸易企业在办理货物进出境，货物进出海关特殊监管区域、保税监管场所，以及开展加工贸易企业间保税货物流转业务（如深加工结转）时，相关企业应按照系统设定的格式和填制要求向海关报送保税核注清单数据信息，再根据实际业务需要办理报关手续。

（2）为简化保税货物报关手续，企业办理加工贸易货物余料结转、加工贸易货物销毁（处置后未获得收入）、加工贸易不作价设备结转手续的，可不再办理报关单申报手续。

（3）企业报送保税核注清单后需要办理报关单申报手续的，报关单申报数据由保税核注清单数据归并生成。

3. 深加工结转

深加工结转是指加工贸易企业将用本企业保税进口料件加工的产品转（售）至另一加工贸易企业，经进一步加工后复出口的经营活动。

海关对加工贸易深加工结转业务不再进行事前审核，企业真正实现深加工结转次申报、收发货记录自行留存备查。企业通过“金二”加贸系统办理深加工结转业务时，不再向海关申报深加工结转申报表和收发货记录，只需在规定的时间内直接向海关申报保税核注清单及报关单，办理结转手续。

4. 外发加工

外发加工是指经营企业因生产工艺或生产水平所限，需委托承接单位对加工贸易货物进行加工，并在规定期限内将加工后的产品最终复出口的行为。承接单位可以是企业，也可以是个人。

外发加工与深加工结转的区别见表 3–2。

表 3–2　外发加工与深加工结转的区别

加工类型	主体	物权归属	保税核注清单/报关单
外发加工	加工贸易经营企业	加工贸易经营企业	不需要
深加工结转	处于产业链上下游的两家加工贸易企业	按不同阶段分属不同企业	需要

企业通过“金二”加贸系统办理外发加工业务时，只需在规定的时间内向海关申报外发加工申报表，不再向海关申报外发加工收发货登记。

企业应如实填写并向海关申报外发加工申报表，对于需要全工序外发的，应在申报表中勾选“全工序外发”标志，并按规定提供担保后才可以开展外发加工业务。

5. 内销征税

加工贸易保税货物内销简称“内销”，是指加工贸易企业因故不能按规定将加工成品复出口，而需要将全部或者部分保税料件、制成品在境内销售，或者转用于生产内销产品的行为。内销的范围包括但不限于保税料件和制成品，还包括将加工贸易合同项下产生的半成品、边角料、残次品、副产品及受灾保税货物等转为境内销售的行为。

企业申请内销加工贸易货物，除根据内销货物种类分别按照原进口料件或者报验状态依法纳税外，还须缴纳缓税利息；属于国家对进口有限制性规定的，还应当向海关提交进口监管证件，同时需要根据有关规定接受海关对内销货物价格的审查确定。

企业通过“金二”加贸系统办理加工贸易货物内销业务时，直接通过保税核注清单生成内销征税报关单，并办理内销征税手续，不再向海关申报内销征税联系单。

符合集中办理内销征税手续条件的加工贸易企业，应于每月 15 日前对上月内销情况进行保税核注清单及报关单的集中申报，但集中申报不得超过加工贸易手册有效期或核销截止日期，且不得跨年申报。

小贴士

加工贸易料件及成品进口关税计算

部分加工贸易进口料件或制成品不能按合同、协议约定复出口，经海关批准转为内销，需对其实施估价后计征税款。加工贸易进口货物关税计算的核心问题是按制成品计征还是按料件计征，主要有以下几种情形：

(1) 进料加工进口料件或者其制成品（包括残次品）内销时，海关以料件原进口申报时的成交价格为基础审定完税价格。属于料件分批进口，且内销时不能确定料件原进口一一对应批次的，海关可按照同项号、同品名和同税号的原则，以其合同有效期内或电子账册核销周期内已进口料件的成交价格计算所得的加权平均价为基础审查确定完税价格。如果该加权平均价难以计算或者难以确定的，海关以客观可量化的当期进口料件成交价格的加权平均价为基础审查确定完税价格。原成交价格不能确定时，依次使用：相同货物成交价格方法、类似货物成交价格方法、倒扣价格方法、计算价格方法和合理方法。企业提出申请，经海关同意后，可颠倒第三项和第四项方法的适用次序。

(2) 来料加工进口料件或制成品（包括残次品）内销时，海关以接受内销申报时同时或者大约同时进口的与料件相同或类似的保税货物的进口成交价格为基础审定完税价格。

(3) 加贸内销边角余料或副产品，海关以内销时的价格为基础审定完税价格。

6. 余料结转

余料结转是指加工贸易企业申请将剩余料件结转到另一个加工贸易合同中使用，限同一经营单位、同样进口料件和同一加工贸易方式。

海关对加工贸易余料结转业务不再进行事前审核，企业通过“金二”加贸系统办理加工贸易余料结转业务时，不再向海关申报余料结转申报表，在规定的时间内向海关申报保税核注清单，办理余料结转手续，实现企业余料结转一次申报。

对于同一经营企业申报将剩余料件结转到另一加工企业、剩余料件转出金额达到该加工贸易合同项下实际进口料件总额50%及以上、剩余料件所属加工贸易合同办理两次及两次以上延期手续等情形，企业无须再提供担保。

（三）加工贸易手册核销

加工贸易手册核销是指加工贸易经营企业加工复出口或者办理内销等海关手续后，凭规定单证向海关报核，海关按照规定进行核查以后办理解除监管手续的行为。即企业根据加工贸易货物进口、出口、库存、结转、内销等情况，将加工贸易手册有效期限内的料件进口、成品出口、生产加工、货物库存、深加工结转、内销征税及边角料、残次品、副产品、剩余料件等的处理情况向海关申报，海关予以审核、核销、结案的过程。

企业应自加工贸易手册项下最后一批成品出口后，或者加工贸易手册到期之日起

30日内向海关报核。经营企业对外签订的合同提前终止的，应当自合同终止之日起30日内向海关报核。经营企业单证齐全、正确、有效，数据规范完整的，海关应当自受理报核之日起30日内予以核销，完成核销结案手续。特殊情况需要延长的，经直属海关关长或者其授权的隶属海关关长批准可以延长30日。

三、加工贸易不作价设备监管模式下的通关程序

加工贸易不作价设备是指与加工贸易经营企业开展加工贸易的外商，以免费的方式（不需经营企业付汇进口、也不需用加工费或差价偿还）向经营企业提供的加工生产所需设备。

（一）加工贸易不作价设备的有关规定

不作价设备是减免税设备的有益补充，也是加工贸易企业降低运营成本的有效手段之一。不作价设备是加工贸易业务中出现较早的分支之一，主要管理依据是《国务院关于调整进口设备税收政策的通知》。因此，在2009年，作为增值税转型改革的配套项目，不作价设备和减免税设备都列入了调整范围。除国家明令禁止进口的商品目录和《外商投资项目不予免税的进口商品目录》所列商品外，均可向海关申请办理保税进口。

（1）不作价设备应由外商免费、无偿提供使用，无须经营企业付汇进口，也无须用加工费或差价偿还。

（2）加工贸易企业应设有独立专门从事加工贸易（不从事内销产品加工生产）的工厂或车间，并且不作价设备仅限在该工厂或车间使用。

（3）对未设有独立专门从事加工贸易的工厂或车间、以现有加工生产能力为基础开展加工贸易的项目，使用不作价设备的加工生产企业，在加工贸易合同（协议）期限内，其每年加工产品必须是70%以上属出口产品。

（4）加工贸易不作价设备可以在享受同等税收待遇的不同企业之间结转。

（5）加工贸易不作价设备自进口之日起至退运出口或按海关规定解除监管之日止，属于海关监管货物，海关监管期限为5年。在海关监管期限内，未经海关批准，企业不得擅自将不作价设备在境内销售、串换、转让、抵押或移作他用。

（二）加工贸易不作价设备通关程序

1. 不作价设备手册设立

在“金二”加贸系统上线之前，不作价设备手册都是纸质手册，企业凭不作价设备手册办理各项手续。“金二”加贸系统上线之后，企业办理不作价设备手册设立、结转、解除监管及年审等各项手续，根据规范申报要求上传随附单证，进行在线申报即可。

2. 不作价设备解除监管

根据《关于精简和规范作业手续　促进加工贸易便利化的公告》（海关总署公告2019年218号），海关简化了不作价设备解除监管的流程。

对于监管期限已满的不作价设备，企业不再向海关提交书面申请等纸质单证，通

过申报监管方式为“BBBB”的设备解除监管专用保税核注清单，向主管海关办理设备解除监管手续。保税核注清单审核通过后，企业如有需要，可自行打印解除监管证明。

不作价设备监管期限未满，企业申请提前解除监管的，由企业根据现有规定办理复运出境或内销手续。

四、加工贸易账册监管模式下的通关程序

（一）加工贸易账册管理概述

加工贸易账册是海关以企业为管理单元，为联网监管企业建立电子底账的监管模式。

1. 联网监管企业应当具备的条件

（1）具有加工贸易经营资格，即企业持有对外贸易经营者备案登记表或外商投资企业批准证书、台港澳侨投资企业批准证书，经营范围包括开展加工贸易或来料加工、进料加工等业务；

（2）企业在海关注册，并已在主管海关加工贸易监管部门备案；

（3）属于生产型的企业，应具有加工生产加工贸易货物的设备、厂房、工人等基本条件。

具备上述基本条件的企业在向海关申请实施联网监管前，应填制“加工贸易联网监管企业申请表”，提交主管海关加工贸易监管部门。

2. 加工贸易账册设立

联网监管企业申请设立加工贸易账册，首先需要通过“单一窗口”或“互联网+海关”一体化网上办事平台登录“金二”加贸系统的加工贸易账册子系统。“金二”加贸系统中的加工贸易账册设立包括企业资质申请备案和加工贸易账册备案两部分。

（1）企业资质申请备案

联网监管企业需登录加工贸易企业经营状况及生产能力信息系统，自主填报信息表，并对信息真实性作出承诺。信息表有效期为自填报（更新）之日起 1 年，到期后或相关信息发生变化，企业应及时更新信息表。联网监管企业根据信息表的相关内容，录入包括经营单位名称及代码、加工单位名称及代码、加工生产能力、保税加工进出口料件和成品范围（商品编码前 4 位）等在内的企业资质申请表头和表体内容。

“金二”加贸系统海关端接收到企业通过网络传送的资质申请数据后，经海关审核通过的，将产生 12 位的档案库号码，其中第 1、2 位为标记代码“IE”，第 3~6 位为关区代码，第 7~8 位为年份，第 9~12 位为顺序号。

（2）加工贸易账册备案

企业资质申请经海关审核通过后，方可进行加工贸易账册备案。企业通过“金二”加贸系统加工贸易账册子系统中的加工贸易账册模块录入加工贸易账册设立数据。企业向海关发送数据后，应通知主管海关加工贸易部门予以审核。

企业向海关申报加工贸易账册设立数据并经过海关审核通过后，由海关确定账册的最大周转金额和核销周期，“金二”加贸系统会产生 12 位加工贸易账册号码，其中第 1 位为标记代码“E”，第 2~5 位为关区代码，第 6~7 位为年份，第 8 位为账册类型

代码，第9~12位为顺序号。

3. 加工贸易账册变更

加工贸易账册变更包括企业资质申请变更和加工贸易账册变更两部分。企业通过“金二”加贸系统加工贸易账册子系统的数据查询模块，可以直接选择要变更的记录，并对拟变更数据进行相应的操作。企业资质申请变更、加工贸易账册变更的基本录入规范与备案录入基本一致。

办理加工贸易账册变更手续时，根据情况需要上传的单证包括但不限于：

（1）申请变更商品编码、商品品名、规格型号、核销周期等项目的，应说明变更的具体原因；

（2）新增商品涉及铜精矿、生皮、卫星电视接收设施、成品油、易制毒化学品等根据有关规定设定了企业资质或数量等限制条件的商品，需提供商务部门为企业出具的涉及禁止或限制开展加工贸易商品的核准文件；

（3）新增进口保税消耗性物料的，需提供经主管海关签章确认的加工贸易项下进口消耗性物料申报表；

（4）商品编码涉及禁止类、出口应税商品等加工贸易政策要求的，需提供说明材料；

（5）变更成品商品编码涉及单耗标准的企业，需上传是否适用单耗标准或者是否超单耗标准的说明，包括计量单位的换算过程、料件和成品的规格型号、归并情况等，仅数量增减除外。

4. 保税货物库存盘点

保税货物库存盘点是指企业在加工贸易账册核销周期到期时，由企业、海关或所委托的中介机构对保税货物进行盘点，并确认盘点结果的过程。

主要业务办理流程：确定核销截止日期及盘核方式→企业（海关、中介）实施盘点→确认联网监管企业保税货物库存盘点清册（以下简称盘点清册）→海关予以审核。

企业在加工贸易账册核销周期到期前，由主管海关确定加工贸易账册核销截止日期，企业根据海关确定的截止日期进行数据准备和盘点工作。主管海关根据企业实际情况，确定对企业的盘核方式，具体分为企业自盘、海关盘核、中介盘核三种方式。

对海关确定实施企业自盘或海关盘核方式的，企业应在加工贸易账册核销截止日期前的规定时限内，将盘点工作计划报送主管海关，包括盘点日期、盘点数据截止日期、盘点货物内容等，并于核销截止日期当天开展盘点，具体时限应依据各主管海关规定。对海关确定实施中介盘核的，按海关总署和主管海关的有关规定和要求处理。盘点结束后，企业应向主管海关报送盘点清册，内容包括原材料库存、成品折料库存、半成品折料库存、在线料件数量等。

5. 加工贸易账册核销

加工贸易账册核销是指企业根据保税货物进口、出口、结转、库存等情况，将加工贸易账册核销周期内的料件进口、成品出口、生产加工、货物库存、深加工结转等情况向海关申报，海关予以审核、核销的过程。

联网企业必须在海关确定的加工贸易账册核销期结束之日起规定时限内完成报核手续。“金二”加贸系统取消了预报核，因此加工贸易账册的报核时限要求与加工贸易手册一致，应在核销周期到期之日起 30 天内完成，最长不得超过 60 天。企业通过"金二"加贸系统加工贸易账册子系统中的加工贸易账册报核模块直接申报报核数据。

（二）加工贸易账册通关程序

加工贸易账册的单耗管理和进出口通关流程，与加工贸易手册基本相同，此处不再赘述。

小贴士

商品归并关系

1. 商品归并关系的概念

商品归并关系是指根据监管的需要，海关与联网企业按照商品名称、商品编码、价格、贸易管制等条件，将联网企业内部管理的料号级商品与加工贸易账册备案的项号级商品进行归并或拆分，建立一对多或多对一的对应关系。

2. 商品归并关系管理的总体原则

商品归并应在归类完成后进行，体现了重要商品重点监管的要求，在满足通关便利要求的同时还应兼顾加工贸易核查与核销的需要。一般而言，不同料号的商品应同时满足以下条件，才可归入加工贸易账册同一个商品项号：

（1）商品编码相同；

（2）法定计量单位相同；

（3）中文商品名称相同；

（4）符合规范申报的要求。

3. 商品归并关系管理的具体原则

根据企业生产实际，商品归并管理可分为料件归并管理和成品归并管理。在实际归并中，除了要满足归并的共性以外，还要特别注意不能归并的情况。

（1）料件如出现以下情况之一的，不得归并：

①有特别关税等的商品；

②根据相关规定可予保税的消耗性物料与其他保税料件，不得归并；

③因管理需要，企业认为需单列的商品。

（2）成品如出现以下情况之一的，不得归并：

①涉及单耗标准与不涉及单耗标准的料号级成品，不得归并；

②因管理需要，企业认为需单列的商品。

4. 商品归并关系管理

"金二"加贸系统全面支持料号级管理，联网监管企业在设立"金二"加贸系统保税底账时，可按照企业运作数据的颗粒度办理业务，即按照料号级进行备案，这为企业免去了料号归并等不必要的工作。

企业在满足海关规范申报和有关监管要求的前提下，应综合考虑实际运行情况和商品项数、数据承受能力等因素，科学、合理地确定商品颗粒度，适度归并，自主向海关申报有关商品信息。企业内部管理商品与电子底账之间并非一一对应，归并关系由企业自行留存备查。

需特别说明的是，“金二”加贸系统上线后，在通关申报环节，系统会根据归并关系管理的规则自动对所申报的商品进行验核、归并，企业也可以手动对商品项进行归并后申报。因此，尽管“金二”加贸系统不需要企业对商品的归并关系进行提前备案申报，但是海关关于归并关系的相关管理规定仍然有效。

第二节　保税物流货物通关程序

保税物流货物，也称作保税仓储货物，是指经海关批准未办理纳税手续进境，在境内进行分拨、配送或储存后复运出境的货物。

已办结海关出口手续尚未离境，经海关批准存放在海关保税监管场所或特殊监管区域的货物，也按照保税物流货物监管。

一、保税物流货物概述

（一）特征

保税物流货物有以下特征：

（1）进境时暂缓缴纳进口关税及进口环节海关代征税。复运出境免税。内销时缴纳进口关税和进口环节海关代征税，不征收缓税利息。

（2）进出境时免予交验进出口许可证件，国家另有规定的除外。

（3）进境海关现场放行不是结关，进境后必须进入海关保税监管场所或特殊监管区域，运离这些场所或区域必须办理结关手续。

（二）类型

保税物流货物包括：

（1）经海关批准，进境后进入海关保税监管场所或特殊监管区域，保税储存后转口境外的货物。

（2）已经办理出口报关手续尚未离境，经海关批准进入海关保税监管场所或特殊监管区域储存的货物。

（3）经海关批准进入海关保税监管场所或特殊监管区域保税储存的加工贸易货物，供应国际航行船舶和航空器的油料、物料和维修用零部件，供维修外国产品所进口寄售的零配件，外商进境暂存货物。

（4）经海关批准进入海关保税监管场所或特殊监管区域保税的其他未办结海关手续的进境货物。

（三）海关监管模式

海关对保税物流货物的监管模式有两大类，一类是非物理围网的监管模式，包括保税仓库、出口监管仓库；另一类是物理围网的监管模式，包括保税物流中心、保税物流园区、保税区、保税港区、综合保税区。

对各种监管形式的保税物流货物的管理，主要可以归纳为以下 5 点：

1. 审批设立

保税物流货物必须存放在经过法定程序审批设立的保税监管场所或者特殊监管区域。保税仓库、出口监管仓库、保税物流中心要经过海关审批，并核发批准证书，凭批准证书设立及存放保税物流货物；保税物流园区、保税区、保税港区要经过国务院审批，凭国务院同意设立的批复设立，并经海关等部门验收合格才能进行保税物流货物的运作。

未经法定程序审批同意设立的任何场所或者区域都不得存放保税物流货物。

2. 准入保税

保税物流货物经海关批准后，方能进入保税监管场所或特殊监管区域实现保税。海关通过对保税监管场所和特殊监管区域的监管来完成对保税物流货物的监管。海关应当依法监管这些场所或者区域，按批准存放范围准予货物进入这些场所或者区域，不符合规定存放范围的货物不准进入。

3. 暂缓纳税

凡是进境后进入保税物流监管场所或特殊监管区域的保税物流货物，在进境时均可暂不办理进口纳税手续，待运离海关保税监管场所或特殊监管区域时才办理纳税手续，或者征税，或者免税。在这一点上，保税物流监管制度与保税加工监管制度是一致的，但是保税物流货物在运离海关保税监管场所或特殊监管区域征税时不需同时征收缓税利息，而保税加工货物（特殊监管区域内的加工贸易货物和边角料除外）内销征税时要征收缓税利息。

4. 延伸监管

（1）延伸监管地点

进境货物从进境地海关监管现场，已办结海关出口手续尚未离境的出口货物从出口申报地海关现场，分别延伸监管到保税监管场所或者特殊监管区域。

（2）延伸监管时间

①保税仓库存放保税物流货物的时间是 1 年，可以申请延长，最长可延长 1 年。特殊情况下，延期后货物存储期超过 2 年的，由直属海关审批。

②出口监管仓库存放保税物流货物的时间是 6 个月，可以申请延长，最长可延长 6 个月。

③保税物流中心存放保税物流货物的时间是 2 年，可以申请延长，最长可延长 1 年。

④保税物流园区、保税区、保税港区存放保税物流货物没有时间限制。

5. 结关运离

除暂准运离（维修、测试、展览等）需要继续监管外，每一批货物运离保税监管场所或者特殊监管区域，都必须根据货物的实际流向办结海关手续。

二、保税仓库进出货物通关程序

（一）保税仓库概述

保税仓库是指经海关批准设立的专门存放保税货物及其他未办结海关手续货物的仓库。

1. 类型

我国的保税仓库根据使用对象分为公用型和自用型两种。

公用型保税仓库由主营仓储业务的中国境内独立企业法人经营，专门向社会提供保税仓储服务。

自用型保税仓库由特定的中国境内独立企业法人经营，仅存储供本企业自用的保税货物。

根据所存货物的特定用途或类型，公用型保税仓库和自用型保税仓库下面还衍生出一种专用型保税仓库，即专门用来存储具有特定用途或特殊种类商品的保税仓库，包括液体保税仓库、备料保税仓库、寄售维修保税仓库和其他专用保税仓库。

2. 功能

保税仓库的功能就是仓储，而且只能存放进境货物。

经海关批准，可以存入保税仓库的进境货物包括：

（1）加工贸易进口货物；

（2）转口货物；

（3）供应国际航行船舶和航空器的油料、物料和维修用零部件；

（4）供维修外国产品所进口寄售的零配件；

（5）外商进境暂存货物；

（6）未办结海关手续的一般贸易货物；

（7）经海关批准的其他未办结海关手续的进境货物。

保税仓库不得存放国家禁止进境货物，不得存放未经批准的影响公共安全、公共卫生或健康、公共道德或秩序的国家限制进境货物，以及其他不得存入保税仓库的货物。

3. 管理

（1）保税仓库所存货物的储存期限为 1 年，经海关批准可予以延长，延长的期限最长不超过 1 年。

特殊情况下，延期后货物存储期超过 2 年的，需由直属海关审批。

保税仓库货物超出规定的存储期限未申请延期或海关不批准延期申请的，经营企业应当办理超期货物的退运、纳税、放弃、销毁等手续。

（2）保税仓库所存货物是海关监管货物，未经海关批准并按规定办理有关手续，任何人不得将其出售、转让、抵押、质押、留置、移作他用或者进行其他处置。

（3）货物在仓库储存期间发生损毁或者灭失的，除不可抗力原因外，保税仓库应当依法向海关缴纳损毁、灭失货物的税款，并承担相应的法律责任。

（4）保税仓库货物可以进行简单的分级分类、分拆分拣、分装、计量、组合包装、打膜、加刷或刷贴运输标志、改换包装、拼装等辅助性加工。在保税仓库内从事上述加工必须事先向主管海关提出书面申请，经主管海关批准后方可进行。

（5）保税仓库经营企业应于每月 15 日前，向海关提交月报关单报表、库存总额报表及其他海关认为必要的月报单证，将上月仓库货物入库、出库、现存、退库等情况以计算机数据和书面形式报送仓库主管海关。

（二）保税仓库货物通关程序

1. 入仓报关

（1）保税仓库货物进口时，货物所有人应到海关通关现场办理货物进口报关手续。

（2）保税仓库入仓货物在仓库主管海关报关进口时，货物所有人需办结进口报关手续后再提取货物入仓。

（3）保税仓库入仓货物在口岸海关报关进口时，分别按以下方式监管：

①口岸海关与仓库主管海关不在同一直属海关关区内的，按转关运输方式办理通关手续；

②口岸海关与仓库主管海关在同一直属海关关区的，直接在口岸海关办理通关手续。

（4）全国通关一体化模式下，保税仓库入仓货物可以选择在仓库主管海关申报，在口岸海关办理验放手续后再提取货物入仓。

（5）仓库经营企业应当按照保税仓库报关单填制注意事项及其他有关要求，填制进口报关单向海关办理进口通关手续。

（6）保税仓库凭进口报关单等海关放行货物的凭证办理货物入仓手续。

2. 出仓报关

（1）保税仓库货物出仓时，货物所有人应到仓库主管海关直接办理相关出仓报关手续。下列保税仓储货物可以按规定办理出仓手续：

①出仓后运往境外的；

②出仓后运往其他特殊监管区域和保税监管场所继续实施保税监管的；

③出仓后转为加工贸易进口的；

④出仓后转入国内市场销售的；

⑤海关规定的其他情形。

（2）保税仓库货物出仓复出境的，分别按以下方式监管：

①口岸海关与仓库主管海关不在同一直属海关关区内的，按转关运输方式办理通关手续；

②口岸海关与仓库主管海关在同一直属海关关区的，直接在口岸海关办理通关手续；

③经海关批准，货物所有人也可采取选择在属地海关申报，在口岸海关验放的跨关区模式办理出仓报关手续。

（3）保税仓库货物出仓复出境的，货物所有人按保税仓库有关要求填制出口报关单，向海关办理复出口通关手续。

（4）保税仓库货物出仓运往境内转为正式进口的，在仓库主管海关办结通关手续。

（5）保税仓库货物出仓转为正式进口的，由货物所有人或代理报关企业按实际进口监管方式填制进口报关单；由保税仓库经营企业填制 L 账册核注清单核扣账册数据，核注清单与进口报关单的货名、数量、商品编码、计量单位、规格型号、价格等必须一致。

（6）保税仓库内的寄售维修零配件如申请以保修期内免税方式出仓，除提交正常出仓单证外，还应提交以下单证：

①保税仓库寄售维修件保修期内维修免税申请表；

②具有资质的商品检验机构出具的原进口货物品质不良的检验证明书或买卖双方签订的索赔协议；

③维修记录单。

海关保税业务部门留存一套上述单证的复印件后，正本退货物所有人报关。

3. 流转报关

保税仓库与海关特殊监管区域或其他海关保税监管场所往来流转的货物，按转关运输的有关规定办理相关手续。

保税仓库与海关特殊监管区域或其他海关保税监管场所在同一直属关区内的，经直属海关批准，可不按转关运输方式办理。

保税仓库货物转往其他保税仓库的，应当各自在仓库主管海关报关，报关时应先办理进口报关，再办理出口报关。

4. 货物集中报关

（1）保税仓储货物出仓原则上应按出仓票数逐票办理，对保税仓库货物出库批次频繁的，经海关审批后可以集中办理报关手续。出仓集中报关应采取事前申请、事后报关的方式办理。

（2）保税仓库申请货物集中报关出仓的，应在货物出仓前填制保税仓储货物集中报关出仓申请表，向仓库主管海关保税业务部门提出申请。保税仓储货物集中报关出仓申请表应写明集中报关的商品名称、发货流向、发货频率、合理理由等。

（3）企业应按以下规定办理集中报关手续：

①根据企业资信状况和风险度，仓库主管海关可收取保证金；

②集中报关的时间应根据出货的频率和数量价值等合理设定；

③企业当月出库的货物最迟应在次月 5 个工作日前办理报关手续，且不得跨年度申报。

三、出口监管仓库进出货物通关程序

（一）出口监管仓库概述

出口监管仓库是指经海关批准设立，对已办结海关出口手续的货物进行存储、保税物流配送，提供流通性增值服务的仓库。

出口监管仓库分为出口配送型仓库和国内结转型仓库。出口配送型仓库是指存储以实际离境为目的的出口货物的仓库，国内结转型仓库是指存储用于国内结转的出口货物的仓库。

1. 类型

出口监管仓库分为出口配送型仓库和国内结转型仓库。

出口配送型仓库是指存储以实际离境为目的的出口货物的仓库，国内结转型仓库是指存储用于国内结转的出口货物的仓库。

2. 功能

出口监管仓库的功能也只有仓储，主要用于存放出口货物。经海关批准可以存入出口监管仓库的货物有以下几种：

（1）一般贸易出口货物；

（2）加工贸易出口货物；

（3）从其他海关特殊监管区域、场所转入的出口货物；

（4）其他已办结海关出口手续的货物。

出口配送型仓库还可以存放为拼装本仓库出口货物而进口的货物，以及为改换本仓库货物包装而进口的包装物料。

出口监管仓库不得存放下列货物：

（1）国家禁止进出境货物；

（2）未经批准的国家限制进出境货物；

（3）海关规定不得存放的其他货物。

3. 管理

（1）出口监管仓库必须专库专用，不得转租、转借给他人经营，不得下设分库。

（2）出口监管仓库经营企业应当如实填写有关单证、仓库账册，真实记录并全面反映其业务活动和财务状况，编制仓库月度入库、出库、转库、现存情况表，定期报送主管海关。

（3）出口监管仓库所存货物的储存期限为6个月。如因特殊情况需要延长储存期限，应在到期之前10日内向主管海关申请延期，经海关批准可予以延长，延长的期限最长不超过6个月。货物存储期满前，仓库经营企业应当通知发货人或代理报关企业办理货物的出境或者进口手续。

（4）出口监管仓库所存货物是海关监管货物，未经海关批准并按规定办理有关手续，任何人不得将其出售、转让、抵押、质押、留置、移作他用或者进行其他处置。

（5）货物在仓库储存期间发生损毁或者灭失的，除不可抗力原因外，出口监管仓库应当依法向海关缴纳损毁、灭失货物的税款，并承担相应的法律责任。

（6）经主管海关批准，出口监管仓库货物可以在仓库内进行品质检验、分级分类、分拣分装、印刷运输标志、改换包装等流通性增值服务。

（二）出口监管仓库货物通关程序

1. 入仓报关

（1）出口监管仓库货物在仓库主管海关办理出口货物报关入仓手续的，仓库经营企业应先向主管海关提出申请，并提交以下单证：

①出口监管仓库货物进（出）仓申请表；

②加盖出口监管仓库经营企业报关专用章的出口监管仓库货物入仓清单；

③货物所有人与仓库经营企业签订的仓储合同（协议）；

④注明拟存出口监管仓库名称的出口货物报关单；

⑤对外签订的货物出口合同或海关加工贸易手册；

⑥属于许可证件管理的货物，需提交相关许可证件；

⑦非自理报关的，提供代理报关委托书；

⑧海关监管需要的其他单证。

（2）在启运地海关办结出口报关手续的出口货物，以转关运输方式存入出口监管仓库的，仓库经营企业应向主管海关提交以下单证：

①出口监管仓库货物进（出）仓申请表；

②加盖出口监管仓库经营企业报关专用章的出口监管仓库货物入仓清单；

③进/出口转关货物申报单或进/出境载货清单；

④货物所有人与仓库经营企业签订的仓储合同（协议）；

⑤对外签订的货物出口合同；

⑥海关监管需要的其他单证。

经海关审核批准货物入仓的，主管海关在出口监管仓库货物进（出）仓申请表加盖验讫章，并随附出口监管仓库货物入仓清单、仓储合同（协议）、出口货物报关单制作关封交货物所有人签收，货物所有人凭关封到口岸海关办理出口报关手续。

出口监管仓库货物办结出口报关手续后存入仓库的，仓库经营企业应在出口监管仓库货物入仓清单上签名确认，并于办结出口报关手续后5个工作日内送交仓库主管海关登记确认。仓库经营企业未在规定期限内办理报关手续的，应将有关单证退回仓库主管海关。

2. 出仓报关

（1）出口监管仓库货物在仓库主管海关申报出仓，并从本仓库主管海关口岸出境的，即口岸海关与仓库主管海关在同一隶属海关（办事处）的，企业直接在主管海关通关现场办理报关手续，并提交以下单证：

①出口监管仓库货物进（出）仓申请表；

②加盖出口监管仓库经营企业报关专用章的出口监管仓库货物出仓清单；

③出口货物报关单；

④非自理报关的，提供代理报关委托书；

⑤运输工具装运单证；

⑥海关监管需要的其他单证。

（2）出口监管仓库货物在仓库主管海关申报出仓离境，如口岸海关与仓库主管海关均属同一直属关区，但不在同一隶属海关（办事处）的，原则上按“转关运输”方式办理通关手续；经企业申请、仓库主管海关审核同意的，企业可凭主管海关出具的关封，在口岸海关办理通关手续。在全国通关一体化模式下，仓库企业可以采用跨关区通关模式申报货物出境。企业应提交以下单证：

①出口监管仓库货物进（出）仓申请表；

②加盖出口监管仓库经营企业报关专用章的出口监管仓库货物出仓清单；

③出口货物报关单；

④非自理报关的，提供代理报关委托书；

⑤进/出口转关货物申报单或进/出境载货清单；

⑥海关监管需要的其他单证。

（3）出口监管仓库货物不在仓库主管海关申报出仓，从口岸海关直接申报出境时，按以下程序办理手续。

仓库主管海关对仓库经营企业提交的出口监管仓库货物进（出）仓申请表和出口监管仓库货物出仓清单进行审核，并开具海关出口监管仓库货物口岸申报业务联系单。

企业在口岸海关办理申报手续时，应提交以下单证：

①出口监管仓库货物进（出）仓申请表；

②加盖出口监管仓库经营企业报关专用章的出口监管仓库货物出仓清单；

③出口货物报关单；

④非自理报关的，提供代理报关委托书；

⑤进/出境载货清单及随附单证；

⑥海关出口监管仓库货物口岸申报业务联系单；

⑦海关监管需要的其他单证。

出口监管仓库货物出仓转国内进口的，仓库经营企业应向主管海关提交书面申请报告及出口监管仓库货物进（出）仓申请表。海关批准后，根据贸易管制有关规定、按照实际贸易方式和货物实际状态在仓库主管海关办理进口报关手续。

出口监管仓库货物申报出仓后，应在 3 天内及时办结出仓报关手续，出口监管仓库经营企业应在经口岸海关签印的报关单及出口监管仓库货物出仓清单上签名确认，并于办结出仓报关手续后 5 个工作日内送主管海关登记确认。经营企业未在规定期限内办理报关手续的，应将有关单证退回仓库主管海关。

货物拼装出口时，出口货物报关单和出口监管仓库货物出仓清单可按原入仓货物的实际状态分别申报，但须在出口货物报关单和出口监管仓库货物出仓清单备注栏内注明拼装货物。

已出仓离境的出口监管仓库货物因故需退运进境的，按海关退运货物有关规定在口岸海关办理报关手续，退运进境的货物不得再转入出口监管仓库。海关已签发报关单退税证明联的货物退运时，出口企业应向海关提供税务机关证明相关货物未办理出口退税或所退税款已退还税务机关的证明文件。

3. 结转报关

出口监管仓库与其他直属海关管辖的海关特殊监管区域或其他直属海关保税监管场所之间货物进行跨关区流转的，按转关运输有关规定办理。

出口监管仓库与海关特殊监管区域或其他海关保税监管场所在同一直属海关关区内，但在不同隶属海关（办事处）的，原则上按转关运输有关规定办理；经企业申请、转出方主管海关同意的，可不按转关运输方式办理，直接在转入方主管海关办理通关手续。

同一隶属海关（办事处）的出口监管仓库与海关特殊监管区域或其他海关保税监管场所之间货物流转，转入、转出企业应分别向仓库主管海关办理通关手续。

出口监管仓库与海关特殊监管区域或其他海关保税监管场所之间货物流转的，企业应提交海关出口监管仓库货物流转申请表，经海关审核同意后，办理相关通关手续。通关时应先办理转入报关手续，再办理转出报关手续。进口报关单与出口报关单的货物品名、数量、商品编码、计量单位、价格等必须一致。

出口监管仓库之间与海关特殊监管区域或其他海关保税监管场所之间货物流转涉及出口退税的，按照国家有关规定办理。

4. 更换报关

出口监管仓库货物因质量等原因要求更换的，仓库经营企业应填制出口监管仓库货物更换申请表，并提供由商检机构、行业中介检验机构或收发货人出具的质量检验报告，以及收发货人的申请报告，向主管海关提出申请。

主管海关审核后，对准予更换的，签发出口监管仓库货物更换审核表，并批注监管要求。

被更换货物须在更换货物实际入仓后方能出仓，更换货物应当与原货物的商品编码、品名、规格型号、数量、价值相同。

四、保税物流中心进出货物通关程序

（一）保税物流中心概述

保税物流中心分为 A 型和 B 型。保税物流中心（A 型）是指经海关批准，由中国境内企业法人经营、专门从事保税仓储物流业务的保税监管场所。保税物流中心（B 型）是指经海关批准，由中国境内一家企业法人经营、多家企业进入并从事保税仓储物流业务的保税监管场所。

1. 功能

保税物流中心的功能是保税仓库和出口监管仓库功能的叠加，既可以存放进口货物，也可以存放出口货物，还可以开展多项增值服务。

（1）保税物流中心的货物存放范围

①国内出口货物；

②转口货物和国际中转货物；

③外商暂存货物；

④加工贸易进出口货物；

⑤供应国际航行船舶和航空器的物料、维修用零部件；

⑥供维修外国产品所进口寄售的零配件；

⑦未办结海关手续的一般贸易进口货物；

⑧经海关批准的其他未办结海关手续的货物。

（2）业务范围

保税物流中心可以开展以下业务：

①保税存储进出口货物及其他未办结海关手续货物；

②对所存货物开展流通性简单加工和增值服务；

③全球采购和国际分拨、配送；

④转口贸易和国际中转业务；

⑤经海关批准的其他国际物流业务。

保税物流中心不得开展以下业务：

①商业零售；

②生产和加工制造；

③维修、翻新和拆解；

④存储国家禁止进出口货物，以及危害公共安全、公共卫生或者健康、公共道德或者秩序的国家限制进出口货物；

⑤存储法律、行政法规明确规定不能享受保税政策的货物；

⑥其他与物流中心无关的业务。

2. 管理

（1）保税物流中心经营企业应当设立管理机构负责物流中心的日常工作，制定完善的物流中心管理制度，协助海关对进出物流中心的货物及中心内企业经营行为实施监管。

（2）保税物流中心经营企业不能在本中心内直接从事保税仓储物流的经营活动。

（3）保税物流中心内货物保税存储期限分别为 1 年（A 型）、2 年（B 型）。经主管海关同意可以予以延期，除特殊情况外，延期不得超过 1 年。

（4）保税物流中心内企业根据需要经主管海关批准，可以分批进出货物，办理月度集中报关，但集中报关不得跨年度办理。实行集中申报的进出口货物，应当适用每次货物进出口时海关接受申报之日实施的税率、汇率。

（5）保税物流中心内货物可以在中心内企业之间进行转让、转移，但必须办理相关海关手续。

未经海关批准，保税物流中心内企业不得擅自将所存货物抵押、质押、留置、移作他用或者进行其他处置。

（6）保税仓储货物在存储期间发生损毁或者灭失的，除不可抗力外，保税物流中心内企业应当依法向海关缴纳损毁、灭失货物的税款，并承担相应的法律责任。

（二）保税物流中心货物通关程序

海关对进出保税物流中心货物的通关监管手续，可以分成两个环节：

一是保税物流中心与境外之间进出货物（“一线”进出）的通关；二是保税物流中心与境内中心外之间进出货物（“二线”进出）的通关。

1. 保税物流中心与境外之间进出货物的报关

中心内企业填报进出口报关单向保税物流中心主管海关申报，监管方式为“6033”（保税物流中心进出境货物）。同时，企业需在各保税物流中心主管海关的业务管理系统中录入相同的数据，并记入该企业的电子底账。

货物在此环节不实行进出口配额、许可证件管理（特殊规定除外），享受进口全额保税政策（企业自用设备按现行规定办理）。

根据需要，海关在此环节签发进口付汇报关单证明联给企业。

该环节中货物是实际进出境的，如果保税物流中心主管海关不是口岸海关，则需按进出口转关运输模式办理有关手续或者根据全国通关一体化模式采用跨关区通关的方式申报进出境。

2. 保税物流中心与境内中心外进出货物的报关

货物出中心进入境内，视同进口，中心外企业通过海关通关系统填制进口报关单向保税物流中心主管海关申报，贸易方式根据企业贸易实际填报，如一般贸易、进料加工、来料加工，运输方式填报“物流中心”，启运国为“中国”，原产国按照实际国别填报。中心内的企业在业务管理系统中以转出单的形式向海关申报，两份单证的内容要求一致，同时提交海关审核。在此环节的申报，海关按照货物出中心的实际状态来核定价格、归类，如属进口许可证件管理的商品，还应当向海关出具有效的进口许可证件。根据需要，海关在此环节签发进口付汇报关单证明联。

境内货物进中心，视同出口，中心外企业填制出口报关单向保税物流中心主管海关申报，贸易方式根据企业贸易实际填报，运输方式填报“物流中心”，运抵国为“中国”，最终目的国按照实际国别填报。中心内的企业在业务管理系统中以转入单的形式向海关申报，两份单证的内容要求一致，同时提交海关审核。根据需要，海关在此环节签发出口收汇报关单证明联和出口退税报关单证明联给中心外的企业。进中心的货物如需缴纳出口关税的，中心外企业应当按照规定纳税；属许可证件管理商品，还应当向海关出具有效的出口许可证件。

保税物流中心之间，或保税物流中心与海关特殊监管区域、其他保税监管场所之间往来的货物应向海关申报，转入、转出企业应填制进出口货物报关单或保税核注清单。申报核注清单时，应按以下要求办理：

（1）转入、转出企业应对保税货物流转（设备结转）情况协商一致后报送保税核注清单，其中下列栏目应符合：

①清单类型为普通清单；

②关联清单编号由转出企业填报对应转入企业的进口保税核注清单编号；

③关联备案编号填写对方手（账）册备案号；

④设备结转时，监管方式应填设备进出区（代码 5300）。

（2）转入、转出保税核注清单按 10 位商品编码进行汇总比对，商品编码比对一致且法定数量相同的，双方核注清单比对成功；系统比对不成功的，按双方核注清单商品编码前 8 位进行汇总比对，商品编码比对一致且法定数量相同的，转人工比对。商品编码比对不一致或法定数量不同的，对转出保税核注清单予以退单，由转入、转出双方协商，并根据协商结果对保税核注清单进行相应修改或撤销。

流转双方对同一商品的商品编码协商不一致时，应按转入地海关依据商品归类的有关规定认定的商品编码确定。

转入、转出保税核注清单均已审核通过的，企业进行实际收发货，并按相关要求办理卡口核放手续。

五、保税物流园区进出货物通关程序

（一）保税物流园区概述

保税物流园区是指经国务院批准，在保税区规划面积或者毗邻保税区的特定港区内设立的、专门发展现代国际物流业的海关特殊监管区域。

1. 功能

保税物流园区的主要功能是保税物流，可以开展以下保税物流业务：

（1）存储进出口货物及其他未办结海关手续的货物；

（2）对所存货物开展流通性简单加工和增值服务，如分级分类、分拆分拣、分装、计量、组合包装、打膜、印刷运输标志、改换包装、拼装等具有商业增值的辅助性作业；

（3）国际转口贸易；

（4）国际采购、分销和配送；

（5）国际中转；

（6）检测、维护；

（7）商品展示；

（8）经海关批准的其他国际物流业务。

2. 管理

保税物流园区是海关监管的特定区域，实行物理式围网管理。园区与境内其他地区之间设置符合海关监管要求的卡口、围网隔离设施、视频监控系统及其他海关监管所需的设施。

海关在园区派驻机构，依照有关法律、行政法规，对进出园区的货物、运输工具、个人携带物品以及园区内相关场所实行 24 小时监管。

（1）禁止事项

①除安全人员和相关部门、企业值班人员外，其他人员不得在园区内居住。

②园区内不得建立工业生产加工场所和商业性消费设施。

③园区内不得开展商业零售、加工制造、翻新、拆解及其他与园区无关的业务。

④法律、行政法规禁止进出口的货物、物品不得进出园区。

（2）企业管理

保税物流园区行政机构及其经营主体、在保税物流园区内设立的企业等单位的办公场所应当设置在园区规划面积内、围网外的园区综合办公区内。

海关对园区企业实行电子账册监管制度和计算机联网管理制度。

园区行政管理机构或者其经营主体应当在海关指导下通过电子口岸建立供海关、园区企业及其他相关部门进行电子数据交换和信息共享的计算机公共信息平台。

园区企业应当建立符合海关监管要求的计算机管理系统，提供供海关查阅数据的终端设备，按照海关规定的认证方式和数据标准与海关进行联网。

园区企业须依照法律、行政法规的规定，规范财务管理，设置符合海关监管要求的账簿、报表，记录本企业的财务状况和有关进出园区货物、物品的库存、转让、转移、销售、简单加工、使用等情况，如实填写有关单证、账册，凭合法、有效的凭证记账核算。

（二）保税物流园区货物通关程序

1. 保税物流园区与境外之间进出货物的报关

海关对保税物流园区与境外之间进出的货物实行备案制管理，但保税物流园区自用的免税进口货物、国际中转货物或者法律、行政法规另有规定的货物除外。境外货物到港后，区内企业（或者其代理人）可以先凭舱单将货物直接运至保税物流园区，再凭进境货物备案清单向保税物流园区主管海关办理申报手续。

保税物流园区与境外之间进出的货物，应当按照规定向海关办理相关手续。

保税物流园区内开展整箱进出、二次拼箱等国际中转业务的，由开展此项业务的企业向海关发送电子舱单数据，区内企业向保税物流园区主管海关申请提箱、集运等，凭舱单等单证办理进出境申报手续。

从保税物流园区运往境外的货物，除法律、行政法规另有规定外，免征出口关税。

保税物流园区与境外之间进出的货物，不实行进出口许可证件管理，但法律、行政法规、规章另有规定的除外。

保税物流园区进出境货物的监管方式及代码按照保税区进出境货物的监管方式填报：

（1）保税物流园区进出境仓储、转口货物填报“保税区仓储转口”（代码1234）；

（2）保税物流园区进出境减免税货物根据性质填报区外减免税货物相应的监管方式。

2. 保税物流园区与境内区外之间进出货物的报关

保税物流园区与区外之间进出的货物，由园区企业或者区外收、发货人（或者其代理人）按照规定向海关办理相关手续。

保税物流园区货物运往区外视同进口，区内企业或者区外收货人（或者其代理人）按照进口货物的有关规定向保税物流园区主管海关申报，海关按照货物出园区时的实际监管方式的有关规定办理。

区外货物运入保税物流园区视同出口，由区内企业或者区外发货人（或者其代理人）向保税物流园区主管海关办理出口申报手续。属于应当征收出口关税的商品，海关按照有关规定征收出口关税；属于许可证件管理的商品，应当同时向海关出具有效的出口许可证件，但法律、行政法规、规章另有规定在出境申报环节验核出口许可证件的除外。

园区企业跨关区配送货物或者异地企业跨关区到园区提取货物的，应当按照规定向海关办理相关手续。

除法律、行政法规、规章规定不得集中申报的货物外，区内企业少批量、多批次进出货物的，经保税物流园区主管海关批准可以办理集中申报手续，并适用每次货物进出口时海关接受该货物申报之日实施的税率、汇率。集中申报的期限不得超过1个月，且不得跨年度办理。

用于办理出口退税的出口货物报关单证明联的签发手续，按照下列规定办理：

（1）从区外进入保税物流园区供区内企业开展业务的国产货物及其包装物料，由区内企业或者区外发货人（或者其代理人）填写出口货物报关单，海关按照对出口货物的有关规定办理，签发出口货物报关单证明联；货物转关出口的，启运地海关在收到保税物流园区主管海关确认转关货物已进入保税物流园区的电子回执后，签发出口货物报关单证明联。

（2）从区外进入保税物流园区供保税物流园区行政管理机构及其经营主体和区内企业使用的国产基建物资、机器、装卸设备、管理设备等，海关按照对出口货物的有关规定办理，并签发出口货物报关单证明联。

（3）从区外进入保税物流园区供保税物流园区行政管理机构及其经营主体和区内企业使用的生活消费用品、办公用品、交通运输工具等，海关不予签发出口货物报关单证明联。

（4）从区外进入保税物流园区的原进口货物、包装物料、设备、基建物资等，区外企业应当向海关提供上述货物或者物品的清单，按照出口货物的有关规定办理申报手续，海关不予签发出口货物报关单证明联，原已缴纳的关税、进口环节增值税和消费税不予退还。

区外原进口货物需要退运出境或者原出口货物需要复运进境的，不得经过保税物流园区进出境或者进入保税物流园区存储。根据无代价抵偿货物规定进行更换的区外原进口货物，留在区外不退运出境的，也不得进入保税物流园区。

六、保税区进出货物通关程序

（一）保税区概述

保税区是指经国务院批准在中华人民共和国境内设立的由海关进行监管的特定区域。

1. 功能

保税区具有出口加工、转口贸易、商品展示、仓储运输等功能，即保税区既有保税加工的功能，又有保税物流的功能。

2. 管理

保税区与境内其他地区之间，应当设置符合海关监管要求的隔离设施。

从保税区进入非保税区的货物，按照进口货物办理手续；从非保税区进入保税区的货物，按照出口货物办理手续。企业在办结海关手续后，可办理结汇、核销、加工贸易核销等手续。出口退税必须在货物实际报关离境后才能办理。

保税区内的转口货物可以在区内仓库或者区内其他场所进行分级、挑选、印刷运输标志、改换包装等简单加工。

保税区企业开展加工贸易，除进口易制毒化学品、监控化学品、消耗臭氧层物质要提供进口许可证件，生产激光光盘要主管部门批准外，其他加工贸易料件进口免予交验许可证件。

保税区内企业开展加工贸易，不实行加工贸易银行保证金台账制度。

区内加工企业加工的制成品及其在加工过程中产生的边角余料运往境外时，应当按照国家有关规定向海关办理手续，除法律、行政法规另有规定外，免征出口关税。

区内加工企业将区内加工的制成品、副次品，在加工过程中产生的边角余料运往非保税区时，应当按照国家有关规定向海关办理进口报关手续，并依法纳税。

（二）保税区货物通关程序

1. 保税区与境外之间进出货物的报关

（1）海关对保税区与境外之间进出的货物实施简便、有效的监管。

（2）海关对保税区与境外之间进出的货物实行备案制管理，由货物的收货人、发货人或其代理人向海关备案。

（3）对保税区与境外之间进出的货物，除实行出口被动配额管理的外，不实行进出口配额、许可证管理。

（4）企业按照保税区相关规定填制相应单证，相关监管方式有：

①保税区进出境仓储、转口货物填报“保税区仓储转口”（代码 1234）；

②保税区进出境加工贸易货物根据性质填报区外加工贸易货物相应的监管方式；

③保税区进出境减免税货物根据性质填报区外减免税货物相应的监管方式。

2. 保税区与境内区外之间进出货物的报关

进出区报关要根据不同的情况按不同的通关程序报关。

（1）从保税区进入非保税区的货物，按照进口货物办理手续；从非保税区进入保税区的货物，按照出口货物办理手续，海关在货物实际离境后，签发用于出口退税的出口货物报关单证明联。

（2）从非保税区进入保税区供区内使用的机器、设备、基建物资和物品，使用单位应当向海关提供上述货物或者物品的清单，经海关查验后放行。有关货物或者物品，已经缴纳进口关税和进口环节税收的，已纳税款不予退还。

（3）保税区的货物需从非保税区口岸进出口或者保税区内的货物运往另一保税区的，应当事先向海关提出书面申请，经海关批准后，按照海关转关运输及有关规定办理。

（4）企业按照保税区相关规定填制相应单证，相关监管方式有：

①按成品征税的保税区进料加工成品转内销货物，填报“保区进料成品”（代码0444）；

②按成品征税的保税区来料加工成品转内销货物，填报“保区来料成品”（代码0445）；

③按料件征税的保税区进料加工成品转内销货物，填报“保区进料料件”（代码0544）；

④按料件征税的保税区来料加工成品转内销货物，填报“保区来料料件”（代码0545）；

⑤其他货物根据性质填报区外相应监管方式。

七、保税港区（综合保税区）进出货物通关程序

（一）保税港区（综合保税区）概述

保税港区是指经国务院批准，设立在国家对外开放的口岸港区和与之相连的特定

区域内，具有口岸、物流、加工等功能的海关特殊监管区域。

综合保税区是指经国务院批准，设立在内陆地区的具有保税港区功能的海关特殊监管区域。综合保税区的政策、功能、管理模式等均与保税港区相同。

1. 功能

保税港区（综合保税区）具备目前我国海关所有特殊监管区域的全部功能，可以开展下列业务：

（1）存储进出口货物和其他未办结海关手续的货物；

（2）对外贸易，包括国际转口贸易；

（3）国际采购、分销和配送；

（4）国际中转；

（5）检测和售后服务维修；

（6）商品展示；

（7）研发、加工、制造；

（8）港口作业；

（9）经海关批准的其他业务。

2. 管理

保税港区（综合保税区）实行封闭式管理。保税港区（综合保税区）与境内其他地区之间，应当设置符合海关监管要求的卡口、围网、视频监控系统，以及海关监管所需的其他设施。

保税港区（综合保税区）享受与保税区、出口加工区相同的税收和外汇管理政策。主要税收政策为：国外货物入区保税；货物出区进入国内销售按货物进口的有关规定办理报关，并按货物实际状态征税；国内货物入区视同出口，实行退税；区内企业之间的货物交易不征增值税和消费税。

经保税港区（综合保税区）主管海关批准，区内企业可以在保税港区（综合保税区）综合办公区专用的展示场所举办商品展示活动。展示的货物应当在海关备案，并接受海关监管。

区内货物可以自由流转。区内企业转让、转移货物的，双方企业应当及时向海关报送转让、转移货物的品名、数量、金额等电子数据信息。

除国家另有规定外，保税港区（综合保税区）货物不设存储期限。但存储期限超过2年的，区内企业应当每年向海关备案。

经海关核准，区内企业可以办理集中申报手续。实行集中申报的区内企业应当对1个自然月内的申报清单数据进行归并，填制进出口货物报关单，在次月底前向海关办理集中申报手续。集中申报适用报关单集中申报之日实施的税率、汇率。集中申报不得跨年度办理。

区内企业不实行加工贸易银行保证金台账和合同核销制度，海关对区内加工贸易货物不实行单耗标准管理。区内企业应当自开展业务之日起，定期向海关报送货物的进区、出区和储存情况。

（二）保税港区（综合保税区）货物通关程序

1. 保税港区（综合保税区）与境外之间进出货物的报关

除减免税货物、征税货物（区内自用的交通运输工具、生活消费用品）、通过保税港区（综合保税区）直接进出的货物外，海关对区内与境外之间进出的货物实行备案制管理，对从境外入区的货物予以保税。实行备案制管理的货物，其收发货人或者代理人应当如实填写进出境货物备案清单，向海关备案。

从区内运往境外的货物免征出口关税，但法律、行政法规另有规定的除外。

区内与境外之间进出的货物，不实行进出口配额、许可证件管理，但法律、行政法规和规章另有规定的除外。对于同一配额、许可证件项下的货物，海关在进区环节已经验核配额、许可证件的，在出境环节不再要求企业出具配额、许可证件。

区内与境外之间进出的货物应当向主管海关办理海关手续；进出境口岸不在保税港区（综合保税区）主管海关辖区内的，经保税港区（综合保税区）主管海关批准，可以在口岸海关办理海关手续。

2. 保税港区（综合保税区）与境内区外之间进出货物的报关

区内与境内区外之间进出的货物需要征税的，区内企业或者区外收发货人按照货物进出区时的实际状态缴纳税款。

属于配额、许可证件管理商品的，区内企业或者区外收货人还应当向海关出具配额、许可证件。对于同一配额、许可证件项下的货物，海关在进境环节已经验核配额、许可证件的，在出区环节不再要求企业出具配额、许可证件。

区内企业在区外从事对外贸易业务且货物不实际进出区的，可以在收发货人所在地或者货物实际进出境口岸地海关办理申报手续。

区外货物以出口报关方式入区的，其出口退税按照国家有关规定办理；区外货物属于原进口货物的，原已缴纳的关税、进口环节海关代征税海关不予退还。

3. 区内货物流转

区内货物可以自由流转。区内企业转让、转移货物的，双方企业应当及时向海关报送转让、转移货物的品名、数量、金额等电子数据信息。

4. 区内机器、设备、模具和办公用品等出区检测、维修

（1）区内使用的机器、设备、模具和办公用品等海关监管货物，可以比照进境修理货物的有关规定，运往区外进行检测、维修。区内企业将模具运往区外进行检测、维修的，应当留存模具所生产产品的样品或者图片资料。

（2）运往区外进行检测、维修的机器、设备、模具和办公用品等，不得在区外用于加工生产和使用，并应当自运出之日起 60 日内运回区内。因特殊情况不能如期运回的，区内企业或者保税港区（综合保税区）行政管理机构应当在期限届满前 7 日内，以书面形式向海关申请延期，延长期限不得超过 30 日。

（3）检测、维修完毕运回区内的机器、设备、模具和办公用品等应当为原物。有更换新零件、配件或者附件的，原零件、配件或者附件应当一并运回区内。对在区外更换的国产零件、配件或者附件，需要退税的，由企业按照出口货物的有关规定办理手续。

5. 外发加工

（1）区内企业需要将模具、原材料、半成品等运往区外进行加工的，应当在开展外发加工前，凭承揽加工合同或者协议、区内企业签章确认的承揽企业生产能力状况等材料，向保税港区（综合保税区）主管海关办理外发加工手续。

（2）委托区外企业加工的期限不得超过合同或者协议有效期，加工完毕后的货物应当按期运回区内。在区外开展外发加工产生的边角料、废品、残次品、副产品不运回区内的，海关应当按照实际状态征税。区内企业凭出区时委托区外加工申请书以及有关单证，向海关办理验放核销手续。

八、洋山特殊综合保税区通关程序

（一）洋山特殊综合保税区概述

为打造更具国际市场影响力和竞争力的特殊经济功能区，发挥中国（上海）自由贸易试验区临港新片区（以下简称临港新片区）洋山特殊综合保税区作为对标国际公认、竞争力最强自由贸易园区的重要载体作用，国务院批准设立了洋山特殊综合保税区。洋山特殊综合保税区是设立在临港新片区内，具有物流、加工、制造、贸易等功能的海关特殊监管区域。

海关对洋山特殊综合保税区的管理规定仅适用于洋山特殊综合保税区，不适用于其他综合保税区，但其他综合保税区政策及制度创新措施均适用于洋山特殊综合保税区。

洋山特殊综合保税区的管理：

（1）洋山特殊综合保税区实行物理围网管理。洋山特殊综合保税区与境内其他地区（以下称区外）之间，设置符合海关监管要求的卡口、围网、视频监控系统，以及海关监管所需的其他设施。

（2）洋山特殊综合保税区内不得居住人员。除保障洋山特殊综合保税区内人员正常工作、生活需要的配套设施外，洋山特殊综合保税区内不得建立营利性商业、生活消费设施。

（3）洋山特殊综合保税区的基础和监管设施等应当符合海关特殊监管区域相关验收标准，海关监管作业场所（场地）应当符合《海关监管作业场所（场地）设置规范》。

（4）除法律、法规和现行政策另有规定外，境外货物入区保税或免税；货物出区进入境内区外销售按货物进口的有关规定办理报关手续，并按货物实际状态征税；境内区外货物入区视同出口，实行退税。

（5）国家禁止进出境货物、物品等不得进出洋山特殊综合保税区。海关对涉及国家进出境限制性管理、口岸公共卫生安全、生物安全、食品安全、商品质量安全、知识产权等的安全准入实施风险管理。依据风险情况，对进出境货物及物品、进出口货物及物品和国际中转货物，实施必要的监管和查验。

（6）境外与洋山特殊综合保税区之间进出的货物，列入海关贸易统计。区外与洋山特殊综合保税区之间进出的货物及其他相关货物，根据海关管理需要实施单项统计。区内企业之间转让、转移的货物，以及洋山特殊综合保税区与其他海关特殊监管区域或者保税监管场所之间往来的货物不统计。

（7）区内企业可依法开展中转、集拼、存储、加工、制造、交易、展示、研发、再制造、检测维修、分销和配送等业务。

（8）海关不要求区内企业单独设立海关账册，但区内企业所设置、编制的会计账簿、会计凭证、会计报表和其他会计资料，应当真实、准确、完整地记录和反映有关业务情况。

（二）洋山特殊综合保税区货物通关程序

1. 洋山特殊综合保税区与境外之间进出货物的报关

洋山特殊综合保税区与境外之间进出的货物，除下列规定范围内的货物应向海关申报外，海关准予放行。

（1）依法需要检疫的进出境货物，原则上在口岸监管区内监管作业场所（场地）实施检疫，经海关批准，可在洋山特殊综合保税区内实施检疫。对属于法定检验的大宗资源性商品等的进境检验，需在口岸监管区内作业场所（场地）实施。

（2）对法律、法规等有明确规定的，涉及我国缔结或者参加的国际条约、协定的，和涉及安全准入管理的进出境货物，除必须在进出境环节验核相关监管证件外，其他的在进出区环节验核。

（3）区内企业以一般贸易方式申报的进境货物，海关按现行规定进行监管。

2. 洋山特殊综合保税区与区外之间进出货物的报关

洋山特殊综合保税区与境内区外之间实行进出口申报管理。货物从洋山特殊综合保税区进入境内区外的，由进口企业向海关办理进口申报手续。货物从境内区外进入洋山特殊综合保税区的，由出口企业向海关办理出口申报手续。

洋山特殊综合保税区与其他海关特殊监管区域或者保税监管场所之间往来的货物，除另有规定外，由其他海关特殊监管区域、保税监管场所内企业申报进出境备案清单（报关单）。

3. 洋山特殊综合保税区国际中转货物的报关

除国家禁止进出境货物外，其他货物均可在洋山特殊综合保税区内开展国际中转（包括中转集拼，下同）。洋山特殊综合保税区国际中转业务应在符合海关要求的专用作业场所开展。

相关物流企业应当按照相关管理规定，向海关舱单管理系统传输中转集拼货物的原始舱单、预配舱单、装载舱单、分拨申请、国际转运准单等电子数据。

国际中转货物应当在 3 个月内复运出境，特殊情况下，经海关批准，可以延期 3 个月复运出境。

第四章　减免税货物通关程序

DI-SI ZHANG JIANMIANSHUI HUOWU TONGGUAN CHENGXU

◇ **知识目标**

了解进口减免税货物的监管年限。

了解减免税货物的海关监管规定。

◇ **能力目标**

能够掌握减免税货物的申请和办理方式。

能够掌握减免税货物的通关程序。

第一节　减免税货物

特定减免税亦称政策性减免税，是指海关根据国家政治、经济政策的需要，经国务院批准，对特定地区、特定企业、特定用途的进口货物，给予减免进口税收优惠政策，包括基于特定目的实行的临时减免税政策。

一、特定减免税货物概述

特定减免税货物（以下简称减免税货物）是指根据国家的政策规定准予减免税进口后，用于特定地区、特定企业、特定用途的货物。

特定地区是指我国关境内由行政法规规定的某一特别限定区域。享受减免税优惠的进口货物只能在这一特别限定的区域内使用。

特定企业是指国务院行政法规专门规定的企业。享受减免税优惠的进口货物只能由这些专门规定的企业使用。

特定用途是指国家规定可以享受减免税优惠的进口货物只能用于行政法规专门规定的用途。

二、减免税货物的管理

（一）监管期限

除海关另有规定外，在海关监管年限内，减免税申请人应当按照海关规定保管、使用进口减免税货物，并依法接受海关监管。

进口减免税货物的监管年限为：

（1）船舶、飞机：8 年；

（2）机动车辆：6 年；

（3）其他货物：3 年。

监管期限自货物进口放行之日起计算。

（1）在监管年限内，经主管海关审核同意，科研机构、技术开发机构和学校可将免税进口用品用于其他单位的科研等活动，但一般不得移出本单位。确需移出的，需经海关审核同意，使用结束后应及时运回并向主管海关报告。同时，在监管年限内，未经海关审核同意，科研机构、技术开发机构和学校免税进口的用品，不得擅自转让、抵押、质押或移作他用。

（2）医药类高等学校、科研机构为从事科学研究或教学活动，将免税进口的《进口科学研究、科技开发和教学用品免税清单》（以下简称《免税清单》）第十条所列有关医疗检测、分析仪器及附件，放置于其附属、所属医院临床使用的，应事先提出申请并经主管海关审核同意。减免税申请人应对上述货物进行登记管理，并在每年第一季度向主管海关递交《减免税货物使用状况报告书》，同时提交 3 年内放置于相关医院临床使用情况的说明材料。

(3) 有关出版物进口单位应在每年3月31日前，结合上一年度免税进口图书、资料的种类、进口额、销售流向、使用单位等情况进行自查，并将自查结果书面报告主管海关以备核查。

(4) 经有关部门核定，取消免税资格、免税资格复审不合格或未申请复审的单位，在停止其享受政策之日（含）后，向海关申报进口并已享受政策的有关科研科技开发和教学用品，应补缴相关税款。

（二）监管规定

(1) 减免税货物需要变更原规定的使用地点的，减免税申请人应向主管海关提出申请。经主管海关批准后，可以变更使用地点。

减免税货物需要移出主管海关管辖区域使用的，减免税申请人应向主管海关申请办理异地监管手续。经主管海关批准后，减免税申请人可以将减免税货物运至转入地海关管辖区域，接受转入地海关监管。

减免税货物在异地使用结束后，减免税申请人应及时向转入地海关申请办结异地监管手续。经转入地海关批准后，减免税申请人应将减免税货物运回主管海关管辖区域。

(2) 在海关监管年限内，减免税申请人如发生分立、合并、股东变更、改制等主体变更情形，权利义务承受人应当自变更登记之日起30日内，向原减免税申请人的主管海关报告主体变更情况以及有关减免税货物的情况。

经原减免税申请人主管海关审核，需要补征税款的，权利义务承受人应向原减免税申请人主管海关办理补税手续；可以继续享受减免税待遇的，权利义务承受人应按照规定申请办理减免税货物结转等相关手续。

(3) 在海关监管年限内，如因破产、撤销、解散、改制或者其他情形，导致减免税申请人终止，有权利义务承受人的，参照第（2）项有关规定办理有关手续；没有权利义务承受人的，原减免税申请人或者其他依法应承担关税及进口环节税缴纳义务的当事人，应当自资产清算之日起30日内，向原减免税申请人主管海关申请办理减免税货物的税款补缴手续。进口时免予提交许可证件的减免税货物，按照国家有关规定需要补办许可证件的，减免税申请人在办理税款补缴手续时还应补交有关许可证件。有关减免税货物自办结上述手续之日起，解除海关监管。

(4) 在海关监管年限内，减免税申请人要求将减免税货物退运出境或者出口的，经主管海关批准后，办理相关手续。

减免税货物自退运出境或者出口之日起，解除海关监管，海关不再对退运出境或者出口的减免税货物补征相关税款。

(5) 减免税货物海关监管年限届满的，自动解除监管。

减免税申请人要求提前解除监管的，应当向主管海关提出申请，并办理税款补缴手续。进口时免予提交许可证件的减免税货物，按照国家有关规定需要补办许可证件的，减免税申请人在办理税款补缴手续时还应当补交有关许可证件。有关减免税货物自办结上述手续之日起，解除海关监管。

减免税申请人可在自减免税货物解除监管之日起1年内，向主管海关申领“中华人民共和国海关进口减免税货物解除监管证明”。

（6）在海关监管年限内，经主管海关批准后，减免税申请人可以将减免税货物抵押、转让、移作他用或者进行其他处置。进口时免予提交许可证件的减免税货物，减免税申请人向主管海关申请办理抵押、转让、移作他用或者其他处置手续时，按照国家有关规定需要补办许可证件的，应当补办相关手续。

在海关监管年限内，减免税申请人要求以减免税货物向银行或者非银行金融机构办理贷款抵押的，应向主管海关提出申请，提交情况说明等相关材料，并以海关依法认可的财产、权利提供税款担保。

减免税申请人不得以减免税货物向自然人、法人或者非法人组织办理贷款抵押。

（7）在海关监管年限内，减免税申请人如需将减免税货物转让给进口同一货物享受同等减免税优惠待遇的其他单位的，应按照下列规定办理减免税货物结转手续：

①减免税货物转出申请人向转出地主管海关提出申请。

②减免税货物转入申请人向转入地主管海关申请办理减免税批准手续。

③结转减免税货物的监管年限应连续计算，转入地主管海关在剩余监管年限内对结转减免税货物继续实施监管。

（8）在海关监管年限内，减免税申请人如需将减免税货物转让给不享受进口税收优惠政策或者进口同一货物不享受同等减免税优惠待遇的其他单位的，应事先向主管海关申请办理减免税货物税款补缴手续。进口时免予提交许可证件的减免税货物，按照国家有关规定需要补办许可证件的，减免税申请人在办理税款补缴手续时还应当补交有关许可证件。有关减免税货物自办结上述手续之日起，解除海关监管。

（9）减免税货物因转让、提前解除监管以及减免税申请人发生主体变更、依法终止情形或者其他原因需要补征税款的，补税的完税价格以货物原进口时的完税价格为基础，按照减免税货物已进口时间与监管年限的比例进行折旧，其计算公式如下：

$$\text{补税的完税价格}=\text{减免税货物原进口时的完税价格}\times\left[1-\frac{\text{减免税货物已进口时间}}{\text{监管年限}\times 12}\right]$$

①减免税货物已进口时间，自货物放行之日起按月计算。不足 1 个月但超过 15 日的，按 1 个月计算；不超过 15 日的，不予计算。

②计算减免税货物补税的完税价格时，应按下列情形确定货物已进口时间的截止日期：

A. 转让减免税货物时，应以主管海关接受减免税申请人申请办理补税手续之日作为截止之日；

B. 减免税申请人未经海关批准，擅自转让减免税货物时，应以货物实际转让之日作为截止之日；实际转让之日不能确定的，以海关发现之日作为截止之日；

C. 在海关监管年限内，减免税申请人发生主体变更情形的，应以变更登记之日作为截止之日；

D. 在海关监管年限内，减免税申请人发生破产、撤销、解散或者其他依法终止经营情形的，应以人民法院宣告减免税申请人破产之日或者减免税申请人被依法认定终止生产经营活动之日作为截止之日；

E. 减免税货物提前解除监管的，应当以主管海关接受减免税申请人申请办理补缴税款手续之日作为截止之日。

（10）在海关监管年限内，减免税申请人如需将减免税货物移作他用，经主管海关批准后，可以按照海关批准的使用单位、用途、地区将减免税货物移作他用。包括：

①将减免税货物交给减免税申请人以外的其他单位使用；

②按照原定用途使用减免税货物；

③未按照原定地区使用减免税货物。

将减免税货物移作他用时，减免税申请人应事先按照移作他用的时间补缴相应税款；移作他用的时间不能确定的，应当提供税款担保，税款担保金额不得超过减免税货物剩余监管年限可能需要补缴的最高税款总额。

减免税申请人将减免税货物移作他用，需要补缴税款的，补税的完税价格以货物原进口时的完税价格为基础，按照需要补缴税款的时间与监管年限的比例进行折旧，其计算公式如下：

$$\text{补税的完税价格}=\text{减免税货物原进口时的完税价格}\times\left[\frac{\text{需要补缴税款的时间}}{\text{监管年限}\times 365}\right]$$

上述计算公式中需要补缴税款的时间为减免税货物移作他用的实际时间，按日计算，每日实际使用不满 8 小时或者超过 8 小时的均按 1 日计算。

第二节 减免税货物通关程序

一、减免税申请及办理

（一）减免税申请

减免税申请人按照有关进出口税收优惠政策的规定申请减免税进出口相关货物，应当在货物申报进出口前，取得相关政策规定的享受进出口税收优惠政策资格的证明材料，并凭以下材料向主管海关申请办理减免税审核确认手续：

（1）进出口货物征免税申请表；

（2）事业单位法人证书或者国家机关设立文件、社会团体法人登记证书、民办非企业单位法人登记证书、基金会法人登记证书等证明材料；

（3）进出口合同、发票以及相关货物的产品情况资料。

（二）减免税申请的办理

除海关总署有明确规定外，减免税申请人可自主选择“无纸申报”或者“有纸申报”方式向海关提交减免税申请。选择“无纸申报”方式的，申请人应将填报的减免税申请表及随附单证电子数据上传；选择“有纸申报”方式的，仍按现行规定办理。“无纸申报”需上传的随附单证有以下几种：

（1）申请人主体资格、免税额度（数量）及进口商业发票等，全文上传。

（2）进口合同的基本信息，进口货物的名称、规格型号、技术参数、单价及总价、生产国别，商品清单，运输方式及付款条件，价格组成条款，双方签字等内容页面应当上传。

上传进口合同的 PDF 格式文件的同时，上传纸质合同的第一页和所有签章页。进口合同为外文的，应同时上传合同关键条款翻译成中文的、加盖申请人签章的译文。

（3）进口货物相关技术资料和说明文件。

办理境外慈善捐赠物资减免税应提交以下材料：境外捐赠函、由受赠人出具的“受赠人接受境外慈善捐赠物资进口证明”及捐赠物资分配使用清单、国家社会组织管理局出具的符合受赠条件的证明文件（均为正本）。

海关在办理已凭税款担保先于放行的、投资总额在 5000 万元及以上的内资鼓励类项目下进口自用设备减免税手续时，依据国家发展改革委复函及所附项目信息汇总表和项目单位提交的其他相关材料，按规定进行减免税审核确认。

（三）纸质单证核查

主管海关定期对申请人保存的纸质单证原件进行核查；发现申请人未按规定对纸质单证管理的，应当限期整改，整改达不到要求或有遗失、伪造、变造相关单证档案等情形的，暂停申请人的“无纸申报”资格。

二、减免税货物通关程序

（一）凭征免税证明通关

进口货物申报时，减免税申请人应按规定将征免税证明编号填写在进口货物报关单“备案号”栏目中。征免税证明编号可通过中国电子口岸减免税申报系统查询。减免税申请人应当在征免税证明有效期内办理有关货物通关手续。征免税证明在有效期内可延期一次，延长期限不超过 6 个月，经海关批准的特殊情况除外。

（二）凭税款担保证明通关

对于下列情形，申请人申请办理进口《免税清单》内有关用品的凭税款担保放行手续的，主管海关按有关规定办理：

（1）新批准成立的高等学校，在教育部公布其名单前；教育部公布名单内高等学校发生分立、合并、更名（以下统称变更）等情形，持凭教育部或者省级政府批准文件，向主管海关提出申请的。

（2）新批推成立的科研院所，在海关总署转发科技部函告，或省区市科技主管部门函告直属海关其名单前；已经核定的科研院所发生变更的，在有关部门变更确认函告海关前，持凭主管部门批准成立的文件、事业单位法人证书及相关材料，向主管海关提出申请的。

（3）经认定的国家企业技术中心，自其所在企业发生更名、重组等变更之日起，至国家相关部门确认变更结果并通报直属海关前，向主管海关提出申请的。

（4）具备免税资格的科技民办非企业单位发生变更的，在相关部门确认其变更结果并函告直属海关前，向主管海关提出申请的。

（5）具备免税资格的示范平台发生更名，在相关部门确认变更结果前；以及具备免税资格的示范平台，自相关部门联合公布其名单之日起满 2 年，至联合公布其免税资格复审结果名单前，向主管海关提出申请的。

（6）具备免税资格的外资研发中心，发生更名或其所在企业发生变更的，在审核部门确认其变更结果并函告直属海关前；以及具备免税资格的外资研发中心，自审核部门公告名单之日起，或函告直属海关免税资格复审结果名单之日起满 2 年，至审核部门函告直属海关新的免税资格复审结果名单前，向主管海关提出申请的。

（7）在国家有关部门制定出台相关免税进口管理办法和明确转制科研机构名单前，属于国家有关部门确认的名单范围内的转制科研机构向主管海关提出申请的。

（8）在海关总署转发科技部函告，或省区市科技主管部门函告直属海关的新批准成立科研院所名单前，以及在教育部公布或函告新批准成立高等学校名单前，出版物进口单位为上述新批准成立单位进口《免税清单》第五条所列有关用品，向主管海关提出申请的。

减免税申请人需要办理税款担保手续的，应当在货物申报进口前向主管海关提出申请，并按照有关税收优惠政策的规定向海关提交相关材料。进出口地海关凭主管海关出具的准予担保证明（联网核查电子信息），办理货物的税款担保和放行手续。国家对进出口货物有限制性规定，应当提供许可证件而不能提供的，以及法律、行政法规规定不得担保的其他情形，进出口地海关不予办理减免税货物凭税款担保放行手续。

（三）进口捐赠物资属贸易管制商品的凭证验放

进口捐赠物资按国家规定属于配额、特定登记和进口许可证管理的商品的，受赠人应当向国家有关部门申请配额、登记证明和进口许可证，进口地海关审验后予以放行。

第五章　暂时进出境货物通关程序

DI-WU ZHANG　ZANSHI JINCHUJING HUOWU TONGGUAN CHENGXU

◇ 知识目标

了解暂时进出境货物的定义。
了解货物暂准进口单证册的用途。

◇ 能力目标

能够掌握暂时进出境货物的通关程序。
能够掌握暂时进出境展览品的通关程序。

第一节　暂时进出境货物

暂时进出境货物包括暂时进境货物和暂时出境货物。

暂时进境货物是指为了特定的目的，经海关批准暂时进境，按规定的期限原状复运出境的货物。

暂时出境货物是指为了特定的目的，经海关批准暂时出境，按规定的期限原状复运进境的货物。

一、暂时进出境货物范围

（1）在展览会、交易会、会议以及类似活动中展示或者使用的货物；

（2）文化、体育交流活动中使用的表演、比赛用品；

（3）进行新闻报道或者摄制电影、电视节目使用的仪器、设备以及用品；

（4）开展科研、教学、医疗活动使用的仪器、设备和用品；

（5）在第（1）项至第（4）项所列活动中使用的交通工具以及特种车辆；

（6）货样；

（7）慈善活动使用的仪器、设备以及用品；

（8）供安装、调试、检测、修理设备时使用的仪器以及工具；

（9）盛装货物的包装材料；

（10）旅游用自驾交通工具及其用品；

（11）工程施工中使用的设备、仪器以及用品；

（12）测试用产品、设备、车辆；

（13）海关总署规定的其他暂时进出境货物。

使用货物暂准进口单证册（以下称 ATA 单证册）暂时进境的货物限于我国加入的有关货物暂准进口的国际公约中规定的货物。

二、暂时进出境货物管理

（1）暂时进出境货物的税收征管依照《关税条例》的有关规定执行。

（2）除我国缔结或者参加的国际条约、协定，及国家法律、行政法规和海关总署规章另有规定外，暂时进出境货物免予交验许可证件。

（3）除因正常使用而产生的折旧或者损耗外，暂时进出境货物应当按照原状复运出境、复运进境。

（4）暂时进出境货物必须在规定期限内，由货物的收发货人根据货物实际使用情况向海关办理结关手续。

第二节 暂时进出境货物通关程序

一、ATA 单证册管理

ATA 单证册是一份国际通用的海关文件，它是世界海关组织为暂准进口货物而专门创设的。世界海关组织于 1961 年通过了《关于货物暂准进口的 ATA 单证册海关公约》，其后，又于 1990 年通过了《货物暂准进口公约》，从而建立并完善了 ATA 单证册制度。ATA 单证册已经成为暂准进口货物使用的最重要的海关文件。

（1）中国国际贸易促进委员会（中国国际商会）是我国 ATA 单证册的出证和担保机构，负责签发出境 ATA 单证册，向海关报送所签发单证册的中文电子文本，协助海关确认 ATA 单证册的真伪，并且向海关承担 ATA 单证册持证人因违反暂时进出境规定而产生的相关税费、罚款。

（2）海关总署设立 ATA 核销中心，履行以下职责：

①对 ATA 单证册进行核销、统计以及追索；

②应成员国担保人的要求，依据有关原始凭证，提供 ATA 单证册项下暂时进境货物已经进境或者从我国复运出境的证明；

③对全国海关 ATA 单证册的有关核销业务进行协调和管理。

（3）海关只接受用中文或者英文填写的 ATA 单证册。

（4）ATA 单证册发生损坏、灭失等情况的，ATA 单证册持证人应当持原出证机构补发的 ATA 单证册到主管海关进行确认。

补发的 ATA 单证册所填项目应当与原 ATA 单证册相同。

（5）ATA 单证册项下暂时进出境货物在境内外停留期限超过 ATA 单证册有效期的，ATA 单证册持证人应当向原出证机构续签 ATA 单证册。续签的 ATA 单证册经主管海关确认后可以替代原 ATA 单证册。

续签的 ATA 单证册只能变更单证册有效期限和单证册编号，其他项目应当与原单证册一致。续签的 ATA 单证册启用时，原 ATA 单证册失效。

（6）ATA 单证册项下暂时进境货物未能按照规定复运出境或者过境的，ATA 核销中心应当向中国国际贸易促进委员会（中国国际商会）提出追索。自提出追索之日起 9 个月内，中国国际贸易促进委员会（中国国际商会）向海关提供货物已经在规定期限内复运出境或者已经办理进口手续证明的，ATA 核销中心可以撤销追索；9 个月期满后未能提供上述证明的，中国国际贸易促进委员会（中国国际商会）应当向海关支付税费和罚款。

（7）ATA 单证册项下暂时进境货物复运出境时，因故未经我国海关核销、签注的，ATA 核销中心凭由另一缔约国海关在 ATA 单证上签注的该批货物从该国进境或者复运进境的证明，或者我国海关认可的能够证明该批货物已经实际离开我国境内的其他文件，作为已经从我国复运出境的证明，对 ATA 单证册予以核销。

二、暂时进出境货物通关程序

（一）暂时进出境货物的通关程序

（1）ATA 单证册持证人（以下简称持证人）、非 ATA 单证册项下暂时进出境货物收发货人（以下简称收发货人）可以在申报前向主管海关提交“暂时进出境货物确认申请书”，申请对有关货物是否属于暂时进出境货物进行审核确认，并且办理相关手续，也可以在申报环节直接向主管海关办理暂时进出境货物的有关手续。

（2）持证人应当向海关提交有效的 ATA 单证册，以及相关商业单据或者证明材料。

（3）ATA 单证册项下暂时出境货物，由中国国际贸易促进委员会（中国国际商会）向海关总署提供总担保。除另有规定外，收发货人应当按照有关规定向主管海关提供担保。

（4）暂时进出境货物应当在进出境之日起 6 个月内复运出境或者复运进境。

因特殊情况需要延长期限的，持证人、收发货人应当向主管海关办理延期手续，延期最多不超过 3 次，每次延长期限不超过 6 个月。延长期届满应当复运出境、复运进境或者办理进出口手续。

国家重点工程、国家科研项目使用的暂时进出境货物，以及参加展期在 24 个月以上展览会的展览品，在上述延长期届满后仍需要延期的，由主管地直属海关批准。

（5）暂时进出境货物需要延长复运进境、复运出境期限的，持证人、收发货人应当在规定期限届满前向主管海关办理延期手续，并且提交“货物暂时进/出境延期办理单”以及相关材料。

（6）暂时进出境货物可以异地复运出境、复运进境，由复运出境、复运进境地海关调取原暂时进出境货物报关单电子数据办理有关手续。

持证人应当持 ATA 单证册向复运出境、复运进境地海关办理有关手续。

（7）暂时进出境货物需要进出口的，持证人、收发货人应当在货物复运出境、复运进境期限届满前向主管海关办理进出口手续。

（8）持证人、收发货人在货物复运出境、复运进境后，应当向主管海关办理结案手续。

（9）海关通过风险管理、信用管理等方式对暂时进出境业务实施监督管理。

（10）暂时进出境货物因不可抗力原因受损，无法原状复运出境、复运进境的，持证人、收发货人应当及时向主管海关报告，可以凭有关部门出具的证明材料办理复运出境、复运进境手续；因不可抗力原因灭失的，经主管海关核实后可以视为该货物已经复运出境、复运进境。

暂时进出境货物因不可抗力以外的其他原因受损或者灭失的，持证人、收发货人应当按照货物进出口的有关规定办理海关手续。

（二）暂时进出境展览品的通关程序

（1）境内展览会的办展人以及出境举办或者参加展览会的办展人、参展人（以下简称办展人、参展人）可以在展览品进境或者出境前向主管海关报告，并且提交展览品清单和展览会证明材料，也可以在展览品进境或者出境时，向主管海关提交上述材料，办理有关手续。对于申请海关派员监管的境内展览会，办展人、参展人应当在展览品进境前向主管海关提交有关材料，办理海关手续。

（2）展览会需要在我国境内两个或者两个以上关区内举办的，对于没有向海关提供全程担保的进境展览品，应当按照规定办理转关手续。

（3）下列在境内展览会期间供消耗、散发的用品（以下简称展览用品），由海关根据展览会的性质、参展商的规模、观众人数等情况，对其数量和总值进行核定，在合理范围内的，按照有关规定免征进口关税和进口环节税：

①展览活动中的小件样品，包括原装进口的或者在展览期间用进口的散装原料制成的食品或者饮料的样品。

本条所列货物，应当符合以下条件：

由参展人免费提供并且在展览期间专供免费分送给观众使用或者消费；

单价较低，作广告样品用；

不适用于商业用途，并且单位容量明显小于最小零售包装容量；

食品以及饮料的样品虽未按照上一条规定的包装分发，但是确实在活动中消耗掉了。

②为展出的机器或者器件进行操作示范被消耗或者损坏的物料。

③布置、装饰临时展台消耗的低值货物。

④展览期间免费向观众散发的有关宣传品。

⑤供展览会使用的档案、表格以及其他文件。

（4）展览用品中的酒精饮料、烟草制品以及燃料不适用有关免税规定。

第①项所列展览用品超出限量进口的，超出部分应当依法征税；第②项、第③项、第④项所列展览用品，未使用或者未被消耗完的，应当复运出境，不复运出境的，应当按照规定办理进口手续。

（5）海关派员进驻展览场所的，经主管海关同意，展览会办展人可以就参展的展览品免予向海关提交担保。

展览会办展人应当提供必要的办公条件，配合海关工作人员执行公务。

（6）未向海关提供担保的进境展览品在非展出期间应当存放在海关监管作业场所。因特殊原因需要移出的，应当经主管海关同意，并且提供相应担保。

（7）为举办交易会、会议或者类似活动而暂时进出境的货物，按照《中华人民共和国海关暂时进出境货物管理办法》（海关总署令第233号）对展览品监管的有关规定进行监管。

第六章 其他海关监管货物通关程序

DI-LIU ZHANG QITA HAIGUAN JIANGUAN HUOWU TONGGUAN CHENGXU

◇ **知识目标**

了解过境、转运、通运货物的定义、范围和海关管理措施。
了解退运货物的定义和分类。
了解无代价抵偿货物的定义和海关监管特征。
了解进出境修理货物的定义、分类和海关监管特征。
了解退关、放弃及超期未报关货物的定义和范围。
了解进出境快件的分类。
了解跨境电子商务零售进口商品的税费征收办法。

◇ **能力目标**

能够掌握过境、转运、通运货物的通关程序。
能够掌握退运货物的通关程序。
能够掌握无代价抵偿货物的通关程序。
能够掌握进出境修理货物的通关程序。
能够掌握退关、放弃及超期未报关货物的通关程序。
能够掌握进出境快件的通关程序。
能够掌握跨境电子商务零售商品的通关程序和退货操作程序。

第一节　过境、转运、通运货物通关程序

一、过境货物

过境货物是指从境外启运，在我国境内不论是否换装运输工具，通过陆路运输继续运往境外的货物。

（一）过境货物概述

1. 范围

准予过境的货物包括：

（1）与我国签有过境货物协定的国家的过境货物；

（2）在与我国签有铁路联运协定的国家收、发货的过境货物；

（3）虽未与我国签有过境货物协定，但经商务主管部门和运输主管部门批准，并向入境地海关备案后准予过境的货物。

禁止过境的货物包括：

（1）来自或运往我国停止或禁止贸易的国家和地区的货物；

（2）各种武器、弹药、爆炸品及军需品（通过军事途径运输的除外）；

（3）各种烈性毒药，麻醉品和鸦片、吗啡、海洛因、可卡因等毒品；

（4）我国法律、法规禁止过境的其他货物、物品。

2. 管理

海关对过境货物监管的目的是防止过境货物在我国境内运输过程中滞留在国内，或将我国货物混入过境货物随运出境；防止禁止过境货物从我国过境。

过境货物经营人应当按下列要求开展相关业务：

（1）过境货物经营人应当持相关批准文件和营业执照，向海关主管部门申请办理备案手续。

（2）装载过境货物的运输工具，应当具有海关认可的加封条件或装置，海关认为必要时，可以对过境货物及其装载装置加封。

（3）运输部门和过境货物经营人应当负责保护海关封志的完整，任何人不得擅自开启或损毁。

（4）运输部门和过境货物经营人应当按海关规定提供担保。

对过境货物管理的其他规定如下：

（1）过境运输的民用爆炸品、医用麻醉品等，需经海关总署与其他主管部门批准后，方可过境。

（2）有伪报货名和国别，借以运输我国禁止过境的货物，以及其他违反我国法律、行政法规情事的，海关可依法将货物扣留处理。

（3）海关可以对过境货物实施查验，海关在查验过境货物时，经营人或承运人应当到场，负责搬移货物，开拆和重新封装货物。

(4) 过境货物在境内发生损毁或者灭失的（不可抗力原因造成的除外），经营人应当向出境地海关补办进口纳税手续。

(二) 通关程序

1. 进出口通关

(1) 进境通关

过境货物进境时，过境货物经营人或报关企业应当向海关提交过境货物报关单、运单、转载清单、载货清单，以及发票、装箱清单等，办理过境通关手续。

过境货物经进境地海关审核无误后，进境地海关在运单上加盖“海关监管货物”戳记，并将过境货物报关单和过境货物清单制作关封后加盖“海关监管货物”专用章，连同上述运单一并交经营人或报关企业，由其交出境地海关验核。

(2) 出境通关

过境货物出境时，过境货物经营人或报关企业应当及时向出境地海关申报，并递交进境地海关签发的关封和其他单证。

出境地海关审核有关单证、关封和货物无误后，予以放行。

2. 过境期限

过境货物的过境期限为 6 个月，如有特殊原因，可以向海关申请延期，经海关同意后，最长可延期 3 个月。

过境货物在规定时间内不能出境的，海关按《海关行政处罚实施条例》的有关规定处理。

3. 境内暂存与运输

过境货物在境内暂存与运输的规定包括：

(1) 过境货物进境后因换装运输工具等原因需卸地储存时，应当经海关批准并在海关监管下存入海关指定或同意的仓库或场所。

(2) 过境货物在进境后、出境前，应当按照运输主管部门规定的路线运输，运输部门没有规定路线的，由海关指定。

(3) 海关可根据实际情况派员押运过境货物。

二、转运货物

转运货物是指由境外起运，通过我国境内设立海关的地点换装运输工具，不通过境内陆路运输，继续运往境外的货物。

(一) 转运货物概述

1. 范围

进境运输工具载运的货物具备下列条件之一，可以办理转运手续：

(1) 持有转运或联运提货单的；

(2) 进口载货清单上注明是转运货物的；

(3) 持有普通提货单，但在卸货前已向海关声明转运的；

(4) 误卸下的进口货物，经运输工具经理人提供有效证明的；

（5）因特殊原因申请转运，获海关批准的。

2. 管理

海关对转运货物实施监管的主要目的在于防止货物在口岸换装过程中误进口或误出口。

海关对转运货物的监管规定包括：

（1）外国转运货物在中国口岸存放期间，不得开拆、改换包装或进行加工；

（2）转运货物必须在3个月内办理海关有关手续并转运出境，超出规定期限3个月仍未转运出境或办理其他海关手续的，海关将提取依法变卖处理；

（3）海关对外国转运货物有权进行查验。

（二）通关程序

转运货物的通关程序如下：

（1）载有转运货物的运输工具进境后，承运人应当在进口载货清单上列明转运货物的名称、数量、启运地和目的地，并向进境地海关申报进境。

（2）经海关批准后，在海关指定地点换装运输工具。

（3）在规定时间内运送出境。

三、通运货物

通运货物是指从境外起运，不通过我国境内陆路运输，运进境后由原运输工具载运出境的货物。

通运货物的通关程序如下：

（1）运输工具进境时，运输工具负责人应凭注明通运货物名称和数量的“船舶进口报告书”或国际民航机使用的“进口载货舱单”向进境地海关申报。

（2）进境地海关在接受申报后，在运输工具进境、离境时对货物予以核查，并监管货物实际离境。

（3）运输工具因装卸货物需搬运或倒装货物时，应事先向海关申请，并在海关的监管下进行。

第二节　退运货物通关程序

退运货物是指原出口货物或进口货物因各种原因需要退运进口或者退运出口的货物。退运货物包括一般退运货物和直接退运货物。

一、一般退运货物

一般退运货物是指已办理申报手续且海关已放行出口或进口，因各种原因需要退运进口或退运出口的货物。

（一）一般退运进口货物的通关程序

一般退运进口货物的通关程序分以下两种情况：

（1）原出口货物已收汇。原出口货物退运进境时，当事人应交验原出口货物报关单，海关凭税务部门出具的“出口商品退运已补税证明”、保险公司证明或承运人溢装、漏卸的证明等有关资料，办理退运进境手续。

（2）原出口货物未收汇。原出口货物退运进境时，当事人应交验原出口货物报关单、税务部门出具的“出口货物未退税证明”等文件，办理退运进境手续。

因品质或者规格原因，出口货物自出口之日起 1 年内原状退货复运进境的，经海关核实后不予征收进口税。原出口时已经征收出口关税的，只需补缴因出口而退还的国内环节税（增值税），出口关税自缴纳出口税款之日起 1 年内准予退还。

（二）一般退运出口货物的通关程序

因故退运出口的进口货物，由原收货人或其代理人填写出口货物报关单申报出境，并提供原货物进口时的进口货物报关单、保险公司证明或承运人溢装、漏卸的证明等有关资料，经海关核实无误后放行出境。

因品质或者规格原因，进口货物自进口之日起 1 年内原状退货复运出境的，经海关核实后可以免征出口关税。已征收的进口关税和进口环节海关代征税，自缴纳进口税款之日起 1 年内准予退还。

二、直接退运货物

直接退运货物是指在进境后、办结海关放行手续前，进口货物收货人、原运输工具负责人或者其代理人（以下统称当事人）申请退运境外，或者海关根据国家有关规定责令退运境外的全部或者部分货物。

进口转关货物在进境地海关放行后，当事人申请办理退运手续的，不属于直接退运货物，应当按照一般退运货物办理退运手续。

（一）当事人申请直接退运的货物

1. 范围

当事人有下列情形之一的，可以向海关申请办理直接退运手续：

（1）因国家贸易管理政策调整，收货人无法提供相关证件的；

（2）属于错发、误卸或者溢卸货物，能够提供发货人或者承运人书面证明文书的；

（3）收发货人双方协商一致同意退运，能够提供双方同意退运的书面证明文书的；

（4）有关贸易发生纠纷，能够提供法院判决书、仲裁机构仲裁决定书或者无争议的有效货物所有权凭证的；

（5）货物残损或者国家检验检疫不合格，能够提供相关检验证明文书的。

对在当事人申请直接退运前，海关已经确定查验或者认为有走私违规嫌疑的货物，不予办理直接退运，待查验或者案件处理完毕后，按照海关有关规定处理。

2. 通关程序

当事人向海关申请直接退运，应当按照海关要求提交“进口货物直接退运表”，证明进口实际情况的合同、发票、装箱单、已报关货物的原报关单、提运单或者载货清单等相关单证，符合申请条件的相关证明文件，以及海关要求当事人提供的其他文件。海关批准直接退运的，制发“准予直接退运决定书”。

办理进口货物直接退运手续，应当按照《报关单填制规范》填制进出口货物报关单，并符合下列要求：

（1）“标记唛码及备注”栏填写“准予直接退运决定书”编号；

（2）“监管方式”栏填写“直接退运”（代码 4500）。

当事人办理进口货物直接退运的申报手续时，应当先填写出口货物报关单向海关申报，再填写进口货物报关单，并在进口货物报关单的“标记唛码及备注”栏填报关联报关单（出口货物报关单）号。

因承运人的责任造成货物错发、误卸或者溢卸，经海关批准直接退运的，当事人可免予填制报关单，凭“准予直接退运决定书”向海关办理直接退运手续。

经海关批准直接退运的货物，不需要交验进出口许可证或者其他监管证件，免予征收各种税费及滞报金，不列入海关统计。

货物进境申报后尚未放行前，经海关批准直接退运的，在办理进口货物直接退运出境申报手续前，海关应当将原进口货物报关单或者转关单数据予以撤销。

进口货物直接退运应当从原进境地口岸退运出境。对因运输原因需要改变运输方式或者由另一口岸退运出境的，应当经原进境地海关批准后，以转关运输方式出境。

（二）海关责令直接退运的货物

1. 范围

货物进境后、办结海关放行手续前，有下列情形之一，海关责令当事人将进口货物直接退运境外：

（1）进口国家禁止进口的货物，经海关依法处理的；

（2）违反国家检验检疫政策法规，经海关依法处理的；

（3）违反国家有关法律、行政法规，海关责令直接退运的其他情形。

对需要责令进口货物直接退运的，海关根据相关政府行政主管部门出具的证明文件，向当事人制发“中华人民共和国海关责令直接退运通知书”（以下简称“责令直接退运通知书”）。

2. 通关程序

办理进口货物直接退运手续，应当按照《报关单填制规范》填制进出口货物报关单，并符合下列要求：

（1）“标记唛码及备注”栏填写“责令直接退运通知书”编号；

（2）“监管方式”栏填写“直接退运”（代码 4500）。

当事人办理进口货物责令直接退运的申报手续时，应当先填写出口货物报关单向海关申报，再填写进口货物报关单，并在进口货物报关单的“标记唛码及备注”栏填报关联报关单（出口货物报关单）号。

因承运人的责任造成货物错发、误卸或者溢卸，经海关责令直接退运的，当事人免予填制报关单，凭“责令直接退运通知书”向海关办理直接退运手续。

经海关责令直接退运的货物，无须交验进出口许可证或者其他监管证件，免予征收各种税费及滞报金，不列入海关统计。

进口货物责令直接退运应当从原进境地口岸退运出境。对因运输原因需要改变运输方式或者由另一口岸退运出境的，应当经原进境地海关批准后，以转关运输方式出境。

第三节　无代价抵偿货物通关程序

一、概述

无代价抵偿货物是指进出口货物在海关放行后，因残损、短少、品质不良或者规格不符，由进出口货物的发货人、承运人或者保险公司免费补偿或者更换的与原货物相同或者与合同规定相符的货物。

收发货人申报进出口的无代价抵偿货物，与退运出境或者退运进境的原货物不完全相同或者与合同规定不完全相符的，经收发货人说明理由，海关审核认为理由正当且商品编码未发生改变的，仍属于无代价抵偿货物。

收发货人申报进出口的免费补偿或者更换的货物，其商品编码与原进出口货物的商品编码不一致的，不属于无代价抵偿货物，应按照一般进出口货物监管。

无代价抵偿货物海关监管的基本特征包括：

（1）进出口无代价抵偿货物免予交验进出口许可证件。

（2）进口无代价抵偿货物，不征收进口关税和进口环节海关代征税；出口无代价抵偿货物，不征收出口关税。但是进出口与原货物或合同规定不完全相符的无代价抵偿货物，应当按规定计算与原进出口货物的税款差额，高出原征收税款数额的应当征收超出部分的税款；低于原征收税款，原进出口货物的发货人、承运人或者保险公司同时补偿货款的，应当退还补偿货款部分的税款，未补偿货款的，不予退还。

（3）现场放行后，海关不再按照无代价抵偿货物进行监管。

二、通关程序

无代价抵偿大体上可以分为两种，一种是短少抵偿，一种是残损、品质不良或规格不符抵偿。两种抵偿引起的两类进出口无代价抵偿货物在报关程序上有所区别。

（一）残损、品质不良或规格不符引起的无代价抵偿货物进出口通关程序

残损、品质不良或规格不符引起的无代价抵偿货物，进出口前应当先办理被更换的原进出口货物中残损、品质不良或规格不符货物的有关海关手续。

1. 原进口货物退运出境，以及原出口货物退运进境

原进口货物的收货人或其代理人应当办理被更换的原进口货物中残损、品质不良

或规格不符货物退运出境的通关手续。被更换的原进口货物退运出境时不征收出口关税。

原出口货物的发货人或其代理人应当办理被更换的原出口货物中残损、品质不良或规格不符货物的退运进境的通关手续。被更换的原出口货物退运进境时不征收进口关税和进口环节海关代征税。

2. 原进口货物不退运出境，放弃交由海关处理

被更换的原进口货物中残损、品质不良或规格不符货物不退运出境，但原进口货物的收货人愿意放弃，交由海关处理的，海关应当依法处理并向收货人提供相关证明，凭以申报进口无代价抵偿货物。

3. 原进口货物不退运出境也不放弃，以及原出口货物不退运进境

被更换的原进口货物中残损、品质不良或规格不符货物不退运出境且不放弃交由海关处理的，原进口货物的收货人应当按照海关接受无代价抵偿货物申报进口之日适用的有关规定申报进口，并按照海关对原进口货物重新估定的价格计算的税额缴纳进口关税和进口环节海关代征税，属于许可证件管理的商品还应当交验相应的许可证件。

被更换的原出口货物中残损、品质不良或规格不符货物不退运进境，原出口货物的发货人应当按照海关接受无代价抵偿货物申报出口之日适用的有关规定申报出口，并按照海关对原出口货物重新估定的价格计算的税额缴纳出口关税，属于许可证件管理的商品还应当交验相应的许可证件。

（二）短少引起的无代价抵偿货物进出口通关程序

（1）如原进口货物短少，短少部分已经征税或原进口货物因质量原因已退运出境或已放弃交由海关处理，且原征税款又未退还，进口的无代价抵偿货物免征关税及进口环节代征税，即由原征税款抵扣无代价抵偿货物的税款。

（2）如原出口货物短少，短少部分已经征税或原出口货物因质量原因已退运进境，且原征出口关税又未退还，出口的无代价抵偿货物免征关税，即由原征税款抵扣无代价抵偿货物的税款。

（三）申报无代价抵偿货物进出口手续的期限

向海关申报进出口无代价抵偿货物应当在原进出口合同规定的索赔期内，而且不超过原货物进出口之日起 3 年。

（四）无代价抵偿货物报关应当提供的单证

收发货人向海关申报无代价抵偿货物进出口时，除应当填制报关单和提供基本单证外，还应提交其他特殊单证。

1. 进口申报需要提交的特殊单证

（1）原进口货物报关单；

（2）原进口货物退运出境的出口货物报关单，或者原进口货物交由海关处理的货物放弃处理证明，或者已经办理纳税手续的单证（短少抵偿的除外）；

（3）原进口货物税款缴款书或者进出口货物征免税证明；

（4）买卖双方签订的索赔协议。

海关认为需要时，还应当提交具有资质的商品检验机构出具的原进口货物残损、短少、品质不良或者规格不符的检验证明或者其他有关证明文件。

2. 出口申报需要提交的特殊单证

（1）原出口货物报关单；

（2）原出口货物退运进境的进口货物报关单，或者已经办理纳税手续的单证（短少抵偿的除外）；

（3）原出口货物税款缴款书；

（4）买卖双方签订的索赔协议。

海关认为需要时，还应当提交具有资质的商品检验机构出具的原出口货物残损、短少、品质不良或者规格不符的检验证明或者其他有关证明文件。

第四节　进出境修理货物通关程序

一、概述

进境修理货物是指进境进行维护修理后复运出境的机械器具、运输工具或者其他货物，以及为维修这些货物需要进口的原材料、零部件。出境修理货物是指出境进行维护修理后复运进境的机械器具、运输工具或者其他货物，以及为维修这些货物需要出口的原材料、零部件。

进境修理包括原出口货物进境修理和其他货物进境修理。出境修理包括原进口货物出境修理和其他货物出境修理。

原进口货物出境修理包括原进口货物在保修期内出境修理和原进口货物在保修期外出境修理。

进出境修理货物的海关监管特征如下：

（1）进境维修货物免予缴纳进口关税和进口环节海关代征税，但要向海关提供担保，并接受海关后续监管。对于一些进境维修的货物，也可以申请按照保税货物办理进境手续。

（2）出境修理货物复运进境时，在保修期内并由境外免费维修的，可以免征进口关税和进口环节海关代征税；在保修期外或者在保修期内境外收取维修费用的，应当按照境外修理费和材料费审定完税价格计征进口关税和进口环节海关代征税。

（3）进出境修理货物免予交验许可证件。

二、通关程序

（一）进境修理货物

货物进境后，收货人或其代理人持维修合同或者含有保修条款的原出口合同及申报进口需要的所有单证，办理货物进口申报手续，并提供进口税款担保。

货物进口后，在境内维修的期限为进口之日起 6 个月，可以申请延长，延长的期限最长不超过 6 个月。在境内维修期间受海关监管。

修理货物复运出境申报时应当提供原修理货物进口申报时的报关单。

修理货物复运出境后应当申请销案，正常销案的，海关应当退还保证金或撤销担保。未复出境部分货物应当办理进口申报纳税手续。

（二）出境修理货物

在货物出境时，发货人应向海关提交维修合同或者含有保修条款的原进口合同及申报出口需要的所有单证，办理出境申报手续。

货物出境后，在境外维修的期限为出境之日起 6 个月，可以申请延长，延长的期限最长不超过 6 个月。

货物复运进境时应当向海关申报在境外实际支付的修理费和材料费，由海关审查确定完税价格，计征进口关税和进口环节海关代征税。

超过海关规定期限复运进境的，海关按一般进口货物计征进口关税和进口环节海关代征税。

第五节　退关、放弃及超期未报关货物通关程序

一、退关货物

退关货物又称出口退关货物，是指向海关申报出口并获准放行后，因故未能装上运输工具，经发货单位请求，退运出海关监管区域不再出口的货物。

通关程序：

出口货物的发货人或代理报关企业应当在得知出口货物未装上运输工具，并决定不再出口之日起 3 日内，向海关申请退关。经海关核准且撤销出口申报后方能将货物运出海关监管场所。已缴纳出口关税的退关货物，发货人或代理报关企业可以在缴纳税款之日起 1 年内，提出书面申请，向海关申请退税。出口货物的发货人或代理报关企业办理出口货物退关手续后，海关应对所有单证予以注销，并删除有关报关电子数据。

二、放弃货物

放弃货物又称放弃进口货物，是指进口货物的收货人或其所有人声明放弃，由海关提取依法变卖处理的货物。

（一）放弃货物的范围

放弃交由海关处理的货物的范围如下：

（1）没有办结海关手续的一般进口货物；

（2）保税进口货物；

（3）在监管期内的特定减免税货物；
（4）暂准进境货物；
（5）其他没有办结海关手续的进境货物。
国家禁止或限制进口的废物、对环境造成污染的货物不得声明放弃。

（二）通关程序

放弃货物由海关提取依法变卖处理，变卖所得价款在优先拨付变卖处理实际支出的费用后，再扣除运输、装卸、储存等费用。所得价款不足以支付运输、装卸、储存等费用的，按比例支付。变卖价款扣除上述相关费用后尚有余款的，上缴国库。

三、超期未报关进口货物

超期未报关进口货物是指在规定的期限内未办结海关手续的海关监管货物。

（一）超期未报关进口货物的范围

超期未报关进口货物的范围如下：
（1）自运输工具申报进境之日起，超过3个月未向海关申报的进口货物；
（2）在海关批准的延长期满后仍未办结海关手续的溢卸货物、误卸货物；
（3）超过规定期限3个月未向海关办理复出境或者其他海关手续的保税货物；
（4）超过规定期限3个月未向海关办理复出境或者其他海关手续的暂准进境货物；
（5）超过规定期限3个月未运输出境的过境、转运和通运货物。

（二）通关程序

超期未报关进口货物由海关依法提取变卖处理。

超期未报关进口货物、误卸或者溢卸的进境货物和放弃进口货物属于海关实施检验检疫的进出境商品目录范围的，海关应当在变卖前进行检验检疫，检验检疫的费用与其他变卖处理实际支出的费用从变卖款中支付。

变卖所得价款在优先拨付变卖处理实际支出的费用后，按照以下顺序扣除相关费用和税款，所得价款不足以支付同一顺序的相关费用的，按照比例支付：
（1）运输、装卸、储存等费用；
（2）进口关税；
（3）进口环节海关代征税；
（4）滞报金。

支付上述费用后仍有余款的，申请人可申请发还余款，并提供证明其为该进口货物收货人的相关资料。

经海关审核同意后，申请人应当按照海关对进口货物的申报规定，取得有关进口许可证件，凭有关单证补办进口申报手续。海关对有关进口许可证件电子数据进行系统自动比对验核。申报时未提供有效进口许可证件的，由海关按照《海关行政处罚实施条例》的规定处理。

第六节　进出境快件通关程序

一、进出境快件分类

进出境快件分为：文件类进出境快件（以下简称A类快件）；个人物品类进出境快件（以下简称B类快件）；低值货物类进出境快件（以下简称C类快件）。

A类快件是指无商业价值的文件、单证、票据和资料（依照法律、行政法规以及国家有关规定应当予以征税的除外）。

B类快件是指境内收寄件人（自然人）收取或者交寄的个人自用物品（旅客分离运输行李物品除外）。

C类快件是指价值在5000元人民币（不包括运、保、杂费等）及以下的货物（涉及许可证件管制的，需要办理出口退税、出口收汇或者进口付汇的除外）。

二、通关程序

为规范海关对进出境快件的监管，加大信息化技术运用，提高通关效率，方便进出境快件通关，海关总署决定，自2016年6月1日起，海关启用新版快件通关管理系统。

（1）A类快件通关时，快件运营人应当向海关提交A类快件报关单、总运单（复印件）和海关需要的其他单证。

（2）B类快件通关时，快件运营人应当向海关提交B类快件报关单、每一进出境快件的分运单、进境快件收件人或出境快件发件人身份证影印件和海关需要的其他单证。B类快件的限量、限值、税收征管等事项应当符合海关总署关于邮递进出境个人物品的相关规定。

（3）C类快件通关时，快件运营人应当向海关提交C类快件报关单，代理报关委托书或者委托报关协议，每一进出境快件的分运单、发票和海关需要的其他单证，并按照进出境货物规定缴纳税款。进出境C类快件的监管方式为“一般贸易”或者“货样广告品”，征免性质为“一般征税”，征减免税方式为“照章征税”。

第七节　跨境电子商务零售商品通关程序

一、海关监管范围

跨境电子商务企业、消费者（订购人）通过跨境电子商务交易平台实现零售进出口商品交易，并根据海关要求传输相关交易电子数据的，接受海关监管。

二、企业管理

参与跨境电子商务业务的企业应当事先向所在地主管海关提交以下材料：

(1) 企业法人营业执照副本复印件；

(2) 组织机构代码证书副本复印件（以统一社会信用代码注册的企业不需要提供）；

(3) 企业情况登记表，具体包括企业组织机构代码或统一社会信用代码、中文名称、注册地址、营业执照注册号、法定代表人（负责人）、身份证件类型、身份证件号码、海关联系人、移动电话、固定电话，跨境电子商务网站网址等。

企业按照规定提交复印件的，应当同时向海关交验原件。

三、通关程序

(1) 跨境电子商务零售进口商品申报前，跨境电子商务企业或跨境电子商务交易平台企业、支付企业、物流企业应当分别通过跨境电子商务通关服务平台，如实向海关传输交易、支付、物流等电子信息。

直购进口模式下，进出境快件运营人、邮政企业可以受跨境电子商务企业、跨境电子商务交易平台企业、支付企业的委托，在书面承诺对传输数据的真实性承担相应法律责任的前提下，向海关传输交易、支付等电子信息。

(2) 跨境电子商务零售出口商品申报前，跨境电子商务企业或其代理人、物流企业应当分别通过跨境电子商务通关服务平台，如实向海关传输交易、收款、物流等电子信息。

(3) 跨境电子商务企业或其代理人应提交“中华人民共和国海关跨境电子商务零售进出口商品申报清单”（以下简称“进出口商品申报清单”），出口采取“清单核放、汇总申报”方式办理通关手续，进口采取“清单核放”方式办理通关手续。

进出口商品申报清单与进出口货物报关单具有同等法律效力。

(4) 跨境电子商务企业或跨境电子商务交易平台企业应当对购买跨境电子商务零售进口商品的消费者（订购人）身份信息进行核实，并向海关提供由国家主管部门认证的身份有效信息。无法提供或者无法核实订购人身份信息的，订购人与支付人应当为同一人。

(5) 跨境电子商务零售商品出口后，跨境电子商务企业或其代理人应当于每月 15 日前（当月 15 日是法定节假日或者法定休息日的，顺延至其后的第一个工作日，第 12 月的清单汇总应当于当月最后一个工作日前完成），将上月（12 月为当月）结关的进出口商品申报清单依据清单表头同一收发货人、同一运输方式、同一生产销售单位、同一运抵国、同一出境口岸，以及清单表体同一 10 位海关商品编码、同一申报计量单位、同一币制规则进行归并，汇总形成出口货物报关单向海关申报。

(6) 除特殊情况外，进出口商品申报清单、进出口货物报关单应当采取通关无纸化作业方式进行申报。

进出口商品申报清单的修改或者撤销，参照海关对进出口货物报关单修改或者撤销的有关规定办理。

四、税收征管

（1）对跨境电子商务零售进口商品，海关按照国家关于跨境电子商务零售进口税收政策征收关税和进口环节增值税、消费税，完税价格为实际交易价格，包括商品零售价格、运费和保险费。

（2）订购人为纳税义务人。在海关注册登记的跨境电子商务企业、跨境电子商务交易平台企业或物流企业作为税款的代收代缴义务人，代为履行纳税义务，并承担相应的补税义务及相关法律责任。

（3）代收代缴义务人应当如实、准确地向海关申报跨境电子商务零售进口商品的商品名称、规格型号、税则号列、实际交易价格及相关费用等税收征管要素。

跨境电子商务零售进口商品的申报币制为人民币。

（4）为审核确定跨境电子商务零售进口商品的归类、完税价格等，海关可以要求代收代缴义务人按照有关规定进行补充申报。

（5）海关对符合监管规定的跨境电子商务零售进口商品按时段汇总计征税款，代收代缴义务人应当依法向海关提交足额有效的税款担保。

海关放行后30日内未发生退货或修、撤单的，代收代缴义务人在放行后第31日至第45日内向海关办理纳税手续。

五、物流监控

（1）跨境电子商务零售进出口商品监管作业场所必须符合海关相关规定。

监管作业场所经营人、仓储企业应当建立符合海关监管要求的计算机管理系统，并按照海关要求交换电子数据。

（2）跨境电子商务零售进出口商品的查验、放行均应在监管作业场所内实施。

（3）海关实施查验时，跨境电子商务企业或其代理人、监管作业场所经营人、仓储企业应当按照有关规定提供便利，配合海关查验。

（4）跨境电子商务企业或其代理人、物流企业、监管作业场所经营人、仓储企业发现涉嫌违规或走私行为的，应当及时主动报告海关。

六、退货管理

（一）管理办法

（1）在跨境电子商务零售进口模式下，跨境电子商务企业境内代理人或其委托的报关企业（以下简称退货企业）可向海关申请开展退货业务。退货企业应保证退货商品为原跨境电子商务零售进口商品，并承担相关法律责任。

（2）退货企业可以对原进出口商品申报清单内的全部或部分商品申请退货。

（3）退货企业应当向海关如实申报，接受海关监管，并承担相应的法律责任。

（二）跨境电子商务零售商品退货程序

1. 消费者办理跨境电子商务零售商品退货的操作程序

（1）联系商家，确认是否符合退货条件。随后按照商家指引，寄回商品，无须亲自向海关办理退货申请。

（2）需要退货的商品，必须在海关放行之日起30天内发起申请、45天内将退货商品以原状运至原海关监管作业场所、原海关特殊监管区域或保税物流中心（B型）。

（3）一个订单可申请部分退货，也可以申请全部退货。跨境电子商务企业向海关申请退货并获得通过，税款将原路返还，消费者个人年度交易累计金额也会自动调整。

2. 跨境电子商务企业办理跨境电子商务零售商品退货的操作程序

（1）告知消费者，将退货商品寄回至原海关监管作业场所、原海关特殊监管区域或保税物流中心（B型）。

（2）在“单一窗口”向原验放海关发送退货申报清单。

（3）经海关系统受理后，查看原商品是否通过网购保税模式进口。通过网购保税模式进口的，跨境电子商务企业需录入“金关”二期保税核注清单及核放单。

（4）完成退货手续后，海关确认退货商品运抵，根据相关要求实施验放。放行后的商品方可运回跨境电子商务企业仓库，重新上架销售。海关完成验放后，退货商品对应的税款将不予征收，消费者个人年度交易累计金额即可实现自动返还。

七、监管代码

目前，跨境电子商务监管方式代码有“9610”“1210”“1239”“9710”“9810”等。

（一）代码9610

代码9610全称“跨境贸易电子商务”，简称“电子商务”，该监管方式适用于境内个人或电子商务企业通过电子商务交易平台实现交易，并采用“清单核放、汇总申报”模式办理通关手续的电子商务零售进出口商品。

“9610”出口就是境内企业将商品直邮到境外消费者手中。

（二）代码1210

代码1210全称“保税跨境贸易电子商务”，简称“保税电商”。该监管方式适用于境内个人或电子商务企业在经海关认可的电子商务平台实现跨境交易，并通过海关特殊监管区域或保税监管场所进出的电子商务零售进出境商品。

代码1210相当于境内企业把生产出的货物存放在海关特殊监管区域或保税监管场的仓库中即可申请出口退税，之后按照订单由仓库将商品发往境外消费者。

（三）代码1239

代码1239全称“保税跨境贸易电子商务A”，简称“保税电商A”。与“1210”监管方式相比，“1239”监管方式适用于境内电子商务企业通过海关特殊监管区域或保税物流中心一线进境的跨境电子商务零售进口商品。

（四）代码9710

代码9710全称“跨境电子商务企业对企业直接出口”，简称“跨境电商B2B直接出口”。境内企业通过跨境电商平台与境外企业达成交易后，通过跨境物流将货物直接出口至境外企业。

“9610”模式、“9710”模式都是指境内企业直接发货至境外购买人手中，二者的区别是“9610”模式是企业至个人的B2C模式，而“9710”模式则是企业至企业的B2B模式。通常情况下，“9710”模式的货量和货值更高。

（五）代码9810

代码9810全称“跨境电子商务出口海外仓”，简称“跨境电商出口海外仓”，是指境内企业先将货物通过跨境物流出口至海外仓，通过跨境电子商务平台实现交易后从海外仓送达境外购买者。

“9810”模式的仓库建在我国关境以外地区，而“1210”模式的仓库建在境内海关特殊监管区域或保税监管场所。

第七章　检验检疫申报程序

DI-QI ZHANG JIANYAN JIANYI SHENBAO CHENGXU

◇ 知识目标

了解出入境货物检验检疫的申报要求。
了解出入境检验检疫单证的种类及用途。

◇ 能力目标

能够掌握检验检疫申报的基本程序。
能够掌握如何更改、撤销和重新申报。

第一节　出入境货物检验检疫申报要求

一、出境货物检验检疫申报的一般要求

（一）出境货物检验方式

1. 出口检验

法定检验的出口商品的发货人应当在海关总署统一规定的地点和期限内，持合同等必要的凭证和相关批准文件向海关报关。法定检验的出口商品未经检验或者经检验不合格的，不准出口。

出口商品应当在商品的生产地检验。海关总署可以根据便利对外贸易和进出口商品检验工作的需要，指定在其他地点检验。

2. 适载检验

对装运出口的易腐烂变质食品、冷冻品的集装箱、船舱、飞机、车辆等运载工具，承运人、装箱单位或者其代理人应当在装运前向海关申请清洁、卫生、冷藏、密固等适载检验。未经检验或者经检验不合格的，不准装运。

3. 出口装运前检验

依据《装运前检验协议》，目前我国对向塞拉利昂、埃塞俄比亚出口的每批次价值在2000美元以上的贸易性质商品，对出口至伊朗和也门的列入《法检目录》的部分产品实施政府协议的装运前检验。

（二）出境检验检疫监管的申报

出境检验检疫监管的申报是指法定检验检疫出境货物的货主或其代理人，办理出口货物通关手续前，持有关单证向产地海关申请检验检疫，以取得出境电子底账号及其他单证的申报。对于出境需要实施检验检疫的货物，经产地海关检验检疫合格后，货主或其代理人凭产地海关签发的出境电子底账信息方可向口岸海关报关。

1. 申报时限和地点

出境货物最迟应于报关或装运前7天申报，对于个别检验检疫周期较长的货物，应留有相应的检验检疫时间。

出境的运输工具和人员应在出境前向口岸海关申报。

需隔离检疫的出境动物在出境前60天预报，隔离前7天申报。

法定检验检疫货物，原则上应向产地海关申报并由产地海关实施检验检疫。

2. 申报时应提供的单据

电子形式的合同、信用证（以信用证方式结汇时提供）、发票、装箱单等必要凭证，海关要求提供的其他特殊单证，以及根据海关需要应提供相关纸质单证。

下列情况申报时还应按要求提供有关文件：

（1）国家实施许可制度管理的货物，应提供有关证明。

（2）出境货物须经生产者或经营者检验合格并加附检验合格证或检测报告；申请重量鉴定的，应加附重量明细单或磅码单。

（3）凭样成交的货物，应提供经买卖双方确认的样品。

（4）出境人员应向海关申请办理国际旅行健康证明书及国际预防接种证书。

（5）申报出境运输工具、集装箱时，还应提供检疫证明，并申报有关人员的健康状况。

（6）生产出境危险货物包装容器的企业，必须向海关申请包装容器的性能鉴定；生产出境危险货物的企业，必须向海关申请危险货物包装容器的使用鉴定。

（7）申报出境危险货物时，必须提供危险货物包装容器性能鉴定结果单和使用鉴定结果单。

（8）申请原产地证明书和普惠制原产地证明书的，应提供商业发票等资料。

（9）属于出境特殊物品的，根据法律法规规定应提供有关的审批文件。

二、出境货物检验检疫申报的特殊要求

（一）出境货物木质包装

为规范木质包装检疫监督管理，确保出境货物使用的木质包装符合输入国家（地区）的检疫要求，依据《动植物检疫法》及其实施条例，参照第 15 号国际植物检疫措施标准《国际贸易中木质包装材料的管理》的规定，海关对出境植物、植物产品及其他检疫物的装载容量、包装物及铺垫材料依照规定实施检疫。

出境货物木质包装应当按照有关规定和要求进行检疫除害处理，并按照《出境货物木质包装除害处理标识要求》加施 IPPC 标识。

1. 申报范围

用于承载、包装、铺垫、支撑、加固货物的木质材料，如木板箱、木条箱、木托盘、木框、木桶、木轴、木楔、垫木、枕木、衬木等。经人工合成或者经加热、加压等深度加工的包装用木质材料（如胶合板、纤维板等）和薄板旋切芯、锯屑、木丝、刨花等，以及厚度等于或者小于 6mm 的木质材料除外。

2. 申报要求

（1）直属海关对木质包装标识加施企业的热处理或者熏蒸设施、人员及相关质量管理体系等进行考核，符合要求的，颁发除害处理标识加施资格证书，并公布标识加施企业名单，同时报海关总署备案，标识加施资格有效期为 3 年；不符合要求的，不予颁发资格证书。未取得资格证书的企业，不得擅自加施除害处理标识。

（2）标识式样（见图 7-1）至少包括以下 4 个方面的信息：

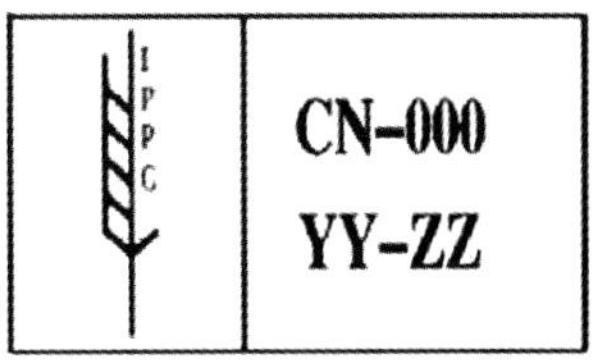

图 7-1 IPPC 标识式样

图形左侧是《国际植物保护公约》（IPPC）注册的用于按规定实施除害处理合格的木质包装上的符号；“CN”是国际标准化组织规定的中国国家编码；“000”代表国家植保机构给予木质包装生产企业的独特登记号；“YY”代表除害处理方法，如“MB”表示溴甲烷熏蒸处理，“HT”表示热处理。输出国官方植物检疫机构或木质包装生产企业可以根据需要增加其他信息。

标识必须加施于木质包装的显著位置，至少应在相对的两面。标识应清晰易辨，具永久性和不可改变性，避免使用红色或橙色。

（3）对木质包装实施除害处理并加施标识的企业（标识加施企业）应当建立木质包装生产防疫制度和质量控制体系。未获得标识加施资格的木质包装使用企业，可以向海关公布的标识加施企业购买木质包装，并要求标识加施企业提供出境货物木质包装除害处理合格凭证。

（二）出境食品

1. 申报范围

各种供人食用、饮用的成品和原料，按照传统习惯加入药物的食品，以及用于出口食品的食品添加剂等；出口列入《人类食品和动物饲料添加剂及原料产品目录》的124种产品。

2. 申报时应提供的单证

出口食品的出口商或者其代理人应当按照规定，凭合同、发票、装箱单、出厂合格证明、出口食品加工原料供货证明文件等必要的凭证和相关批准文件向出口食品生产企业所在地海关申报。申报时，应当将所出口的食品按照品名、规格、数（重）量、生产日期逐一申报。

除按规定申报并提供合同、信用证（以信用证方式结汇时提供）、发票、装箱单等有关外贸单证电子信息外，还应提供以下相应单证。

（1）生产企业（包括加工厂、冷库、仓库）的出口食品生产企业备案证明；

（2）海关出具的出入境食品包装及材料检验检疫结果单。

（三）出境食品包装

为加强对出口食品包装容器、包装材料的安全卫生检验检疫和监督管理，保证出口食品安全，保护消费者身体健康，海关总署对出口食品包装生产企业实施备案管理，对出口食品包装产品实施检验。

1. 申报范围

出口食品的包装容器和包装材料。出口食品的包装容器、包装材料（以下统称食品包装）是指已经与食品接触或预期会与食品接触的出口食品内包装、销售包装、运输包装及包装材料。

2. 申报时应提供的单证

除需提供生产企业厂检合格单、销售合同外，还需提供出境货物运输包装检验申请单、食品包装的周期检测报告及原辅料检测报告。

食品包装生产企业在提供出口食品包装给出口食品生产企业前，应到所在地海关申请对该出口食品包装进行检验。出口食品申报检验检疫时需提供海关出具的出境货物运输包装性能检验结果单，并应注明出口国别。

（四）出境动物及动物产品

海关依照《动植物检疫法》的规定，对出境动物及动物产品实施检疫。动物是指饲养、野生的活动物，如畜、禽、兽、蛇、龟、鱼、虾、蟹、贝、蚕、蜂等。动物产品是指来源于动物未经加工或者虽经加工但仍有可能传播疫病的产品，如生皮张、毛类、肉类、脏器、油脂、动物水产品、奶制品、蛋类、血液、精液、胚胎、骨、蹄、角等。

1. 出境动物

（1）申报时间和地点

需隔离检疫的出境动物，货主或其代理人应在出境前60天向启运地海关预申报，隔离前7天向启运地海关正式申报；出境观赏动物（观赏鱼除外，下同），应在出境前30天到出境口岸海关申报；出境野生捕捞水生动物的货主或者其代理人应当在水生动物出境3天前向出境口岸海关申报；出境养殖水生动物（包括观赏鱼，下同）的货主或者其代理人应当在水生动物出境7天前向注册登记养殖场、中转场所在地海关申报。

（2）申报时应提供的单证

除按规定申报并提供合同、信用证（以信用证方式结汇时提供）、发票、装箱单等有关外贸单证电子信息外，申报以下出境动物还应提供其他相应单证。

①观赏动物：应提供贸易合同或展出合约、产地检疫证书。

②非供屠宰用的畜禽：应有农牧部门出具的品种审批单。

③实验动物：应有中华人民共和国濒危物种进出口管理办公室出具的允许进出口证明书。

④实行检疫监督的动物：须出示生产企业的输出动物检疫许可证。

⑤野生捕捞水生动物：应提供所在地县级以上渔业主管部门出具的捕捞船舶登记证和捕捞许可证、捕捞渔船与出口企业的供货协议（应有捕捞船只负责人签字）、海关规定的其他单证。

进境国家（地区）对捕捞海域有特定要求的，应当申明捕捞海域。

⑥养殖水生动物：应当提供出境水生动物养殖场/中转场检验检疫注册登记证复印件，并交验原件。

2. 纳入《进出口野生动植物种商品目录》管理范围的出境野生动物及其制品

（1）申报范围

珍贵、濒危的陆生、水生野生动物和有益的或者有重要经济、科学研究价值的陆生野生动物；列入《国家重点保护野生动物名录》的国家一级、二级保护野生动物和列入《濒危野生动植物种国际贸易公约》（CITES）附录Ⅰ、附录Ⅱ的野生动物，以及驯养繁殖的上述物种；含有《进出口野生动植物种商品目录》所列野生动物成分的中成药；国家重点保护的和我国参加的国际公约限制出口的野生动物产品，包括其皮张、羽毛、掌骨、器官等；列入《进出口野生动植物种商品目录》的动物及其产品，既包括野外来源的，也包括通过人工驯养或人工繁殖获得的。

（2）申报时应提供的单证

除按规定申报并提供合同、信用证（以信用证方式结汇时提供）、发票、装箱单等有关外贸单证电子信息外，还须提供中华人民共和国濒危物种进出口管理办公室或其授权的办事处核发的濒危物种允许出口证明书或物种证明。

3. 出境肉类产品

（1）申报范围

肉类产品是指动物身体的任何可供人类食用部分，包括胴体、脏器、副产品及以上述产品为原料的制品，不包括罐头产品。

（2）申报时间和地点

发货人或者其代理人应当在出口肉类产品起运前，向出口肉类产品生产企业所在地海关申报。出口肉类产品运抵中转冷库时，应当向其所在地海关申报。中转冷库所在地海关凭生产企业所在地海关签发的检验检疫单证监督出口肉类产品入库。

4. 出境水产品

（1）申报范围

水产品包括供人类食用的水生动物产品及其制品，包括水母类、软体类、甲壳类、棘皮类、头索类、鱼类、两栖类、爬行类、水生哺乳类动物等其他水生动物产品及藻类等海洋植物产品及其制品，不包括活水生动物及水生动植物繁殖材料。

（2）申报地点

出口水产品生产企业或者其代理人应当向产地海关申报。

（3）申报时应提供的单证

除按规定申报并提供合同、信用证（以信用证方式结汇时提供）、发票、装箱单等有关外贸单证电子信息外，还应提供以下相应单证。

①生产企业检验报告（出厂合格证明）；

②出货清单；

③所用原料中药物残留、重金属、微生物等有毒、有害物质含量符合输入国家（地区）及我国要求的书面证明。

（五）出境植物及植物产品

海关依照《动植物检疫法》的规定，对出境植物及植物产品实施检疫。检疫范围：出境植物、植物产品和其他检疫物；装载植物、植物产品和其他检疫物的装载容器、包装物、铺垫材料；有关法律、行政法规、国际条约规定或者贸易合同约定应当实施出境植物检疫的其他货物、物品。

上述植物是指栽培植物、野生植物及其种子、种苗及其他繁殖材料等；植物产品是指来源于植物未经加工或者虽经加工但仍有可能传播病虫害的产品，如粮食、豆、棉花、油、麻、烟草、籽仁、干果、鲜果、蔬菜、生药材、木材、饲料等；其他检疫物包括植物废弃物，如垫舱木、芦苇、草帘、竹篓、麻袋、纸等废旧植物性包装物、有机肥料等。

1. 出境水果

（1）申报范围

新鲜水果，含冷冻水果。其中“冷冻水果”是指加工后，在-18℃以下储存、运输的水果。

（2）申报地点

出境水果应在包装厂所在地海关申报，按照规定提供有关单证及产地供货证明。出境水果来源不清楚的，海关不予受理申报。

（3）申报时应提供的单证

出境水果来自注册登记果园、包装厂的，应当提供注册登记证书复印件；来自主管海关辖区以外其他注册果园的，由注册果园所在地海关出具水果产地供货证明。

2. 出境粮食

（1）申报范围

粮食是指用于加工、非繁殖用途的禾谷类、豆类、油料类等作物的籽实，以及薯类的块根或者块茎等。

（2）申报地点

货主或其代理人应当在粮食出境前向储存或者加工企业所在地海关申报。

（3）申报时应提供的单证

提供贸易合同、发票、自检合格证明等材料。贸易方式为凭样成交的，还应当提供成交样品。

3. 出境转基因产品

（1）申报范围

转基因产品是指《农业转基因生物安全管理条例》规定的农业转基因生物及其他法律法规规定的转基因生物与产品。

（2）申报时应提供的单证

出境产品需要进行转基因检测或出具非转基因证明的，货主或其代理人应当提前向所在地海关提出申请，并提供输入国家（地区）官方发布的转基因产品进境要求。

4. 出境竹木草制品

（1）申报范围

出境的竹、木、藤、柳、草、芒等制品。

（2）申报要求

海关总署对出境竹木草制品及其生产加工企业实施分级分类监督管理。

输出竹木草制品的检疫依据有：我国与输入国家（地区）签定的双边检疫协定（含协议、备忘录等）；输入国家（地区）的竹木草制品检疫规定；我国有关出境竹木草制品的检疫规定；贸易合同、信用证等订明的检疫要求。

出境竹木草制品经检疫合格的，海关按照有关规定出具相关证单；经检疫不合格的，经过除害、重新加工等处理合格后，方可放行；无有效处理方法的，不准出境。

（3）申报时应提供的单证

除按规定申报并提供合同、信用证（以信用证方式结汇时提供）、发票、装箱单等有关外贸单证电子信息外，出境竹木草制品一类、二类企业申报时应当同时提供出境竹木草制品厂检记录单。

（六）出境化妆品

化妆品是指涂、擦、散布于人体表面任何部位（如表皮、毛发、指趾甲、口唇等）或口腔黏膜、牙齿，以达到清洁、消除不良气味、护肤、美容和修饰目的的产品。化妆品是和人体直接接触的物质，对安全和卫生要求很高。国际上许多国家对其进行立法管理，我国对进出境化妆品实施法定检验。

1. 申报范围

商品编码为33030000的香水及花露水；33041000项下的含濒危植物成分唇用化妆品、其他唇用化妆品；33042000项下的含濒危植物成分眼用化妆品、其他眼用化妆品；33043000的指（趾）甲化妆品；33049100的粉（不论是否压紧）；33049900项下的护肤品（包括防晒油或晒黑油，但药品除外）、其他含濒危植物成分美容品或化妆品、其他美容品或化妆品；33051000项下的含濒危植物成分洗发剂、其他洗发剂（香波）；33052000的烫发剂；33053000的定型剂；33059000的其他护发品等。

2. 申报要求

海关总署对出口化妆品生产企业实施备案管理。出口化妆品生产企业应当保证其出口化妆品符合进口国家（地区）标准或者合同要求。进口国家（地区）无相关标准且合同未有要求的，可以由海关总署指定相关标准。

出口化妆品由产地海关实施检验检疫，口岸海关实施口岸查验。口岸海关应当将查验不合格信息通报产地海关，并按规定将不合格信息上报上级海关。

海关受理申报后，对出口化妆品进行检验检疫，包括现场查验、抽样留样、实验室检验、出证等。

出口化妆品经检验检疫合格，进口国家（地区）对检验检疫证书有要求的，应当按照要求同时出具有关检验检疫证书。出口化妆品经检验检疫不合格的，可以在海关的监督下进行技术处理，经重新检验检疫合格的，方准出口。不能进行技术处理或者技术处理后重新检验仍不合格的，不准出口。

3. 申报时应提供的单据

除按规定申报并提供合同、信用证（以信用证方式结汇时提供）、发票、装箱单等有关外贸单证电子信息外，首次出口的化妆品必须提供以下相应文件。

（1）出口化妆品生产企业备案材料。

（2）自我声明。声明企业已经取得化妆品生产许可证，且化妆品符合进口国家（地区）相关法规和标准的要求，正常使用不会对人体健康产生危害等内容。

（3）销售包装化妆品成品应当提交外文标签样张和中文翻译件。

（七）出境危险货物

1. 出境烟花爆竹

烟花爆竹是我国传统的出口商品，同时烟花爆竹又属易燃、易爆的危险品，在生产、储存、装卸、运输各环节极易发生安全事故。为保证其安全运输出口，我国对出境烟花爆竹的生产企业实施登记管理制度，对出境烟花爆竹的检验和监管采取产地检验和口岸查验相结合的办法。

(1) 申报范围

商品编码为36041000的烟花爆竹产品。

(2) 申报时应提供的单证

除按规定申报并提供合同、信用证(以信用证方式结汇时提供)、发票、装箱单等有关外贸单证电子信息外，还应提供如下相应单证：

①出境货物运输包装性能检验结果单；

②出境危险货物运输包装使用鉴定结果单；

③生产企业对出口烟花爆竹的质量和安全作出承诺的声明。

2. 出境打火机、点火枪类商品

打火机、点火枪类商品是涉及运输及消费者人身安全的危险品，美国、加拿大及欧盟等已陆续对该类产品强制性执行国际安全质量标准。我国是打火机、点火枪类商品的生产和出口大国，为提高该类商品的质量，促进贸易发展，保障运输及消费者人身安全，我国对出境打火机、点火枪类商品实施法定检验。

(1) 申报范围

商品编码为96131000的一次性袖珍气体打火机、96132000的可充气袖珍气体打火机、96138000的其他打火器等。

(2) 申报时应提供的单证

除按规定填写出境货物报关单，并提供合同、信用证(以信用证方式结汇时提供)、发票、装箱单等有关外贸单证外，还应提供如下相应单证：

①出口打火机、点火枪类商品生产企业自我声明；

②出口打火机、点火枪类商品生产企业登记证；

③出口打火机、点火枪类商品的型式试验报告；

④出境货物运输包装性能检验结果单；

⑤出境危险货物运输包装使用鉴定结果单。

(八) 出境货物运输包装容器

1. 出境危险货物运输包装容器

对于出口危险货物，如果包装不良、不适载或不适于正常的运输、装卸和储存，造成危险货物泄漏，甚至引起爆炸等，会危及人员、运输工具、港口码头、仓库的安全。国际上对运输危险货物有一套比较完整的规则，各国出口危险货物，必须符合国际运输规则的要求。海关对出境危险货物运输包装容器实施检验，是按照上述有关国际危险品管理规则进行的。

盛装危险货物的包装容器称为危险货物包装容器，均被列入法定检验范围。对出境危险货物运输包装容器的检验分为性能检验和使用鉴定两种。

(1) 出境危险货物运输包装容器的性能检验

目前海关实施性能检验的出境危险货物运输包装容器包括钢桶、铝桶、镀锌桶、钢塑复合桶、纸板桶、塑料桶(罐)、纸箱、集装袋、塑料编织袋、麻袋、纸塑复合袋、钙塑瓦楞箱、木箱、胶合板箱(桶)、纤维板箱(桶)等。

按照《商检法》的规定，为出境危险货物生产运输包装容器的企业，必须向海关申请运输包装容器性能检验。申请时应提供以下单证：

①出境货物运输包装检验申请单；

②运输包装容器生产企业出具的出口危险货物包装容器质量许可证；

③运输包装容器的生产标准；

④企业符合性声明；

⑤运输包装容器的设计工艺、材料检验标准等技术资料。

（2）出境危险货物运输包装容器的使用鉴定

性能检验良好的运输包装容器，如果使用不当，仍达不到保障运输安全及保护商品的目的。为保证危险货物运输安全，危险货物运输包装容器经性能检验合格后，还必须进行使用鉴定。危险货物运输包装容器经海关鉴定合格并取得出境危险货物运输包装使用鉴定结果单后，方可包装危险货物出境。

根据联合国《关于危险货物运输的建议书·规章范本》的分类，气体发生器类产品（包括汽车安全气囊、气囊充气器、安全带卷收器、安全带预紧器等）分为3类：第1类危险品（1.4G，联合国编号为UN0503）；第2类危险品（2.2，联合国编号为UN3353）；第3类危险品（联合国编号为UN3268）。按照联合国《关于危险货物运输的建议书·试验与标准手册》的要求，只有通过6（c）篝火试验，才能确定气体发生器类产品的危险类别。因此，出口气体发生器类产品的企业，必须申请危险品包装容器的使用鉴定。

按照《商检法》的规定，出境危险货物的生产企业，必须向海关申请包装容器的使用鉴定。申请时应提供以下单证：

①出境货物运输包装检验申请单；

②出境货物运输包装性能检验结果单；

③危险货物说明。包括危险货物的危险特性分类鉴别报告、安全数据表和危险信息公示标签样本。首次使用塑料容器、塑料复合容器及有涂（镀）层的容器，应提供相容性试验报告。

④出口气体发生器类产品包装的，申报时须提供经中国合格评定国家认可委员会认可的检测机构出具的6（c）篝火试验检测报告。

⑤出口危险货物生产企业声明。

⑥其他法律、法规规定的有关资料。

2. 出境一般货物运输包装容器

（1）申报范围

列入《法检目录》及其他法律、行政法规规定，须经海关检验检疫的出境货物运输包装容器。

（2）申报时应提供的单证

①出境货物运输包装检验申请单；

②生产企业出具的包装容器检验结果单；

③包装容器规格清单；

④客户订单及对包装容器的有关要求；

⑤包装容器的设计工艺、材料检验标准等技术资料。

三、入境货物检验检疫申报的一般要求

（一）入境货物检验方式

1. 境内检验

法定检验的进口商品应当在申报的目的地检验，大宗散装商品、易腐烂变质商品、已发生残损、短缺的商品等应当在卸货口岸检验。检验合格后，海关按照法定程序出具相应的检验单证。

对上述规定的进口商品，海关总署可以根据便利对外贸易和进出口商品检验工作的需要，指定在其他地点检验。

2. 境外装运前检验

对属于法定检验范围内的关系国计民生、价值较高、技术复杂的，以及其他重要的进口商品和大型成套设备，应当按照对外贸易合同约定监造、监装或者进行装运前检验。收货人保留到货后最终检验和索赔的权利。海关可以根据需要派出检验人员参加或者组织实施监造、装运前检验或者监装。

属于境外装运前检验的商品进口时，收货人应当提供海关或其他检验机构签发的装运前检验证书，办理进口通关手续。

（二）入境检验检疫申报

入境检验检疫申报是指法定检验检疫入境货物的货主或其代理人，持有关单证向报关地海关申请对入境货物进行检验检疫以获得入境通关放行凭证，并取得入境货物销售、使用合法凭证的申报。对入境一般检验检疫申报业务而言，签发放行指令和对货物实施检验检疫都由报关地海关完成，货主或其代理人在办理完通关手续后，应主动与海关联系落实检验检疫工作。

1. 申报时限和地点

对入境货物，应在入境前或入境时向入境口岸、指定的或到达站的海关办理检验检疫申报手续；入境的运输工具及人员应在入境前或入境时申报。

入境货物需对外索赔出证的，应在索赔有效期前不少于20天内向到货口岸或货物到达地的海关申报检验检疫。

输入微生物、人体组织、生物制品、血液及其制品或种畜、禽及其精液、胚胎、受精卵的，应当在入境前30天申报。

输入其他动物的，应当在入境前15天申报。

输入植物、种子、种苗及其他繁殖材料的，应当在入境前7天申报。

2. 申报时应提供的单据

电子形式的外贸合同、发票、提（运）单、装箱单等必要凭证，海关要求提供的其他特殊单证，以及根据海关需要应提供相关纸质单证。

下列情况申报时还应按要求提供有关文件：

（1）国家实施许可制度管理的货物，应提供有关证明。

（2）品质检验的，还应提供国外品质证书或质量保证书、产品使用说明书及有关标准和技术资料；凭样成交的，须加附成交样品；以品级或公量计价结算的，应同时申请重量鉴定。

（3）申报入境废物原料时，还应提供主管海关或者其他检验机构签发的装运前检验证书；属于限制类废物原料的，应当提供进口许可证明。

（4）申请残损鉴定的，还应提供理货残损单、铁路商务记录、空运事故记录或海事报告等证明货损情况的有关单证。

（5）申请重（数）量鉴定的，还应提供重量明细单、理货清单等。

（6）货物经收、用货部门验收或其他单位检测的，应随附验收报告或检测结果及重量明细单等。

（7）入境的国际旅行者，国内外发生重大传染病疫情时，应当填写出入境检疫健康申明卡。

（8）入境的动植物及其产品，在提供贸易合同、发票、产地证书的同时，还必须提供输出国家（地区）官方出具的检疫证书；需办理入境检疫审批手续的，还应提供进境动植物检疫许可证。

（9）申报过境动植物及其产品时，应持货运单和输出国家（地区）官方出具的检疫证书；运输动物过境时，还应提交海关总署签发的动植物过境许可证。

（10）申报入境运输工具、集装箱时，应提供检疫证明，并申报有关人员的健康状况。

（11）入境旅客、交通员工携带伴侣动物的，应提供入境动物检疫证书及预防接种证明。

（12）因科研等特殊需要，输入禁止入境物的，必须提供海关总署签发的特许审批证明。

（13）属于入境特殊物品的，应提供有关的批件或规定的文件。

四、入境货物检验检疫申报的特殊要求

（一）入境木质包装

1. 申报范围

法定检验的木质包装包括输入中国的货物的木质包装。这里的货物木质包装是指用于承载、包装、铺垫、支撑、加固货物的木质材料，如木板箱、木条箱、木托盘、木框、木桶（盛装酒类的橡木桶除外）、木轴、木楔、垫木、枕木、衬木等。不包括经人工合成或者经加热、加压等深度加工的包装用木质材料（如胶合板、刨花板、纤维板等）和薄板旋切芯、锯屑、木丝、刨花等，以及厚度等于或者小于 6mm 的木质材料。

2. 申报要求

海关总署统一管理全国进境货物木质包装的检疫监督管理工作。主管海关负责所辖地区进境货物木质包装的检疫监督管理工作。

进境货物使用木质包装的，应当在输出国家或者地区政府检疫主管部门的监督下，

按照《国际植物保护公约》的要求进行除害处理，并加施 IPPC 标识。除害处理方法和专用标识应当符合相关规定。

进境货物使用木质包装的，货主或者其代理人应当向海关申报。海关按照以下情况处理：

（1）对已加施 IPPC 标识的木质包装，按规定抽查检疫，未发现活的有害生物的，予以放行；发现活的有害生物的，监督货主或者其代理人对木质包装进行除害处理。

（2）对未加施 IPPC 标识的木质包装，在海关监督下进行除害处理或者销毁处理。

（3）对申报时不能确定木质包装是否加施 IPPC 标识的，海关按规定抽查检疫。经抽查确认木质包装加施了 IPPC 标识，且未发现活的有害生物的，予以放行；发现活的有害生物的，监督货主或者其代理人对木质包装进行除害处理。经抽查发现木质包装未加施 IPPC 标识的，对木质包装进行除害处理或者销毁处理。

（二）入境食品

1. 申报范围

食品、食品添加剂和食品相关产品。

食品指各种供人食用或者饮用的成品和原料，以及按照传统既是食品又是药品的物品，但是不包括以治疗为目的的物品。

食品添加剂指为改善食品品质和色、香、味，以及为防腐、保鲜和加工工艺需要而加入食品中的人工合成或者天然物质，包括营养强化剂。

食品相关产品指用于食品的包装材料、容器、洗涤剂、消毒剂和用于食品生产经营的工具、设备。

预包装食品指预先定量包装或者制作在包装材料、容器中的食品。

2. 申报要求

海关总署对进口食品境外生产企业实施注册管理，对向中国境内出口食品的出口商或者代理商实施备案管理，对进口食品实施检验。

进口食品、食品添加剂和食品相关产品，应当经海关检验合格后放行。在此之前，货主或代理人应当持合同、发票、装箱单、提单等必要的凭证和相关批准证明文件，向报关地海关申请检验检疫。

入境动植物源性食品的货主或代理人在申报时，应根据产品的不同提供相应的动植物检疫许可证、输出国家（地区）出具的检验检疫证书及原产地证。

入境食用植物油的货主或代理人在申报时，除提供产品符合我国现行食品安全国家标准的证明文件等材料外，还应在申报信息的“合同订立的特殊条款以及其他要求”栏中注明产品境外生产企业的名称。

食品添加剂进口企业申报时，应当提供以下资料：注明产品用途（食品加工用）的贸易合同，或者贸易合同中买卖双方出具的用途声明（食品加工用）；食品添加剂完整的成分说明。

进口企业是经营企业的，应提供加盖进口企业公章的营业执照或经营许可证复印件。进口企业是食品生产企业的，应提供加盖进口企业公章的食品生产许可证复印件；需办理检验检疫审批的，还应提供进境动植物检疫许可证。

进口预包装食品被抽中现场查验或实验室检验的，进口商应当向海关提交其合格证明材料、进口预包装食品的标签原件和翻译件、中文标签样张及其他证明材料。

食品标签是指印制在食品包装容器上或附于食品包装容器上的一切附签、吊牌、文字、图形、符号说明物。海关应当对标签内容是否符合法律法规和食品安全国家标准的要求，以及与质量有关内容的真实性、准确性进行检验，包括格式版面检验和标签标注内容的符合性检测。进口食品标签、说明书中强调获奖、获证、产区及其他内容的，或者强调含有特殊成分的，应当提供相应证明材料。

3. 申报时应提供的单证

进口食品的进口商或者其代理人应当按照规定，持下列材料向海关申报：

（1）合同、发票、装箱单、提单等必要的凭证；

（2）相关批准文件；

（3）法律法规、双边协定、议定书，以及其他规定要求提交的输出国家（地区）官方检疫（卫生）证书；

（4）首次进口预包装食品，应当提供进口食品标签样张和翻译件。

申报时，进口商或者其代理人应当将所进口的食品按照品名、品牌、原产国（地区）、规格、数（重）量、总值、生产日期（批号）及海关总署规定的其他内容逐一申报。

小贴士

进口食品境外生产企业注册管理

为加强向中国境内出口食品的境外生产、加工、贮存企业（以下统称进口食品境外生产企业）的管理，根据法律、行政法规的规定，海关总署统一负责进口食品境外生产企业的注册管理工作。

1. 进口食品境外生产企业注册条件

（1）所在国家（地区）的食品安全管理体系通过海关总署等效性评估、审查；

（2）经所在国家（地区）主管当局批准设立并在其有效监管下；

（3）建立有效的食品安全卫生管理和防护体系，在所在国家（地区）合法生产和出口，保证向中国境内出口的食品符合中国相关法律法规和食品安全国家标准；

（4）符合海关总署与所在国家（地区）主管当局商定的相关检验检疫要求。

2. 进口食品境外生产企业注册方式

进口食品境外生产企业注册方式包括所在国家（地区）主管当局推荐注册和企业申请注册。

（1）推荐注册商品范围

下列食品的境外生产企业，由所在国家（地区）主管当局向海关总署推荐注册：肉与肉制品、肠衣、水产品、乳品、燕窝与燕窝制品、蜂产品、蛋与蛋制品、食用油脂和油料、包馅面食、食用谷物、谷物制粉工业产品和麦芽、保鲜和脱水蔬菜以及干豆、调味料、坚果与籽类、干果、未烘焙的咖啡豆与可可豆、特殊膳食食品、保健食品。

(2) 企业申请注册商品范围

除上述所列食品以外的其他食品。

3. 推荐注册程序

所在国家（地区）主管当局应当对其推荐注册的企业进行审核检查，确认符合注册要求后，向海关总署推荐注册并提交以下申请材料：

(1) 所在国家（地区）主管当局推荐函；

(2) 企业名单与企业注册申请书；

(3) 企业身份证明文件，如所在国家（地区）主管当局颁发的营业执照等；

(4) 所在国家（地区）主管当局推荐企业符合本规定要求的声明；

(5) 所在国家（地区）主管当局对相关企业进行审核检查的审查报告。

必要时，海关总署可以要求提供企业食品安全卫生和防护体系文件，如企业厂区、车间、冷库的平面图，以及工艺流程图等。

已获得推荐注册的企业向中国境内出口食品时，应当在食品的内、外包装上标注在华注册编号或者所在国家（地区）主管当局批准的注册编号。

4. 企业申请注册程序

其他食品境外生产企业，应自行或者委托代理人向海关总署提出注册申请并提交以下申请材料：

(1) 企业注册申请书；

(2) 企业身份证明文件，如所在国家（地区）主管当局颁发的营业执照等；

(3) 企业承诺符合本规定要求的声明。

海关总署根据评估审查情况，对符合要求的进口食品境外生产企业予以注册并给予在华注册编号，书面通知所在国家（地区）主管当局或进口食品境外生产企业；对不符合要求的进口食品境外生产企业不予注册，书面通知所在国家（地区）主管当局或进口食品境外生产企业。

已获得企业申请注册的企业向中国境内出口食品时，应当在食品的内、外包装上标注在华注册编号或者所在国家（地区）主管当局批准的注册编号。

（三）入境动物及动物产品

1. 入境动物及动物遗传物质

动物遗传物质是指哺乳动物精液、胚胎和卵细胞。

(1) 申报时限和地点

输入种畜、禽及其精液、胚胎的，货主或其代理人应在入境前 30 日申报；输入其他动物的，应在入境前 15 日申报。

输入动物及动物遗传物质，应当按照指定的口岸入境。

输入动物及动物遗传物质的，货主或其代理人应向入境口岸海关申报，由口岸海关实施检疫；入境后需调离入境口岸办理转关手续的，除活动物和来自动植物疫情流行国家或地区的检疫物由入境口岸海关检疫外，其他均应分别向入境口岸海关和指运地海关申报，货主或其代理人向指运地海关申报检疫时，应提供相关单证的复印件和入境口岸海关签发的审结通知书。

（2）申报时应提供的证单

货主或其代理人在办理入境申报手续时，除按照申报的一般要求录入数据并提供电子版贸易合同、发票、装箱单、海运提单（或铁路运单、航空运单、海运单）外，还应提供原产地证、输出国家（地区）官方出具的检疫证书正本、进境动植物检疫许可证正本（分批入境的，还需提供许可证复印件进行核销）、隔离场使用证（输入种用/观赏用水生动物、畜、禽等活动物的应提供）、备案证明书（输入动物遗传物质的，应提供经所在地海关批准并出具的使用单位备案证明书）。

无输出国家（地区）官方机构出具有效检疫证书的，或者未依法办理检疫审批手续的，海关根据具体情况，做退回或销毁处理。

2. 入境肉类产品及水产品

（1）申报时限和地点

货主或其代理人应在货物入境前或入境时向口岸海关申报，约定检疫时间。

入境后需调离入境口岸办理转关手续的，货主或其代理人应向口岸海关申报，到达指运地时，应当向指运地海关申报。

肉类产品及水产品只能在海关总署指定的口岸入境。

（2）申报时应提供的单证

肉类产品及水产品入境前或者入境时，货主或者其代理人应当持进境动植物检疫许可证正本、输出国家（地区）官方签发的检验检疫证书正本、原产地证、贸易合同、提单、装箱单、发票等单证向入境口岸海关申报。

经我国港澳地区中转入境的肉类产品，必须加验港澳中检公司签发的检验证书正本。没有港澳中检公司签发的检验证书正本的，海关不受理申报。

入境水产品随附的输出国家（地区）官方签发的检验检疫证书，应当符合海关总署对该证书的要求。

3. 入境动物源性饲料及饲料添加剂

动物源性饲料及饲料添加剂是指源于动物或产自动物的，经工业化加工、制作的供动物食用的产品及其原料。主要包括饵料用活动物、饲料用（含饵料用）冰鲜冷冻动物产品及水产品、加工动物蛋白及油脂、宠物食品及咬胶、配合饲料及含有动物源性成分的添加剂预混合饲料及饲料添加剂。

其中，加工动物蛋白及油脂包括肉粉（畜禽）、肉骨粉（畜禽）、鱼粉、鱼油、鱼膏、虾粉、鱿鱼肝粉、鱿鱼粉、乌贼膏、乌贼粉、鱼精粉、干贝精粉、血粉、血浆粉、血球粉、血细胞粉、血清粉、发酵血粉、动物下脚料粉、羽毛粉、水解羽毛粉、水解毛发蛋白粉、皮革蛋白粉、蹄粉、角粉、鸡杂粉、肠膜蛋白粉、明胶、乳清粉、乳粉、蛋粉、干蚕蛹及其粉、骨粉、骨灰、骨炭、骨制磷酸氢钙、虾壳粉、蛋壳粉、骨胶、动物油渣、动物脂肪、饲料级混合油、干虫及其粉等。

货主或者其代理人应当在饲料入境前或者入境时向海关申报，申报时应当提供原产地证、贸易合同、提单、发票等单证，并根据海关对产品的不同要求提供进境动植物检疫许可证、输出国家（地区）检验检疫证书、进口饲料和饲料添加剂产品登记证复印件。

需要办理并取得进口饲料和饲料添加剂产品登记证的产品种类见《进口饲料和饲料添加剂登记管理办法》。

4. 入境其他动物产品及其他检疫物

这里的入境其他动物产品特指上述未列名的来源于动物未经加工或者虽经加工但仍有可能传播疫病的产品，如皮张类、毛类、蜂产品、蛋制品、奶制品、肠衣等。

其他检疫物是指动物疫苗、血清、诊断液、动植物性废弃物等。

货主或其代理人应在货物入境前或入境时向口岸海关申报，约定检疫时间。

申报时应当提供原产地证、输出国家（地区）检验检疫证书、贸易合同、提单、发票等单证，并根据海关对产品的不同要求提供进境动植物检疫许可证。

（四）入境植物及植物产品

1. 入境种子、苗木等植物繁殖材料

植物繁殖材料是植物种子、种苗及其他繁殖材料的统称，指栽培、野生的可供繁殖的植物全株或者部分，如植株、苗木（含试管苗）、果实、种子、砧木、接穗、插条、叶片、芽体、块根、块茎、鳞茎、球茎、花粉、细胞培养材料（含转基因植物）等。

（1）申报时限和地点

输入植物、种子、种苗及其他繁殖材料的，货主或其代理人应在入境前 7 天持有关资料向海关申报，预约检疫时间。

（2）申报时应提供的单证

货主或其代理人申报时，除按照申报的一般要求录入数据外，还需提供电子版合同、发票、提单、进境动植物检疫许可证（适用于需海关总署审批的种子、苗木）或引进种子、苗木检疫审批单或引进林木种子、苗木和其他繁殖材料检疫审批单及输出国家（地区）官方出具的植物检疫证书、原产地证等有关文件。

2. 入境水果、烟叶和茄科蔬菜

（1）申报时限和地点

货主或其代理人应在入境前持有关资料向海关申报，预约检疫时间。

（2）申报时应提供的单证

货主或其代理人申报时，除按照申报的一般要求录入数据外，还需提供电子版合同、发票、提单、进境动植物检疫许可证及输出国家（地区）官方出具的植物检疫证书、原产地证等有关文件。

3. 入境粮食和植物源性饲料

粮食是指禾谷类（如小麦、玉米、稻谷、大麦、黑麦、燕麦、高粱等）、豆类（如大豆、绿豆、豌豆、赤豆、蚕豆、鹰嘴豆等）、薯类（如马铃薯、木薯、甘薯等）等粮食作物的籽实（非繁殖用）及其加工产品（如大米、麦芽、面粉等）；植物源性饲料是指源于植物或产自植物的，经工业化加工、制作的供动物食用的产品及其原料，包括饲料粮谷、饲料用草籽、饲草类、麦麸类、糠麸饼粕渣类（麦麸除外）、青贮料、加工植物蛋白及植物粉类、配合饲料等。

货主或其代理人应当在入境前向入境口岸海关申报。申报时除按照一般要求录入数据外，还需提供电子版合同、发票、提单、约定的检验方法标准或成交样品、原产地证及按规定应当提供的其他有关单证，并根据海关对产品的不同要求提供进境动植物检疫许可证、输出国家（地区）检验检疫证书。

需要办理并取得进口饲料和饲料添加剂产品登记证的产品，还应提供进口饲料和饲料添加剂产品登记证复印件。

海关对入境转基因产品还需查验农业转基因生物安全证书（进口）、农业转基因生物标识审查认可批准文件正本。

4. 其他入境植物产品

入境原木须附有输出国家（地区）官方检疫部门出具的植物检疫证书，证明其不带有我国关注的检疫性有害生物或双边植物检疫协定中规定的有害生物和土壤。入境原木带有树皮的，应当在输出国家（地区）进行有效的除害处理，并在植物检疫证书中注明除害处理方法、使用药剂、剂量、处理时间和温度；入境原木不带树皮的，应在植物检疫证书中作出声明。

入境干果、干菜、原糖、天然树脂、土产类、植物性油类产品等，货主或其代理人应当根据这些货物的不同种类进行不同的申报准备。需要办理检疫审批的，如干辣椒等，在货物入境前事先提出申请，办理检疫审批手续，取得许可证。

在输入上述货物前，货主或其代理人应当持合同、输出国家（地区）官方检疫部门出具的植物检疫证书向海关申报，约定检疫时间。经海关实施现场检疫、实验室检疫合格或经检疫处理合格的，签发入境货物检验检疫证明，准予入境销售或使用。

5. 入境转基因产品

转基因产品是指《农业转基因生物安全管理条例》规定的农业转基因生物及其他法律法规规定的转基因生物与产品，包括通过各种方式（如贸易、来料加工、邮寄、携带、生产、代繁、科研、交换、展览、援助、赠送及其他方式）进出境的转基因产品。

海关总署对入境转基因动植物及其产品、微生物及其产品和食品实行申报制度。

（1）入境转基因产品的申报

货主或其代理人在办理入境申报手续时，应当在申报信息的“货物名称”栏中注明是否为转基因产品。申报为转基因产品的，除按规定提供有关单证外，还应当提供农业转基因生物安全证书和农业转基因生物标识审查认可批准文件正本。

国家对农业转基因生物实行标识制度。输入国务院农业行政主管部门制定并公布的第一批实施标识管理的农业转基因生物目录内的产品，海关核查标识，符合农业转基因生物标识审查认可批准文件的，准予进境；不按规定标识的，重新标识后方可进境；未标识的，不得进境。

对列入实施标识管理的农业转基因生物目录的入境转基因产品，申报为转基因的，海关实施转基因项目符合性检测；申报为非转基因的，海关进行转基因项目抽查检测；对实施标识管理的农业转基因生物目录以外的入境动植物及其产品、微生物及其产品和食品，海关可根据情况实施转基因项目抽查检测。

海关按照国家认可的检测方法和标准进行转基因项目检测。经检测合格的，准予入境。如有下列情况之一，海关通知货主或其代理人做退货或者销毁处理：申报为转基因产品，但经检测其转基因成分与批准文件不符的；申报为非转基因产品，但经检测其含有转基因成分的。

入境供展览用的转基因产品，须获得有关批准文件后方可入境，展览期间应当接受海关的监管。展览结束后，所有转基因产品必须做退回或者销毁处理。如因特殊原因，需改变用途的，须按有关规定补办入境检验检疫手续。

（2）过境转基因产品的申报

过境转基因产品，货主或其代理人应当事先向海关总署提出过境许可申请，并提交以下资料：转基因产品过境转移许可证申请表；输出国家（地区）有关部门出具的国（境）外已进行相应研究的证明文件或者已允许作为相应用途并投放市场的证明文件；转基因产品的用途说明和拟采取的安全防范措施；其他相关资料。

海关总署自收到申请之日起20日内作出答复，对符合要求的，签发转基因产品过境转移许可证并通知入境口岸海关；对不符合要求的，签发不予过境转移许可证，并说明理由。

过境转基因产品进境时，货主或其代理人须持规定的单证和转基因产品过境转移许可证向入境口岸海关申报，经海关审查合格的，准予过境，并由出境口岸海关监督其出境。改换原包装及变更过境线路的过境转基因产品，应当按照规定重新办理过境手续。

（五）入境旧机电产品

1. 申报范围

所谓旧机电产品，是指具有下列情形之一的机电产品：已经使用（不含使用前测试、调试的设备），仍具备基本功能和一定使用价值的；未经使用，但超过质量保证期（非保修期）的；未经使用，但存放时间过长，部件产生明显有形损耗的；新旧部件混装的；经过翻新的，如旧压力容器类、旧工程机械类、旧电器类、旧车船类、旧印刷机械类、旧食品机械类、旧农业机械类等。

进口旧机电产品，进口单位需向海关总署或其授权的检验机构申请办理入境检验。

2. 申报要求

进口旧机电产品应当符合法律法规对安全、卫生、健康、环境保护、防止欺诈、节约能源等方面的规定，以及国家技术规范的强制性要求。

进口旧机电产品应当实施口岸查验、目的地检验以及监督管理。价值较高、涉及人身财产安全、健康、环境保护项目的高风险进口旧机电产品，还需实施装运前检验。需实施装运前检验的进口旧机电产品清单由海关总署制定并在海关总署网站上公布。进口旧机电产品的装运前检验结果与口岸查验、目的地检验结果不一致的，以口岸查验、目的地检验结果为准。

收货人或其代理人应当凭合同、发票、装箱单、提单等资料向海关办理申报手续。需实施装运前检验的，申报前还应当取得装运前检验证书。

（六）入境汽车

1. 申报范围

列入《法检目录》的进口机动车辆，以及虽未列入但国家有关法律法规明确由海关负责检验的入境机动车辆。

2. 申报要求

进口汽车运抵入境口岸后，收货人或其代理人应持有关单证向口岸海关办理申报手续，申报时应提供合同、发票、提（运）单、装箱单（列明车架号）等单证及有关技术资料。进口汽车入境口岸海关负责进口汽车入境检验工作，经登记的进口汽车，在质量保证期内发现质量问题，用户应向所在地海关申请检验出证。

进口汽车入境口岸海关对进口汽车的检验包括：一般项目检验、安全性能检验和品质检验。

（1）一般项目检验。在进口汽车入境时逐台核查安全标志，并进行规格、型号、数量、外观质量、随车工具、技术文件和零备件等项目的检验。

（2）安全性能检验。按国家有关汽车的安全环保等法律法规、强制性标准和《进出口汽车安全检验规程》（SN/T0792—1999）实施检验。

（3）品质检验。品质检验及其标准、方法等应在合同或合同附件中明确规定，进口合同中无规定或规定不明确的，按《进出口汽车品质检验规程》（SN/T0791—1999）检验。

对大批量进口汽车，外贸经营单位和收用货主管单位应在对外贸易合同中约定在出口国装运前进行预检验、监造或监装，海关可根据需要派出检验人员参加或者组织实施在出口国的检验。

进口汽车的销售单位凭海关签发的进口机动车辆随车检验单等有关单证办理进口汽车国内销售备案手续。

用户在国内购买进口汽车时必须取得海关签发的进口机动车辆随车检验单和购车发票。在办理正式牌证前，到所在地海关登检、换发进口机动车辆检验证明，作为到车辆管理机关办理正式牌证的依据。

（七）入境化妆品

1. 申报范围

化妆品是指涂、擦、散布于人体表面任何部位（如表皮、毛发、指趾甲、口唇等）或口腔黏膜、牙齿，以达到清洁、消除不良气味、护肤、美容和修饰目的的产品。

2. 申报要求

进口化妆品的收货人或者其代理人应当按照海关总署的相关规定申报，同时提供收货人备案号。首次进口的化妆品应当符合下列要求：

（1）国家实施卫生许可的化妆品，应当取得国家相关主管部门批准的进口化妆品卫生许可批件，海关对进口化妆品卫生许可批件电子数据进行系统自动比对验核。

（2）国家实施备案的化妆品，应当凭备案凭证办理申报手续。

（3）国家没有实施卫生许可或者备案的化妆品，应当提供具有相关资质的机构出具的可能存在安全性风险物质的有关安全性评估资料，在生产国家（地区）允许生产、销售的证明文件或者原产地证明。

（4）销售包装化妆品成品除前3项外，还应当提交中文标签样张和外文标签及翻译件。

（5）非销售包装的化妆品成品还应当提供产品的名称、数（重）量、规格、产地、生产批号和限期使用日期（生产日期和保质期），加施包装的目的地名称、工厂名称、地址、联系方式等信息。

（八）入境玩具

1. 申报范围

列入《法检目录》及法律、行政法规规定必须经海关检验的进口玩具。海关对《法检目录》外的入境玩具按照海关总署的规定实施抽查检验。

2. 申报要求

进口玩具的收货人或者其代理人应在入境前或入境时向报关地海关申报。除按照申报的一般要求录入数据外，还需提供电子版外贸合同、发票、装箱单、提（运）单等有关单证。列入《强制性产品认证目录》的进口玩具还应当取得强制性产品认证证书。海关对强制性产品认证证书电子数据进行系统自动比对验核。

（九）入境涂料

1. 申报范围

《商品名称及编码协调制度》中税目32.08、32.09项下的商品。

2. 申报要求

国家对进口涂料实行登记备案和专项检测制度。进口涂料的生产商、进口商和进口代理商根据需要，可以向进口涂料备案机构申请进口涂料备案。备案申请应在涂料入境至少2个月前向备案机构提出。

海关总署指定的进口涂料备案机构和涂料专项检测实验室，分别负责进口涂料的备案和专项检测。备案机构和专项检测实验室须具备检测能力和相应的资格。

3. 申报时应提供的单证

货主或其代理人应当在涂料入境前，向入境口岸海关办理申报手续。申报时除提供合同、发票、提单、装箱单等资料外，已经备案的涂料应同时提交进口涂料备案书或其复印件。

（十）入境危险化学品

1. 申报范围

根据《危险化学品安全管理条例》和《关于进出口危险化学品及其包装检验监管有关问题的公告》（海关总署公告2020年第129号）的要求，海关对列入国家《危险化学品目录》的出入境危险化学品实施检验监管。

2. 申报要求

入境危险化学品的收货人或者其代理人应按照《出入境检验检疫报检规定》向报

关地海关申报，申报时按照《危险化学品目录》中的名称申报。

3. 申报时应提供的单证

（1）进口危险化学品经营企业符合性声明；

（2）对需要添加抑制剂或稳定剂的产品，应提供实际添加抑制剂或稳定剂的名称、数量等情况说明；

（3）中文危险公示标签（散装产品除外）、中文安全数据单的样本。

（十一）入境展览物品

1. 申报范围

参加国际展览的入境展览物品及其包装材料、运输工具等。

2. 申报要求及其他检验检疫规定

展览物品入境前或入境时，货主或其代理人应持有关单证向报关地海关申报。申报时，应如实申报并提供外贸合同（或参展函电）、发票、提单等有关单证的电子信息。

需进行检疫审批的动植物及其产品，应办理相应的检疫审批手续。入境展览物为旧机电产品的，应按旧机电产品备案手续办理相关证明。属于ATA单证册项下的展览品，申报时可以持ATA单证册作为证明文件。

入境展品不必进行品质检验，免于3C认证。

五、其他检验检疫对象申报要求

（一）进出境集装箱

进出境集装箱是指国际标准化组织所规定的集装箱，包括出境、进境和过境集装箱。集装箱根据是否装载货物又分为重箱和空箱。根据《商检法》《动植物检疫法》《卫生检疫法》等有关法律法规的规定，海关依法对进出境集装箱实施检验检疫。

1. 申报范围

（1）进境集装箱申报范围：所有进境集装箱均应实施卫生检疫。来自动植物疫区的，装载动植物、动植物产品和其他检验检疫物的，以及箱内带有植物性包装物或铺垫材料的集装箱，应实施动植物检疫。法律、行政法规、国际条约规定或者贸易合同约定的其他应当实施检验检疫的集装箱，按照有关规定、约定实施检验检疫。

（2）出境集装箱申报范围：所有出境集装箱均应实施卫生检疫。装载动植物、动植物产品和其他检验检疫物的集装箱，应实施动植物检疫。装运出口易腐烂变质食品、冷冻品的集装箱，应实施清洁、卫生、冷藏、密固等适载检验。输入国家（地区）要求实施检验检疫的集装箱，按要求实施检验检疫。法律、行政法规、国际条约规定或贸易合同约定的其他应当检验检疫的集装箱，按照有关规定、约定实施检验检疫。

（3）过境集装箱申报范围：过境应检集装箱由进境口岸海关实施查验，离境口岸海关不再检验检疫。

2. 申报要求

（1）进境集装箱的申报要求

进境集装箱承运人、货主或其代理人应当向进境口岸海关申报，未经海关许可，不得提运或拆箱。

进境集装箱申报时，应提供集装箱的数量、规格、号码、到达或离开口岸的时间、装箱地点和目的地，货物的种类、数量和包装材料等单证或情况的电子信息。

（2）出境集装箱的申报要求

出境集装箱申报人应该在装货前向所在地海关申报。未经海关许可，不准装运。

（二）出入境交通运输工具

出入境交通运输工具是指出入境船舶、飞机、车辆（包括火车、汽车及其他车辆）等交通运输工具。根据《卫生检疫法》及其实施细则、《动植物检疫法》及其实施条例的规定，海关依法对出入境交通运输工具实施检验检疫。

1. 申报范围

根据《卫生检疫法》及其实施细则、《动植物检疫法》及其实施条例的规定，所有出入境交通运输工具，包括船舶、飞机、火车和车辆等，都应当向海关申报，并实施卫生检疫；来自动植物疫区的入境交通运输工具，装载入境或过境动物的运输工具，包括船舶（含供拆船用的废旧船舶）、飞机、火车和车辆等，都须实施动植物检疫。

来自动植物疫区的交通运输工具，是指本航次或本车次的始发地或途经地是动植物疫区的交通运输工具。

2. 申报要求

（1）出入境船舶的申报要求

海关根据《国际航行船舶出入境检验检疫管理办法》，对出入境船舶实施检验检疫。

①入境船舶的申报要求

入境船舶申报时，船方或其代理人应当在船舶预计抵达口岸 24 小时前（航程不足 24 小时的，在驶离上一口岸时）向入境口岸海关申报，填报有关入境检疫申请书，并将船舶在航行中发现检疫传染病、疑似检疫传染病，或者有人非因意外伤害而死亡且死因不明的情况，立即向入境口岸海关报告。

办理入境检验检疫手续时，船方或者其代理人应当向海关提交航海健康申报书、总申报单、货物申报单、船员名单、旅客名单、船用物品申报单、压舱水报告单及载货清单，并应检验检疫人员的要求提交除鼠/免予除鼠证书、交通工具卫生证书、预防接种证书、健康证书，以及航海日志等有关资料。

申报后船舶动态或申报内容有变化的，船方或其代理人应当及时向海关更正。

根据《卫生检疫法》及其实施细则的规定，接受入境检疫的船舶，必须按照规定悬挂检疫信号等候查验，在海关发给入境检疫证前，不得降下检疫信号。白天入境时，在船舶的明显处悬挂国际通语。检疫信号旗说明如下：“Q”字旗表示本船没有染疫，请发放入境检疫证；“QQ”字旗表示本船有染疫或有染疫嫌疑，请即刻实施检疫。夜间入境时，在船舶的明显处垂直悬挂下列灯号：红灯 3 盏表示本船没有染疫，请发放入境检疫证；红、红、白、红灯 4 盏表示本船有染疫或染疫嫌疑，请即刻实施检疫。

入境船舶抵港前或在港期间，船上发现疑似传染病人、啮齿动物反常死亡或其他有碍公共卫生的情况，船方或其代理人应当以最快的方式向当地口岸海关报告。

②出境船舶的申报要求

出境的船舶在离境口岸接受检验检疫，办理出境检验检疫手续。出境船舶的船方或者其代理人应当在船舶离境前 4 小时内向海关申报，办理出境检验检疫手续，同时提供航海健康申报书、总申报单、货物申报单、船员名单、旅客名单及载货清单等有关资料（入境时已提交且无变动的可免予提供）。

已办理手续但出现人员、货物变化或者因其他特殊情况 24 小时内不能离境的，须重新办理手续。

船舶在口岸停留时间不足 24 小时的，经海关同意，船方或者其代理人在办理入境手续时，可以同时办理出境手续。

（2）出入境航空器的申报要求

①入境飞机的申报要求

来自非检疫传染病疫区并且在飞行中未发现检疫传染病、疑似检疫传染病，或者有人非因意外伤害而死亡并死因不明的飞机，经海关同意，可通过地面航空站，以电讯方式向海关进行申报，申报内容包括飞机的国籍、航班号、机型、机号、识别标志、预定到达时间、出发站、经停站、机组及旅客人数，以及飞机上是否载有病人或在飞行途中是否发现病人或死亡人员，若有应提供病名或者主要症状、患病人数、死亡人数等信息。飞机到达后，向海关提交总申报单、旅客名单及货物舱单。

来自检疫传染病疫区的飞机，在飞行中发现检疫传染病、疑似检疫传染病，或者有人非因意外伤害而死亡并死因不明时，机长应当立即通知到达机场的航空站向海关申报，并在最先到达的国境口岸指定地点接受检疫。申报内容包括飞机的国籍、航班号、机型、机号、识别标志、预定到达时间、出发站、经停站、机组及旅客人数，以及飞机上是否载有病人或在飞行途中是否发现病人或死亡人员，若有应提供病名或者主要症状、患病人数、死亡人数等信息。

②出境飞机的申报要求

实施卫生检疫机场的航空站，应当在接受出境检疫的飞机起飞前向海关提交飞机总申报单、货物舱单和其他有关检疫证件，并向海关通知飞机的国籍、航班号、机型、机号、识别标志、预定起飞时间、经停站、目的站、机组及旅客人数。

（3）出入境列车及其他车辆的申报要求

①出入境列车的申报要求

出入境列车在到达或者出站前，车站有关人员应向海关提前预报列车预定到达时间或预定发车时间、始发站或终点站、车次、列车编组情况、行车路线、停靠站台、旅客人数、司乘人员人数、车上有无疾病发生等信息。

②出入境汽车及其他车辆的申报要求

边境口岸出入境车辆指汽车、摩托车、手推车、自行车、牲畜车等。

固定时间客运汽车在出入境前由有关部门提前通报预计到达时间、旅客人数等信息；装载货物的，应按规定提前向海关申报货物种类、数量及重量、到达地等信息。

（三）出入境快件

出入境快件是指依法经营出入境快件的企业（以下简称快件运营人）在特定时间内以快速的商业运输方式承运的出入境货物和物品。

根据《商检法》及其实施条例、《动植物检疫法》及其实施条例、《卫生检疫法》及其实施细则、《食品安全法》及其实施条例、《出入境快件检验检疫管理办法》等有关法律、法规和部门规章规定，海关依法对出入境快件实施检验检疫。

1. 申报范围

应当实施检验检疫的出入境快件包括：根据《动植物检疫法》及其实施条例、《卫生检疫法》及其实施细则，以及有关国际条约、双边协议规定，应当实施动植物检疫和卫生检疫的；列入海关实施检验检疫的进出境商品目录的；属于实施进口安全质量许可制度、出口质量许可制度及卫生注册登记制度管理的；其他有关法律、法规规定应当实施检验检疫的。

2. 申报要求

（1）申报时间与地点

入境快件到达海关监管区时，快件运营人应及时向所在地海关办理申报手续。

出境快件在其运输工具离境 4 小时前，快件运营人应向离境口岸海关办理申报手续。

快件运营人可以通过电子数据交换（EDI）的方式申请办理检验检疫，海关对符合条件的，予以受理。

（2）申报时应提供的单证

快件运营人在申请办理出入境快件检验检疫时，应提供申报单、总运单、每一快件的分运单、发票等有关单证，并应当符合下列要求：输入动物、动物产品、植物种子、种苗及其他繁殖材料的，应当取得相应的检疫审批许可证和检疫证明；因科研等特殊需要，输入禁止进境物的，应当取得海关总署签发的特许审批证明；属于微生物、人体组织、生物制品、血液及其制品等特殊物品的，应当取得相关审批文件；属于实施进口安全质量许可制度、出口质量许可制度及卫生注册登记制度管理的，应提供有关证明。

（四）出入境邮寄物

1. 申报范围

邮寄物检验检疫是指对通过国际邮政渠道（包括邮政部门、国际邮件快递公司和其他经营国际邮件的单位）出入境的动植物、动植物产品和其他检疫物实施的检验检疫。

邮寄物检验检疫的范围包括通过邮政寄递的下列物品：进境的动植物、动植物产品及其他检疫物；进出境的微生物、人体组织、生物制品、血液及其制品等特殊物品；来自疫区的、被检疫传染病污染的或者可能成为检疫传染病传播媒介的邮包；进境邮寄物所使用或携带的植物性包装物、铺垫材料；含属于许可证制度管理或须加贴检验检疫标志方可入境的物品；其他法律法规、国际条约规定需要实施检疫的进出境邮寄物；可能引起生物恐怖的可疑进出境邮寄物。

2. 出境检疫申报

出境邮寄物有下列情况之一的，寄件人须向所在地海关申报，由海关按照有关国家（地区）的检验检疫要求实施现场检疫和实验室检疫：

（1）寄往与我国签订双边植物检疫协定等的国家（地区），或输入国家（地区）有检疫要求的；

（2）出境邮寄物中含有微生物、人体组织、生物制品、血液及其制品等特殊物品的；

（3）寄件人有检疫需要的。

3. 入境检疫申报

邮寄物入境后，邮政部门应及时通知海关实施现场检疫，并向海关提供入境邮寄物清单。

由国际邮件互换局直分到邮局营业厅的邮寄物，由邮局通知收件人在规定期限内到海关办理检疫手续。对须检疫审批的物品，收件人应向海关提供检疫审批的有关单证。

快递邮寄物由快递公司、收件人或其代理人在规定期限内到海关办理检疫手续。

（五）出入境特殊物品

1. 申报范围

出入境特殊物品指微生物、人体组织、生物制品、血液及其制品等。

微生物是指病毒、细菌、真菌、放线菌、立克次氏体、螺旋体、衣原体、支原体等医学微生物菌（毒）种及样本，以及寄生虫、环保微生物菌剂。

人体组织是指人体细胞、细胞系、胚胎、器官、组织、骨髓、分泌物、排泄物等。

人类遗传资源是指含有人体基因组，基因及其产物的器官、组织、细胞、血液、制备物、重组脱氧核糖核酸（DNA）构建体等遗传材料及相关的信息资料。

生物制品是指用于人类医学、生命科学相关领域的疫苗、抗毒素、诊断用试剂、细胞因子、酶及其制剂，以及毒素、抗原、变态反应原、抗体、抗原–抗体复合物、核酸、免疫调节剂、微生态制剂等生物活性制剂。

血液是指人类的全血、血浆成分和特殊血液成分。

血液制品是指各种人类血浆蛋白制品。

出入境特殊物品单位是指从事特殊物品生产、使用、销售、科研、医疗、检验、医药研发外包的法人或者其他组织。

2. 申报要求

入境特殊物品到达口岸后，货主或者其代理人应当凭特殊物品审批单及其他材料向入境口岸海关申报。

出境特殊物品的货主或者其代理人应当在物品出境前凭特殊物品审批单及其他材料向其所在地海关申报。

申报材料不齐全或者不符合法定形式的，海关不予入境或者出境。

第二节　检验检疫申报程序

按照海关总署的统一部署，全国海关于 2018 年 8 月 1 日起正式实施进出口货物整合申报，报关单、报检单合并为一张报关单。此次整合申报是关检业务融合标志性的改革举措，改变了企业原有报关流程和作业模式，实现了“一张大表”的货物申报。申报人可通过“单一窗口”（见图 7-2）、“互联网+海关”一体化网上办事平台预录入系统进行申报。

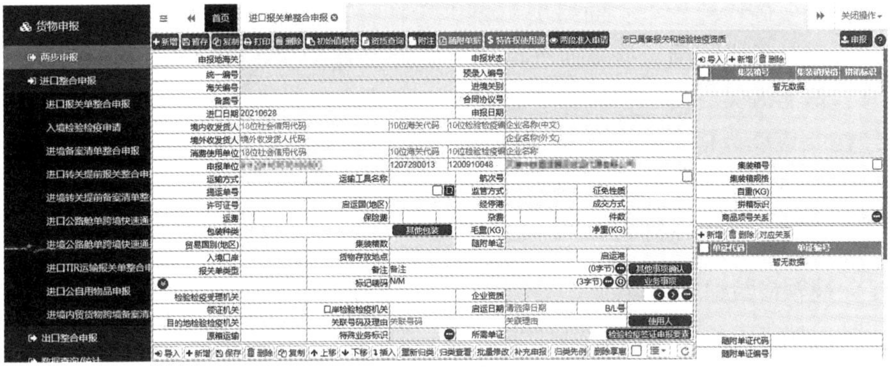

图 7-2　“单一窗口”货物申报界面

一、基本环节

出入境检验检疫申报程序一般包括准备申报单证、电子数据录入、上传无纸化单据、联系配合现场查验、签领检验检疫单证等环节。

（一）准备申报单证

申报人了解出入境货物的基本情况后，应按照货物的性质，根据海关有关规定和要求，准备好申报单证，并确认提供的数据和各种单证正确、齐全、真实、有效。需办理检疫审批、强制性认证、卫生注册等有关批准文件的，还应在申报前办妥相关手续。

（二）电子数据录入

（1）申报人通过“单一窗口”或“互联网+海关”一体化网上办事平台预录入系统进行申报。

（2）须在规定的申报时限内将出入境货物的有关数据发送至海关。

（3）对于合同或信用证中涉及检验检疫特殊条款和特殊要求的，应在电子申报中同时提出。

（4）对经审核不符合要求的电子数据，申报人可按照海关的有关要求修改后再次申报。

（5）需要对已发送的电子数据进行更改或撤销时，申报人应发送更改或撤销申请。

（三）上传无纸化单据

申报人通过“单一窗口”或“互联网+海关”一体化网上办事平台预录入系统进行申报时，应通过无纸化上传系统上传随附单据电子版，无须在申报时提交纸质单证。在海关监管过程中按照风险布控、签注作业等要求需要验核纸质单证的，申报人应当补充提交相关纸质单证。

（四）联系配合现场查验

申报人应根据海关风险布控指令要求对需要现场查验的货物，主动联系配合海关对出入境货物实施检验检疫；向海关提供进行抽样、检验、检疫和鉴定等必要的工作条件，配合海关为实施检验检疫而进行的现场验（查）货、抽（采）样及检验检疫处理等事宜；落实海关提出的检验检疫监管措施和其他有关要求。

对经检验检疫合格放行的出境货物加强批次管理，不错发、错运、漏发。法定检验检疫的出口货物未经检验检疫或者经检验检疫不合格的，不准出口。未经检验检疫合格或未经海关许可的入境法检货物，不准销售、使用或拆卸、运递。

（五）签领检验检疫单证

对出入境货物检验检疫完毕后，海关根据评定结果签发相应的单证，申报人在领取海关出具的有关检验检疫单证时应如实签署姓名和领证时间。各类单证应按其特定的范围使用。

小贴士

出入境检验检疫单证

1. 出入境检验检疫单证的种类

出入境检验检疫单证泛指海关总署公开发布的、具有固定格式和填制要求的各种单证，包括证书类、凭单类、监督管理证明类和专用单证类等。

(1) 证书类所证明的内容较为详尽、专业，主要作为第三方公证证明供国内外有关方面了解受检对象的质量状况、对受检对象采取的相关处理措施和举证、采信的依据。例如，海关对经检验不合格的进口货物签发品质检验证书，作为贸易相关方理赔的依据。

(2) 凭单类所证明的内容较为简略、概括，主要包括出入境关系人为受检对象申请有关检验检疫事项而向海关提交的法律文件、供出入境海关内部使用或用于中国境内（不含港澳台地区）其他有关方面了解受检对象的质量状况、对受检对象采取的相应处理措施和举证、采信的凭据等。个别单证也可供出入境关系人在国外使用，例如，某些国家（地区）要求提供的国际旅行人员健康检查记录等。

(3) 监督管理证明类是海关实施某种行政许可或行政授权的凭证。

(4) 专用单证类目前主要有海峡两岸直航专用单证等。

2. 出入境检验检疫单证的用途

出入境检验检疫单证是出入境货物通关的重要凭证，是海关征收和减免、退税的有效凭证，是履行交接、结算及进口国准入的有效证件，是议付货款的有效证件，是明确责任的有效证件，是办理索赔、仲裁及诉讼的有效证件。

3. 出入境检验检疫单证的管理和有效期

出入境检验检疫单证的签发应符合国家有关法律法规和有关规定，以及国际惯例的有关要求。申报人在申请签发检验检疫单证时应了解海关签证的有关规定。

（1）关于单证正副本

检验检疫证书一般由一正三副组成，其中正本对外签发，可同时向申报人提供2份副本、海关留存1份副本。目前海关签发的单证则有一正一副、一正两副和一正三副等多种情况。证书一般只签发1份正本。申报人要求2份或2份以上正本的，须经综合部门负责人审批同意，并在证书备注栏内声明“本证书是×××号证书正本的重本”。

（2）关于签证时限

综合部门签发单证，出境应在收到证稿后2个工作日内完成，入境应在收到证稿后3个工作日内完成，特殊情况除外。

（3）关于单证文字和文本

检验检疫单证必须严格按照海关总署制定或批准的格式，分别使用英文、中文、中英文合璧签发。进口国（地区）政府要求单证文字使用本国官方语言的，或有特定内容要求的，应视情况予以办理。使用中英文合璧签发单证的，两种文字视为具有同等法律效力。

（4）检验检疫单证的有效期

检验检疫单证一般应以检讫日期作为签发日期。

检验检疫单证的有效期不得超过检验检疫有效期。检验检疫有效期由施检部门根据国家有关规定，结合对货物的检验检疫监管情况确定。

出境货物的出运期限及检验检疫单证的有效期为：一般货物60天；植物和植物产品21天，北方冬季可适当延长至35天；鲜活类货物14天。

用于电讯卫生检疫的交通工具卫生证书的有效期为：用于船舶的为12个月，用于飞机、列车的为6个月。

船舶免予卫生控制措施证书/船舶卫生控制措施证书的有效期为6个月。

国际旅行健康检查证明书的有效期为12个月；疫苗接种或预防措施国际证书的有效期根据疫苗的有效保护期确定。

海关总署对检验检疫单证有效期另有规定的从其规定。例如，供港澳活猪的动物卫生证书有效期为14天。

4. 检验检疫单证的更改、补充和重发

任何单位或个人不得擅自更改检验检疫单证内容，伪造或变造检验检疫单证均属于违法行为。检验检疫单证签发后，申报人提出更改或补充内容的，应填写更改申请单，向原签发单证的海关提出申请，经海关综合部门审核批准后予以办理。更改、补充涉及检验检疫内容的，还需由施检部门核准。超过检验检疫单证有效期的，不予更改、补充或重发。

二、更改、撤销及重新申报

（一）更改

有以下 2 种情形的，经海关审核批准后进行更改：

（1）已申报检验检疫的出入境货物，海关尚未实施检验检疫或虽已实施检验检疫但尚未出具单证的，由于某种原因，申报人需要更改申报信息的，可以向受理申报的海关申请，经海关审核批准后按规定进行更改。

（2）检验检疫单证发出后，申报人提出更改或补充内容的，应填写更改申请单，经海关有关部门审核批准后，予以办理。

以下 2 种情形不予更改：

（1）品名、数（重）量、包装、发货人、收货人等重要项目更改后与合同、信用证不符的、或者更改后与输入国家（地区）法律法规的规定不符的，均不能更改。

（2）超过检验检疫单证有效期的，不予更改、补充或重发。

办理更改应提供以下单据：

（1）填写更改申请单，说明更改的事项和理由；

（2）提供有关函电等证明文件，交原签发检验检疫单证机构；

（3）变更合同或信用证的，须提供新的合同或信用证；

（4）更改检验检疫单证的，应交还原单证（含正副本）。确有特殊情况不能交还的，申报人应书面说明理由，经法定代表人签字、加盖公章，在指定的报纸上声明作废，并经海关审批后，方可重新签发。

（二）撤销

申报人申请撤销检验检疫申报时，应书面说明原因，经批准后方可办理撤销手续。申报后 30 天内未联系检验检疫事宜的，海关做自动撤销处理。

（三）重新申报

有下列情况之一的，应重新申报：

（1）超过检验检疫有效期限的；

（2）变更输入国家（地区），并有不同检验检疫要求的；

（3）改换包装或重新拼装的；

（4）已撤销检验检疫申报的。

三、检验检疫复验管理

申报人对海关作出的检验结果有异议的，可以向作出检验结果的主管海关或其上一级海关申请复验，也可以向海关总署申请复验。受理复验的海关或海关总署负责组织实施复验，申报人应予以配合。

申报人对同一检验结果只能向同一海关申请一次复验。

申报人对受理复验的海关或海关总署作出的复验结论不服的，可以依法申请行政复议，也可以向人民法院提起行政诉讼。

下篇　报关单填制基础与实务

XIA PIAN BAOGUANDAN TIANZHI JICHU YU SHIWU

第八章 报关单概述

DI-BA ZHANG BAOGUANDAN GAISHU

◇ 知识目标

了解报关单的含义。
了解报关单的类别。
了解报关单的法律效力。
了解“单一窗口”的功能。

◇ 能力目标

能够掌握报关单的用途。
能够掌握海关对进出口货物报关单填制的一般要求。

第一节　报关单概述

一、报关单的含义

进出口货物报关单是指进出口货物的收发货人或其代理人，按照海关规定的格式对进出口货物的实际情况作出的书面申请，以此要求海关对其货物按适用的海关制度办理报关手续的法律文书。

二、报关单的类别

按货物的进出口流向、载体表现形式的不同，进出口货物报关单可进行如下分类。

（一）按进出口流向分类

（1）进口货物报关单（或进境货物备案清单）；
（2）出口货物报关单（或出境货物备案清单）。

（二）按载体表现形式分类

（1）纸质报关单；
（2）电子数据报关单。

三、报关单的用途

目前，进出口货物报关单通过“单一窗口”向海关申报，实现了进出口货物报关单在各行政部门间的数据联网核查。进出口货物收发货人或代理报关企业使用“单一窗口”在网上直接向海关、商务、外汇、市场监管、税务、银行等部门申办各种进出口手续。因此，进出口货物报关单具有“海关作业、加工贸易核销、进口货物付汇、出口货物收汇、出口退税、海关留存、企业留存”的用途，进出口货物收发货人可凭电子数据进行相关作业。纸质报关单证明联在流通中已经减少，可以在需要时向海关申请。

（一）海关作业

进出口货物报关单是进出口货物收发货人或代理报关企业配合海关查验、缴纳税费、提取或装运货物的重要单据，也是海关查验货物、征收税费、编制海关统计及处理其他海关事务的重要凭证。

（二）加工贸易核销

海关接受使用加工贸易电子化手册或账册申报的进出口货物报关单，该报关单是海关办理加工贸易合同核销（结案）手续的重要凭证。

（三）进口货物付汇

进口货物报关单是银行和国家外汇管理部门办理收汇、付汇的重要依据之一。对需要办理进口付汇、核销的货物，进口货物收货人在海关放行货物后，凭进口货物报关单向银行、国家外汇管理部门办理付汇、核销手续。

（四）出口货物收汇

出口货物报关单是银行和国家外汇管理部门办理收汇、结汇的重要依据之一。对需要办理出口收汇、核销的货物，出口货物发货人在出口货物结关后，凭出口货物报关单向银行、国家外汇管理部门办理收汇、核销手续。

（五）出口货物退税

出口货物报关单是国家税务部门办理出口货物退税手续的重要依据之一。对于办理出口退税的货物，出口货物发货人应当在载运货物的运输工具实际离境、海关办理出口货物报关单结关手续后，凭出口货物报关单向国家税务管理部门申请出口货物退税手续。

（六）海关留存、企业留存

为海关及相关单位各自存查使用。

第二节 报关单的法律效力及相关规定

一、报关单的法律效力

《海关法》规定："进口货物的收货人、出口货物的发货人应当向海关如实申报，交验进出口许可证件和有关单证。"

进出口货物报关单及其他进出境报关单证在对外经济贸易活动中具有十分重要的法律效力，是货物的收发货人向海关报告其进出口货物实际情况及适用海关业务制度、申请海关审查并放行货物的必备法律文书。它既是海关对进出口货物进行监管、征税、统计及开展稽查、调查的重要依据，又是出口退税和外汇管理的重要凭证，也是海关处理进出口货物走私、违规案件及税务、外汇管理部门查处骗税、逃套汇犯罪活动的重要书证。因此，申报人对所填报的进出口货物报关单的真实性和准确性应承担法律责任。

同时，《海关法》规定："办理进出口货物的海关申报手续，应当采用纸质报关单和电子数据报关单的形式。"这从法律上确定了纸质报关单和电子数据报关单都是办理进出口货物海关申报手续的法定形式，这两种报关单具有相同的法律效力。

二、海关对报关单填制的一般要求

（一）按照相应制度申报并承担相应法律责任

进出口货物收发货人或代理报关企业应按照《中华人民共和国海关进出口货物申报管理规定》《进出口货物申报项目录入指南》《统计商品目录》《规范申报目录》等有关规定要求向海关申报，并对申报内容的真实性、准确性、完整性和规范性承担相应的法律责任。

（二）三个相符

（1）单证相符，即报关单各栏目所填报的内容必须与合同、发票、装箱单、提单及批文等随附单证相符。

（2）单货相符，即报关单各栏目所填报的内容必须与实际进出口货物的情况相符，不得伪报、瞒报、虚报。

（3）与舱单相符，即所填报报关单的境内收发货人、运输工具、提单号、件数、毛重等必须与舱单数据相符。

（三）分单填报

不同运输工具、不同航次、不同提运单、不同监管方式、不同备案号、不同征免性质的货物，应填制不同的进出口货物报关单，即分单填报。

一份原产地证书，只能用于同一批次进口货物。含有原产地证书管理商品的一份报关单，只能对应一份原产地证书。同一批次货物中，实行原产地证书联网监管的，如涉及多份原产地证书或含非原产地证书商品，亦应分单填报。同一份报关单上的商品不能同时享受协定税率和减免税，应分单填报。

（四）分商品填报

一份报关单所申报的货物，如商品编码、商品名称、计量单位、原产国（地区）/最终目的国（地区）、币制、征免不同，须分单填报。

第三节　“单一窗口”

一、“单一窗口”的建设目标

“单一窗口”的建设目标是实现申报人通过电子口岸平台一点接入、一次性提交满足口岸管理和国际贸易相关部门要求的标准化单证和电子信息，相关部门通过电子口岸平台共享数据信息、实施职能管理，处理状态（结果）统一通过“单一窗口”反馈给申报人。通过持续优化整合使“单一窗口”功能范围覆盖到国际贸易链条各主要环节，逐步成为企业面对口岸管理相关部门的主要接入服务平台。通过“单一窗口”提高国际贸易供应链各参与方系统间的互操作性，优化通关业务流程，提高申报效率，缩短通关时间，降低企业成本，促进贸易便利化。

为了减少企业分别向海关等多个部门、不同系统登录注册的环节，“单一窗口”标准版建立了统一的用户管理功能，用户在“单一窗口”标准版中进行一次注册、单点登录，即可统一、集中地管理用户信息，办理各项业务。

二、“单一窗口”的用户类型

“单一窗口”的用户类型包括：企事业单位用户（以下简称企业用户）、个人用户、部委用户、境外用户等。

（1）企业用户：属于某一家企业，执行该企业的业务操作。企业用户分为企业管理员和企业操作员两类。一个企业只能有一个管理员，但可以有多个操作员。在一个企业内部，操作员的证件类型和证件号码不可重复。其职责功能划分如下：

①管理员：代表法人，行使管理企业公共信息、企业操作员账号及权限等功能，具有该企业的最高权限。

②操作员：受企业管理员管理和委派，执行企业日常业务操作。

（2）个人用户：代表个体自身，执行被授权的业务操作。

（3）部委用户：代表各部委在“单一窗口”执行被授权的业务操作。

（4）境外用户：代表关境之外的组织在“单一窗口”执行被授权的业务操作。

第九章　报关单填制

DI-JIU ZHANG　BAOGUANDAN TIANZHI

◇ 知识目标

了解“单一窗口”系统中报关单各栏目的填报内容。

◇ 能力目标

能够掌握《报关单填制规范》及“单一窗口”系统中报关单各栏目的录入要求。

第一节　报关单填制

本节重点阐述报关单证操作人员进行报关单填制作业时，各栏目的填报规范及填制操作。

一、预录入编号

预录入编号指预录入报关单的编号，一份报关单对应一个预录入编号，由系统自动生成。

报关单预录入编号为18位，其中第1~4位为接受申报海关的代码（海关规定的关区代码表中相应海关代码），第5~8位为录入时的公历年份，第9位为进出口标志（“1”为进口，“0”为出口；集中申报清单“I”为进口，“E”为出口），后9位为顺序编号。

二、海关编号

海关编号是指海关接受申报时由系统自动生成的报关单的编号，一份报关单对应一个海关编号。

报关单海关编号为18位，其中第1~4位为接受申报海关的代码（海关规定的关区代码表中相应海关代码），第5~8位为海关接受申报的公历年份，第9位为进出口标志（“1”为进口，“0”为出口；集中申报清单“I”为进口，“E”为出口），后9位为顺序编号。

三、境内收发货人

境内收发货人指在海关注册的对外签订并执行进出口贸易合同的中国境内法人，其他组织或个人的名称及编码，编码可选填18位法人和其他组织统一社会信用代码，没有统一社会信用代码的，填报其在海关的备案编码或检验检疫10位编码。

（一）填报规范

1. 法人和其他组织统一社会信用代码

统一社会信用代码用18位的阿拉伯数字或大写英文字母表示，由登记管理部门代码（第1位）、机构类别代码（第2位）、登记管理机关行政区划码（第3~8位）、主体标识码（组织机构代码，第9~17位）和校验码（第18位）5个部分组成。

2. 海关注册编码

海关注册编码共10位，第1~4位为企业注册地行政区划代码，其中第1、2位表示省、自治区或直辖市，第3、4位表示省所直辖的市、地区、自治州、盟或其他省直辖的县级行政区划；第5位为企业注册地经济区划代码；第6位为企业经济类型代码；第7位为企业注册用海关经营类别代码，表示海关行政管理相对人的类别；第8~10位为企业注册流水账号。

3. 特殊情况的填报要求

（1）进出口货物合同的签订者和执行者非同一企业的，填报执行者。

（2）外商投资企业委托进出口企业进口投资设备、物品的，填报外商投资企业，并在“标记唛码及备注”栏注明“委托某进出口企业进口”，同时注明被委托企业的18位法人和其他组织统一社会信用代码。

（3）报关企业代理其他进出口企业办理进出口报关手续时，填报委托的进出口企业。

（4）海关特殊监管区域收发货人填报该货物的实际经营单位或海关特殊监管区域内经营企业。

（5）免税品经营单位经营出口退税国产商品的，填报免税品经营单位名称。

（二）填制操作

境内收发货人属于与货物成交相关的信息，填报时需要与委托单位进行确认。同时，报关单证操作人员可以通过以下方式辅助查询。

（1）从收发货人营业执照等证照中获取；

（2）查询官方网站。

在“单一窗口”录入系统中，境内发货人栏目分为4格：18位社会信用代码、10位海关编码、10位检验检疫编码、企业名称（中文）。

报关单证操作人员可以录入以上任一信息，“单一窗口”将自动补齐其他信息。

小贴士

社会信用代码

2015年9月17日，原国家质量监督检验检疫总局与国家标准化管理委员会发布了强制性国家标准《法人和其他组织统一社会信用代码编码规则》（GB 32100—2015），该标准于2015年10月1日正式实施。2017年年底，国家企业信用信息公示系统全面建成，该系统实时归集企业方方面面的信用信息，并以统一社会信用代码为索引记于企业名下，逐渐形成企业信用信息公示“全国一张网”。

自2018年8月1日起，进出口货物报关单中的“境内收发货人”栏填报进出口单位的名称及其统一社会信用代码，虽然规定允许没有统一社会信用代码的进出口单位，填报其在海关的备案编码，即10位海关注册编码，但实际上，目前进出口单位都有统一社会信用代码，企业海关代码在报关单中即将无立足之地。已经取得统一社会信用代码的企业，可以使用统一社会信用代码替代海关注册编码，也可以继续使用海关注册编码，向海关办理进出口货物报关单申报手续。尚未取得统一社会信用代码的企业，继续使用海关注册编码办理进出口货物报关单申报手续。

四、进出境关别

进出境关别是指货物实际进出境的口岸海关。填报海关规定的关区代码表中相应口岸海关的名称及代码。

（一）填报规范

进出境关别代码由4位数字组成，前2位为直属关区关别代码，后2位为隶属海关或海关监管场所的代码。

关区名称指直属海关、隶属海关或海关监管场所的中文名称；关区简称指关区（海关）的中文简称，一般为4个汉字。

1. 特殊情况的填报要求

（1）进口转关运输货物应填报货物进境地海关名称及代码，出口转关运输应填报货物出境地海关名称及代码。按转关运输方式监管的跨关区深加工结转货物，出口报关单填报转出地海关名称及代码，进口报关单填报转入地海关名称及代码。

（2）不同海关特殊监管区域或保税监管场所之间调拨、转让的货物，填报对方特殊监管区域或保税监管场所所在的海关名称及关区代码。

（3）无实际进出境的货物，填报接受申报的海关名称及其代码。

2. 限定口岸要求

（1）国家对汽车整车、药品等货物限定口岸进口；对稀土、甘草、锑及锑制品等货物限定口岸出口；对实行许可证管理的货物，按监管证件核准口岸限定进出口。相关商品应严格在规定的口岸办理进出口申报手续。

（2）加工贸易进出境货物，应填报主管海关备案时所限定或指定货物进出的口岸海关名称及其代码。限定或指定口岸与货物实际进出境口岸不符的，应向合同备案主管海关办理变更手续后填报。

（二）填制操作

在“单一窗口”录入系统中，报关单证操作人员可以录入关区代码或输入关区中文名称。

（1）对于实际进出境货物，报关单证操作人员根据提运单信息或舱单信息填报本栏目。例如，进口提单或运单中的“Port of Destination Xin'gang China”，根据关区代码表，填报“新港海关0202”，或使用海关总署新舱单信息查询系统，查询运输工具的进出境关区代码。

（2）无实际进出境货物，如不同海关特殊监管区域或保税监管场所之间调拨、转让的货物，填报对方特殊监管区域或保税监管场所所在的海关名称及关区代码；加工贸易深加工结转、补税等报关业务，填报接受申报的海关名称及其代码。

小贴士

我国海关的设关原则

《海关法》以法律形式明确了海关的设关原则："国家在对外开放的口岸和海关监管业务集中的地点设立海关。海关的隶属关系，不受行政区划的限制。"对外开放的口岸是指由国务院批准，允许运输工具及所载人员、货物、物品直接出入国（关）境的港口、机场、车站以及允许运输工具、人员、货物、物品出入国（关）境的边境通道。国家规定，在对外开放的口岸必须设置海关、出入境检验检疫机构。海关监管业务集中的地点是指虽非国务院批准对外开放的口岸，但是海关某类或者某几类监管业务比较集中的地方。

"海关的隶属关系，不受行政区划的限制"，表明海关管理体制与一般性的行政管理体制的区域划分无必然联系，国家根据海关监督管理需要，可以在现有的行政区划之外安排海关的上下级关系和海关的相互关系。

海关监管区

海关监管区是指设立海关的港口、车站、机场、国界孔道、国际邮件互换局（交换站）和其他有海关监管业务的场所，以及虽未设立海关，但经国务院批准的进出境地点。

海关监管的空间效力范围是进出境运输工具、货物、物品所处的空间，具体包括：进出境运输工具在境内的运行路线、停靠地点；进出境货物、物品的进出境地点、存放区域；加工贸易进口货物的加工、储存区域；保税仓库、保税工厂；经济特区、经济技术开发区、经济开放区、沿海开放城市；受海关管理的减免税进口货物的使用区域；其他海关监管的空间范围。

海关监管区是由海关全权负责管理的区域，在这个区域里，对海关而言，法律和行政法规赋予了海关很多执法权力；对管理相对人而言，进出海关监管区的运输工具、货物、物品以及相关的人员，都应当办理有关的海关手续。

《海关法》对海关监管区域的具体范围做了规定，"海关监管区，是指设立海关的港口、车站、机场、国界孔道、国际邮件互换局（交换站）和其他有海关监管业务的场所，以及虽未设立海关，但是经国务院批准的进出境地点"。

五、进出口日期

进口日期指运载进口货物的运输工具申报进境的日期。出口日期指运载出口货物的运输工具办结出境手续的日期，在申报时免予填报。

无实际进出境的货物，填报海关接受申报的日期。

（一）填报规范

本栏目为8位数字，顺序为年（4位）、月（2位）、日（2位）。例如，2021年5

月 31 日申报进口一批货物，运输工具申报进境日期为 2021 年 5 月 28 日，“进口日期”栏填报“20210528”。

进口日期以运载进口货物的运输工具申报进境日期为准。海关与运输企业实行舱单数据联网管理的，进口日期由系统自动生成。

出口日期以运载出口货物的运输工具实际离境日期为准。海关与运输企业实行舱单数据联网管理的，出口日期由系统自动生成。

集中申报的报关单，进出口日期以海关接受报关单申报的日期为准。

无实际进出境的报关单，进出口日期以海关接受申报的日期为准。

（二）填制操作

报关单证操作人员可使用海关总署新舱单信息查询系统，查询运输工具的进境或出境日期。

报关单电子数据向海关发送后，海关系统将运输工具名称、航次号、提运单号等栏目的填报内容与舱单数据进行对比，更新报关单的进口日期。

装载出口货物的运输工具离境后，海关系统将运输工具名称、航次号、提运单号等栏目的填报内容与舱单数据进行对比，更新报关单的出口日期。

六、申报日期

申报日期指海关接受进出口货物收发货人、受委托的报关企业申报数据的日期。以电子数据报关单方式申报的，申报日期为海关系统接受申报数据时记录的日期。

以纸质报关单方式申报的，申报日期为海关接受纸质报关单并对报关单进行登记处理的日期。本栏目在以纸质报关单方式申报时免予填报。

申报日期为 8 位数字，顺序为年（4 位）、月（2 位）、日（2 位）。

七、备案号

填报进出口货物收发货人、消费使用单位、生产销售单位在海关办理加工贸易合同备案或征、减、免税审核确认等手续时，海关核发的加工贸易手册、海关特殊监管区域和保税监管场所保税账册、征免税证明或其他备案审批文件的编号。

（一）填报规范

一份报关单只允许填报一个备案号；涉及多个备案号时，应分单填报。无备案审批文件的报关单，本栏目免予填报。

备案号的首位标记应与报关单中“监管方式”“征免性质”“征免”“用途”及“项号”等栏目内容相对应。

（1）报关单“监管方式”栏为表 9-1 中的监管方式时，“备案号”栏应填报与其相应的编号，不得为空。

表 9-1　监管方式代码表

代码	监管方式名称	代码	监管方式名称	代码	监管方式名称
0200	料件放弃	0214	来料加工	0245	来料料件内销
0255	来料深加工	0258	来料余料结转	0265	来料料件复出
0300	来料料件退换	0314	加工专用油	0320	不作价设备
0345	来料成品减免	0400	成品放弃	0446	加工设备内销
0456	加工设备结转	0466	加工设备退运	0500	减免设备结转
0513	补偿贸易	1200	保税间货物	0615	进料对口
0644	进料料件内销	0654	进料深加工	0657	进料余料结转
0664	进料料件复出	0700	进料料件退换	0744	进料成品减免
0815	低值辅料	0844	进料边角料内销	0845	来料边角料内销
0864	进料边角料复出	S980	来料边角料复出	2025	合资合作设备
2225	外资设备物品	4400	来料成品退换	4600	进料成品退换
5014	区内来料加工	5015	区内进料加工货物	5100	成品进出区
0420	加工贸易设备	5034	区内物流货物	1234	保税区仓储转口
6033	物流中心进出境货物				

（2）报关单“征免性质”栏为表 9-2 中的征免性质时，“备案号”栏应填报与其相应的编号，不得为空。

表 9-2　征免性质代码表

代码	征免性质简称	代码	征免性质简称	代码	征免性质简称
201	无偿援助	307	保税区	401	科教用品
406	重大项目	412	基础设施	413	残疾人
417	远洋渔业	422	集成电路	499	ITA 产品
501	加工设备	502	来料加工	503	进料加工
506	边境小额	601	中外合资	602	中外合作
603	外资企业	909	海洋石油	608	陆上石油
609	贷款项目	611	贷款中标	789	鼓励项目
801	救灾捐赠	802	扶贫慈善	898	国批减免
998	内部暂定	999	例外减免		

（3）加工贸易货物备案号的填报

①除少量低值辅料按规定不使用加工贸易手册及以后续补税监管方式办理内销征税的外，填报加工贸易手册编号。

②使用异地直接报关分册和异地深加工结转出口分册在异地口岸报关的，填报分册号；本地直接报关分册和本地深加工结转分册限制在本地报关，填报总册号。

③加工贸易成品凭征免税证明转为减免税进口货物的，进口报关单填报征免税证明编号，出口报关单填报加工贸易手册编号。

④对加工贸易设备、使用账册管理的海关特殊监管区域内减免税设备之间的结转，转入和转出企业分别填报进、出口报关单，在报关单“备案号”栏填报加工贸易手册编号。

（4）特定减免税货物备案号的填报

①涉及征、减、免税审核确认的报关单，填报征免税证明编号。

②减免税货物退运出口，填报《中华人民共和国海关进口减免税货物准予退运证明》的编号。减免税货物补税进口，填报减免税货物补税通知书的编号。减免税货物进口或结转进口（转入），填报征免税证明的编号；相应的结转出口（转出），填报《中华人民共和国海关进口减免税货物结转联系函》（以下简称《进口减免税货物结转联系函》）的编号。

③免税品经营单位经营出口退税国产商品的，免予填报。

④正在办理减免税申请，而货物已进境，经海关核准凭担保先予以放行的，报关单“备案号”栏可免予填报。同时应在“标记唛头及备注”栏的“标记唛码及备注”项中注明“后补征免税证明”。事后根据所申请的减免税实际结果，删除或更正原报关单的相关栏目。

（二）填制操作

备案号属于与海关管理相关的信息，反映了进出口货物适用的通关制度，需要报关单证操作人员与收发货人确认。同时，备案号的填报与报关单“监管方式”“征免性质”“征免”“项号”等栏目内容相对应。

（1）加工贸易进口原料或出口成品，适用保税加工货物报关程序，备案号填报进出口收发货人的电子账册编号或电子化手册编号。

（2）外商投资设备/物品，适用减免税货物报关程序，备案号填报征免税证明编号。

（3）适用于一般进出口货物报关程序的，备案号为空。

报关单证操作人员在“备案号”栏录入电子化手册、电子账册、征免税证明等编号后，录入系统将该备案号已在海关备案的数据，更新在进出口货物报关单“商品名称”“商品编码”“计量单位”等栏目中。

八、境外收发货人

境外收货人通常指签订并执行出口贸易合同中的买方或合同指定的收货人，境外发货人通常指签订并执行进口贸易合同中的卖方。

（一）填报规范

填报境外收发货人的名称及编码，名称一般填报英文名称，检验检疫要求填报其他外文名称的，在英文名称后填报，以半角括号分隔。对于AEO互认国家（地区）企业，编码填报AEO编码，填报样式为“国别（地区）代码”+“海关企业编码”，例如，新加坡AEO企业SG123456789012（新加坡国别代码+12位企业编码）；对于非互认国家（地区）AEO企业等其他情形，编码免予填报。

特殊情况下无境外收发货人的，名称及编码填报“NO”。

（二）填制操作

通过贸易合同、发票、提单等报关单证，均可获得境外收发货人的英文名称。如果境外收发货人所在国家（地区）已经与中国海关签订AEO互认协议，且境外收发货人为AEO认证企业，报关单证操作人员可以向境外收发货人沟通其“海关企业编码”，以便企业在通关中享受AEO认证企业的通关便利。

在“单一窗口”系统中，境外收发货人分为两栏录入：境外收发货人代码、企业名称（外文）。在“企业名称（外文）”栏中，录入英文全称。在“境外收发货人代码”栏中，录入“国别（地区）代码”+“海关企业编码”。如果境外收发货人不是AEO认证企业或其所在国家（地区）未与中国海关签订AEO互认协议，可以为空。

九、运输方式

运输方式包括实际运输方式和海关规定的特殊运输方式，前者指货物实际进出境的运输方式，按进出境所使用的运输工具分类；后者指货物无实际进出境的运输方式，按货物在境内的流向分类。

（一）填报规范

根据货物实际进出境的运输方式或货物在境内流向的类别，按照海关规定的运输方式代码表选择填报相应的运输方式。

1. 实际进出境货物的填报要求

（1）进境货物的运输方式，按货物运抵我国关境第一个口岸时的运输方式填报；出境货物的运输方式，按货物运离我国关境最后一个口岸时的运输方式填报。

（2）进口转关运输货物，按载运货物抵达进境地的运输工具填报；出口转关运输货物，按载运货物驶离出境地的运输工具填报。

（3）非邮件方式进出境的快递货物，按实际运输方式填报。

（4）不复运出（入）境而留在境内（外）销售的进出境展览品、留赠转卖物品等，填报“其他运输”（代码9）。

（5）进出境旅客随身携带的货物，填报“旅客携带”（代码L）。

（6）以固定设施（包括输油、输水管道和输电网等）运输货物的，填报“固定设施运输”（代码G）。

2. 非实际进出境货物在境内流转时的填报要求

（1）境内非保税区运入保税区货物和保税区退区货物，填报“非保税区”（代码0）。

（2）保税区运往境内非保税区货物，填报“保税区”（代码7）。

（3）境内存入出口监管仓库和出口监管仓库退仓货物，填报“监管仓库”（代码1）。

（4）保税仓库转内销货物或转加工贸易货物，填报“保税仓库”（代码8）。

（5）从境内保税物流中心外运入中心或从中心运往境内中心外的货物，填报“物流中心”（代码W）。

（6）从境内保税物流园区外运入园区或从园区内运往境内园区外的货物，填报“物流园区”（代码X）。

（7）保税港区、综合保税区与境内区外（非海关特殊监管区域、保税监管场所）之间进出的货物，填报“保税港区/综合保税区”（代码Y）。

（8）出口加工区、珠澳跨境工业区（珠海园区）、中哈霍尔果斯边境合作区（中方配套区）与境内区外（非海关特殊监管区域、保税监管场所）之间进出的货物，填报“出口加工区”（代码Z）。

（9）境内运入深港西部通道港方口岸区的货物以及境内进出中哈霍尔果斯边境合作中心中方区域的货物，填报“边境特殊海关作业区”（代码H）。

（10）经横琴新区和平潭综合实验区（以下简称综合试验区）二线指定申报通道运往境内区外或从境内经二线指定申报通道进入综合试验区的货物，以及综合试验区内按选择性征收关税申报的货物，填报“综合试验区”（代码T）。

（11）海关特殊监管区域内的流转、调拨货物，海关特殊监管区域、保税监管场所之间的流转货物，海关特殊监管区域与境内区外之间进出的货物，海关特殊监管区域外的加工贸易余料结转、深加工结转、内销货物，以及其他境内流转货物，填报“其他运输”（代码9）。

（二）填制操作

报关单证操作人员在“运输方式”栏录入运输方式名称或其代码（见表9–3）。

9–3　运输方式代码表

代码	中文名称	代码	中文名称	代码	中文名称
0	非保税区	6	邮件运输	W	物流中心
1	监管仓库	7	保税区	X	物流园区
2	水路运输	8	保税仓库	Y	保税港区
3	铁路运输	9	其他方式运输	Z	出口加工区
4	公路运输	H	边境特殊海关作业区	L	旅客携带
5	航空运输	T	综合实验区	G	固定设施运输

运输方式属于与运输相关的信息，实际进出境货物的运输方式由其使用的进出境运输工具决定。报关单证操作人员可以通过提运单确认。

非实际进出境货物中，进出海关特殊监管区域的货物，报关单证操作人员在确认货物流向后，根据运输方式代码表填报。加工贸易监管方式下非实际进出境货物，如进料深加工、进料余料结转、进料料件内销、进料边角料内销等货物，填报“其他方式运输”（代码9）。

十、运输工具名称及航次号

（一）填报规范

运输工具名称指载运货物进出境的运输工具的名称或编号。航次号指载运货物进出境的运输工具的航次号。运输工具名称与航次号的填报内容应与运输部门向海关申报的舱单（载货清单）所列相应内容一致。

1. 运输工具名称的填报要求

（1）直接在进出境地或采用全国海关通关一体化模式办理报关手续的报关单填报要求如下：

①水路运输：填报船舶编号（来往港澳小型船舶为监管簿编号）或者船舶的英文名称。

②公路运输：启用公路舱单前，填报该跨境运输车辆的国内行驶车牌号，深圳提前报关模式的报关单填报“国内行驶车牌号”+“/”+“提前报关”。启用公路舱单后，免予填报。

③铁路运输：填报车厢编号或交接单号。

④航空运输：填报航班号。

⑤邮件运输：填报邮政包裹单号。

⑥其他运输：填报具体运输方式名称，如管道、驮畜等。

（2）转关运输货物的报关单填报要求如下：

①进口

A. 水路运输：直转、提前报关填报“@”+“16位转关申报单预录入号”（或13位载货清单号）；中转填报进境英文船名。

B. 铁路运输：直转、提前报关填报“@”+“16位转关申报单预录入号”；中转填报车厢编号。

C. 航空运输：直转、提前报关填报“@”+“16位转关申报单预录入号”（或13位载货清单号）；中转填报“@”。

D. 公路及其他运输：填报“@”+“16位转关申报单预录入号”（或13位载货清单号）。

E. 以上各种运输方式使用广东地区载货清单转关的提前报关货物填报“@”+“13位载货清单号”。

②出口

A. 水路运输：非中转填报“@”+“16位转关申报单预录入号”（或13位载货清单号）。如多张报关单需要通过一张转关单转关的，运输工具名称字段填报“@”。

中转货物，境内水路运输填报驳船船名；境内铁路运输填报车名（“主管海关4位关区代码”+“TRAIN”）；境内公路运输填报车名（“主管海关4位关区代码”+“TRUCK”）。

B. 铁路运输：填报“@”+“16位转关申报单预录入号”（或13位载货清单号）。如多张报关单需要通过一张转关单转关的，填报“@”。

C. 航空运输：填报“@”+“16位转关申报单预录入号”（或13位载货清单号）。如多张报关单需要通过一张转关单转关的，填报“@”。

D. 其他运输方式：填报“@”+“16位转关申报单预录入号”（或13位载货清单号）。

（3）采用“集中申报”通关方式办理报关手续的，填报“集中申报”。

（4）免税品经营单位经营出口退税国产商品的，免予填报。

（5）无实际进出境的报关单，免予填报。

2. 航次号的填报要求

（1）直接在进出境地或采用全国海关通关一体化模式办理报关手续的报关单填报要求如下：

①水路运输：填报船舶的航次号。

②公路运输：启用公路舱单前，填报运输车辆的8位进出境日期［顺序为年（4位）、月（2位）、日（2位），下同］。启用公路舱单后，填报货物运输批次号。

③铁路运输：填报列车的进出境日期。

④航空运输：免予填报。

⑤邮件运输：填报运输工具的进出境日期。

⑥其他运输方式：免予填报。

（2）转关运输货物的报关单填报要求如下：

①进口

A. 水路运输：中转转关方式填报“@”+“进境干线船舶航次”。直转、提前报关免予填报。

B. 公路运输：免予填报。

C. 铁路运输：“@”+“8位进境日期”。

D. 航空运输：免予填报。

E. 其他运输方式：免予填报。

②出口

A. 水路运输：非中转货物免予填报。中转货物，境内水路运输填报驳船航次号；境内铁路、公路运输填报6位启运日期，顺序为年（2位）、月（2位）、日（2位）。

B. 铁路拼车拼箱捆绑出口：免予填报。

C. 航空运输：免予填报。

D. 其他运输方式：免予填报。

（3）免税品经营单位经营出口退税国产商品的，免予填报。

（4）无实际进出境的报关单，本栏目免予填报。

（二）填制操作

在“单一窗口”系统中，运输工具名称与航次号为2个栏目，需要分开录入，填报内容要与新舱单系统中的进出境运输工具信息一致。

运输工具名称属于与运输相关的信息，报关单证操作人员可通过以下方式获得：

（1）按照提运单上的船舶或航班信息，填报运输工具名称。例如，海运提单中船舶信息为“COSCO SHANGHAI/V. N112”，报关单中“运输工具名称”应填报“COSCO SHANGHAI/N112”。填报时需要注意“/”前为船舶信息，“/”后为航次号，“V.”为Voyage（航次）的缩写，不要填写。

（2）使用新舱单系统查询。报关单电子数据发送后，如本栏目填报错误，海关系统会做退单处理，报关单证操作人员需要与舱单系统数据修改一致后，重新发送。

十一、提运单号

（一）填报规范

填报进出口货物提单或运单的编号。一份报关单只允许填报一个提单或运单号，一票货物对应多个提单或运单时，应分单填报。

（1）直接在进出境地或采用全国海关通关一体化模式办理报关手续的填报要求。

①水路运输：填报进出口提单号。如有分提单，填报“进出口提单号”+“*”+“分提单号”。

②公路运输：启用公路舱单前，免予填报；启用公路舱单后，填报进出口总运单号。

③铁路运输：填报运单号。

④航空运输：填报总运单号+“_”+分运单号。无分运单的，填报总运单号。

⑤邮件运输：填报邮运包裹单号。

（2）转关运输货物的报关单填报要求。

①进口

A. 水路运输：直转、中转填报提单号。提前报关的，免予填报。

B. 铁路运输：直转、中转填报铁路运单号。提前报关的，免予填报。

C. 航空运输：直转、中转填报“总运单号”+“_”+“分运单号”。提前报关的，免予填报。

D. 其他运输方式：免予填报。

E. 以上运输方式进境货物，在广东省内用公路运输转关的，填报车牌号。

②出口

A. 水路运输：中转货物填报提单号；非中转货物免予填报；广东省内汽车运输提前报关的转关货物，填报承运车辆的车牌号。

B. 其他运输方式：免予填报。广东省内汽车运输提前报关的转关货物，填报承运车辆的车牌号。

（3）采用“集中申报”通关方式办理报关手续的，报关单填报归并的集中申报清单的进出口起止日期，按年（4位）月（2位）日（2位）年（4位）月（2位）日（2位）顺序填报。

（4）无实际进出境的，本栏目免予填报。

（二）填制操作

在“单一窗口”系统中，报关单证操作人员在“提运单号”栏目录入与舱单系统中一致的提运单号。

“提运单号”栏目所填报的运输单证编号，主要为海运提单号、海运单号、铁路运单号、航空运单号。提运单号属于与运输相关的信息，报关单证操作人员可通过以下方式查询：

（1）按照提运单上的提单号或运单号，填报提运单号。

（2）使用新舱单系统查询。报关单电子数据发送后，如填报信息错误，海关系统会做退单处理，报关单证操作人员需要与舱单系统数据修改一致后，重新发送。

十二、货物存放地点

货物存放地点指货物进境后存放的场所或地点，包括海关监管作业场所、分拨仓库、定点加工厂、隔离检疫场、企业自有仓库等。

（一）填报规范

进口报关单中本栏目为必填项；出口报关单中本栏目为选填项。

（二）填制操作

在“单一窗口”录入系统中，报关单证操作人员在“货物存放地点”栏目录入货物存放地的文本信息。

货物进境后的存放地点，可通过港口、船代、货代的网络公示信息或电话查询，包括运输工具进境后的卸货地点，该票货物进境后分拨、堆存的堆场、仓库名称等信息。

十三、消费使用单位/生产销售单位

（一）填报规范

消费使用单位填报已知的进口货物在境内的最终消费、使用单位的名称，包括自行进口货物的单位、委托进出口企业进口货物的单位。

生产销售单位填报出口货物在境内的生产或销售单位的名称，包括自行出口货物的单位；委托进出口企业出口货物的单位；免税品经营单位经营出口退税国产商品的，填报该免税品经营单统一管理的免税店。

（1）减免税货物的消费使用单位/生产销售单位应与征免税证明的“减免税申请人”一致。

（2）保税监管场所与境外之间的进出境货物，消费使用单位/生产销售单位应当填报保税监管场所的名称［保税物流中心（B 型）填报中心内企业名称］。

（3）海关特殊监管区域的消费使用单位/生产销售单位填报区域内经营企业（“加工单位”或“仓库”）。

（4）编码填报要求：填报 18 位法人和其他组织统一社会信用代码。无统一社会信用代码的，填报“NO”。

（5）进口货物在境内的最终消费或使用，以及出口货物在境内的生产或销售的对象为自然人的，填报身份证号、护照号、台胞证号等有效证件号码及姓名。

（二）填制操作

消费使用单位/生产销售单位属于与货物成交相关的信息，报关单证操作人员需要与委托单位确认消费使用单位/生产销售单位的中文全称或代码。

在“单一窗口”系统中，“消费使用单位/生产销售单位”栏目分为 3 个，即 18 位社会信用代码、10 位海关编码、10 位检验检疫编号。报关单证操作人员录入以上任意一项信息，系统可以识别并补全另外 2 项信息。

十四、监管方式

监管方式是以国际贸易中进出口货物的交易方式为基础，结合海关对进出口货物的征税、统计及监管条件综合设定的海关对进出口货物的管理方式。监管方式代码由 4 位数字构成，前 2 位是按照海关监管要求和计算机管理需要划分的分类代码，后 2 位是参照国际标准编制的贸易方式代码。

（一）填报规范

根据实际对外贸易情况按海关规定的监管方式代码表选择填报相应的监管方式简称及代码。一份报关单只允许填报一种监管方式。如涉及多个监管方式，则分单填报。

1. 一般贸易

一般贸易是指我国境内有进出口经营权的企业单位进口或单边出口的贸易。该监管方式代码为“0110”，简称“一般贸易”。

（1）本监管方式适用：

①以正常交易方式成交的进出口货物；

②贷款援助的进出口货物；

③外商投资企业为加工内销产品而进口的料件；

④外商投资企业用国产原材料加工成品出口或采购产品出口；

⑤供应外国籍船舶、飞机等运输工具的国产燃料、物料及零配件；

⑥保税仓库进口供应给我国籍国际航行运输工具使用的燃料、物料等保税货物；

⑦境内企业在境外投资以实物投资进出口的设备、物资；

⑧来料养殖、来料种植进出口货物；

⑨国有公益性收藏单位通过合法途径从境外购入的藏品。

（2）本监管方式不适用：

①进出口货样广告品，监管方式为“货样广告品”（代码 3010）。

②没有对外贸易经营资格的单位获准临时进出口货物，监管方式为“其他贸易”（代码 9739）。

③境外劳务合作项目，对方以实物产品抵偿我国劳务人员工资所进口的货物（如

钢材、木材、化肥、海产品等），对外承包工程期间在国外获取及在境外购买的设备、物资等，监管方式为“承包工程进口”（代码 3410）。

2. 来料加工贸易

来料加工是指进口料件由境外企业提供，经营企业不需要付汇进口，按照境外企业的要求进行加工或装配，只收取加工费，制成品由境外企业销售的经营活动。该监管方式代码为“0214”，简称“来料加工”。

（1）本监管方式适用：

①来料加工项下进口的料件和加工出口的成品。

②设立保税工厂的加工贸易企业来料加工进口料件和出口成品。

（2）本监管方式不适用：

①国营企业代理来料加工企业进口加工生产用柴油，监管方式为“加工专用油”（代码 0314）。

②由特定企业以加工贸易方式进口原油加工成品油，不返销出境，供应国内市场的，监管方式为“进料以产顶进”（代码 0642）。

③进口金额 5000 美元以下、78 种列名辅料，监管方式为“低值辅料”（代码 0815）。

3. 进料加工贸易

进料加工贸易是指进口料件由经营企业付汇进口，制成品由经营企业外销出口的经营活动。

（1）进料加工贸易的主要监管方式包括：

①进料加工对口合同是指买卖双方分别签订进出口对口合同，料件进口时，我方先付料件款，加工成品出口时再向对方收取出口成品款项的交易方式，包括动用外汇的对口合同或不同客户的对口联号合同，以及对开信用证的对口合同。该监管方式代码为“0615”，简称“进料对口”，主要适用于进料加工项下进口料件和出口成品，以及进料加工贸易中外商免费提供进口的主、辅料和零部件。

②进料加工非对口合同是指我方有对外贸易进出口经营权的企业运用外汇购买进口原料、材料、元器件、零部件、配套件和包装物料（以下简称料件），加工成品或半成品再返销出口的交易形式。该监管方式代码为“0715”，简称“进料非对口”。

③境外客户为境内企业加工复出口产品提供进口金额 5000 美元及以下、数量零星的辅料或包装物料，以及数量合理、直接用于服装生产车间的小型易耗性生产工具。该监管方式代码为“0815”，简称“低值辅料”。

（2）以上监管方式适用：

设立保税工厂的加工贸易企业进料加工进口料件和出口成品。

（3）以上监管方式不适用于出口加工区的加工贸易进出口货物，其监管方式为“区内进料加工货物”（代码 5015）。

4. 加工贸易深加工结转

加工贸易深加工结转是指加工贸易经营企业将保税进口料件所加工的产品在境内结转给另一个加工贸易企业，用于再加工后复出口。

转入、转出企业分别填报进出口报关单，监管方式填报“来料深加工”（代码

0255）或“进料深加工”（代码 0654）。

（1）以上监管方式适用：

①非海关特殊监管区域加工贸易经营企业之间来料、进料深加工货物结转。

②非海关特殊监管区域加工贸易经营企业转自海关特殊监管区域加工贸易经营企业加工的货物。

（2）以上监管方式不适用：

①保税区、保税物流园区等海关特殊监管区域之间结转的货物，监管方式为“保税间货物”（代码 1200）。

②出口加工区企业生产的产品结转至其他出口加工区或非海关特殊监管区域加工复出口，加工区企业转出、转入报关单的监管方式为“成品进出区”（代码 5100）。

③经营企业进料加工产品转给享受减免税优惠的企业，监管方式为“进料成品转减免”（代码 0744）。

5. 加工贸易料件复出

（1）加工贸易料件复出的主要监管方式包括：

加工贸易进口料件因品质、规格等原因退运出境，或加工过程中产生的剩余料件、边角料退运出境，且不再更换同类货物进口的，分别填报“来料料件复出”（代码 0265）、“来料边角料复出”（代码 0865）、“进料料件复出”（代码 0664）、“进料边角料复出”（代码 0864）。

（2）以上监管方式适用：

经营企业因加工贸易出口产品售后服务需要，申请出口加工贸易手册项下进口的保税料件。

（3）以上监管方式不适用：

加工贸易进口料件、剩余料件及边角料、废料复运出境后更换同类货物进口，监管方式为“来料料件退换”（代码 0300）、“进料料件退换”（代码 0700）。

6. 加工贸易货物退换

（1）加工贸易货物退换的主要监管方式包括：

加工贸易保税料件因品质、规格等原因退运出境，更换料件后复进口的，退运出境报关单和复运进境报关单的监管方式应填报“来料料件退换”（代码 0300）或“进料料件退换”（代码 0700）。

加工贸易出口成品因品质、规格等原因退运进境，经加工、维修或更换同类商品复出口的，退运进境报关单和复运出境报关单的监管方式应填报“来料成品退换”（代码 4400）或“进料成品退换”（代码 4600）。

（2）以上监管方式不适用：

来料加工、进料加工过程中产生的剩余料件、边角料、废料退运出境，以及进口料件因品质、规格等原因退运出境且不再更换同类货物进境。这几类货物分别适用“来料料件复出”（代码 0265）、“来料边角料复出”（代码 0865）、“进料料件复出”（代码 0664）、“进料边角料复出”（代码 0864）等监管方式。

7. 加工贸易保税货物内销

（1）加工贸易保税货物内销的主要监管方式包括：

加工贸易过程中产生的剩余料件、制成品、半成品、残次品及受灾保税货物，经批准转为国内销售，不再加工复出口的，以及海关事后发现擅自转内销并准予补办进口补税手续属于加工贸易项下的货物，应填报进口货物报关单，监管方式填报“来料料件内销”（代码 0245）或“进料料件内销”（代码 0644）。

加工贸易保税货物减免是指来料、进料加工成品在境内销售给凭征免税证明进口货物的企业，监管方式填报“来料成品转减免”（代码 0345）或“进料成品减免”（代码 0744）。

加工贸易过程中有形损耗产生的边角料以及加工副产品，有商业价值且经批准在境内销售的，应填报进口报关单，监管方式填报“来料边角料内销”（代码 0845）或“进料边角料内销”（代码 0844）。

（2）以上监管方式适用：

加工贸易保税货物内销监管方式适用于边角料、剩余料件、残次品、副产品和受灾保税货物。

①边角料是指加工贸易企业经营来料加工、进料加工业务，在海关核定的单耗内、加工过程中产生的、无法再用于加工该合同项下出口制成品的数量合理的废、碎及下脚料件。

②剩余料件是指加工贸易企业在经营业务过程中剩余的、可以继续用于加工制成品的加工贸易进口料件。

③残次品是指加工贸易企业经营来料加工、进料加工业务，在生产过程中产生的有严重缺陷或者达不到出口合同标准，无法复出口的制品（包括完成品和未完成品）。

④副产品是指加工贸易企业经营来料加工、进料加工业务，在加工生产出口合同规定的制成品（主产品）过程中同时产生的，且出口合同未规定应当复出口的一个或者一个以上的其他产品。

⑤受灾保税货物是指加工贸易企业在经营业务过程中，因不可抗力原因或者其他经海关审核认可的正当理由造成灭失、短少、损毁等导致无法复出口的保税进口料件和制品。

（3）以上监管方式不适用：

①特定企业以加工贸易的方式进口原油炼制成品油，不返销出境而供应国内市场的，监管方式为“进料以产顶进”（代码 0642）。

②保税区、出口加工区加工贸易转内销货物，监管方式为“保税区进料料件”（代码 0544）或“保税区来料料件”（代码 0545）。

③企业擅自内销加工贸易保税货物，按走私或违规处理的。

8. 加工贸易进口设备

（1）加工贸易进口设备的监管方式包括：

加工贸易设备是指来料加工、进料加工贸易项下外商作价提供、不扣减企业投资总额的进口设备，以及服务外包企业履行国际服务外包合同，由国际服务外包业务境外发包方免费提供的进口设备。监管方式为“加工贸易设备”（代码 0420），对应征免性质为“一般征税”（代码 101）或“加工设备”（代码 501）。

不作价设备是指境外企业与境内企业开展来料、进料加工业务，外商免费向境内加工贸易经营单位提供加工生产所需设备，境内经营单位不需支付外汇、不需用加工费或差价偿还。监管方式为“不作价设备”（代码 0320）。

加工贸易设备转内销是指在海关监管期内的加工贸易免税进口设备经批准转售给境内非加工贸易企业。监管方式为“加工设备内销”（代码 0446）。

加工贸易设备退运是指加工贸易免税进口设备退运出境。监管方式为“加工设备退运”（代码 0466）。

（2）以上监管方式不适用：

①暂时进口（期限在半年以内）加工贸易生产所需不作价设备（限模具、单台设备），按暂时进口货物办理。

②外商投资企业投资总额内资金进口的设备，监管方式为“合资合作设备”（代码 2025）或“外资设备物品”（代码 2225）。

③外商投资企业自有资金（投资总额以外）进口设备，监管方式为“一般贸易”（代码 0110）。

④出口加工区的设备进口、退运，分别适用“境外设备进区”（代码 5335）或“区内设备退运”（代码 5361）。

9. 加工贸易余料结转、加工贸易货物销毁、不作价设备结转

依据《关于启用保税核注清单的公告》（海关总署公告 2018 年第 23 号），为简化保税货物通关手续，在金关二期保税核注清单系统启用后，企业办理加工贸易货物余料结转、加工贸易不作价设备结转手续的，可不再办理报关单申报手续；办理加工贸易货物销毁手续的，则根据不同情形进行处理。

（1）加工贸易余料结转

加工贸易余料结转是指加工贸易企业在经营来料加工、进料加工复出口业务过程中剩余的、可以继续用于加工制成品的加工贸易进口料件，结转到同一经营单位、同一加工企业、同样进口料件和同一加工监管方式的另一个加工贸易合同项下继续加工复出口。

转入、转出的加工贸易手册分别填报进、出口货物报关单，监管方式为“来料余料结转”（代码 0258）或“进料余料结转”（代码 0657）。

（2）加工贸易货物销毁

加工贸易企业因故无法内销或者退运而做销毁处置且未因处置获得收入的料件、残次品（其中残次品应按单耗折成料件），应填报进口货物报关单，监管方式填报“料件销毁”（代码 0200），全称“加工贸易料件、残次品（折料）销毁”。

加工贸易企业因故无法内销或者退运而做销毁处置且因处置获得收入的料件、副产品，应填报进口货物报关单，监管方式填报“边角料销毁”（代码 0400），全称“加工贸易边角料、副产品（按状态）销毁”。

（3）加工贸易设备结转

加工贸易设备结转是指海关监管期内的加工贸易免税进口设备经批准给另一加工企业，或从本企业一本加工贸易手册结转入另一本加工贸易手册，监管方式代码为“0456”，简称“加工设备结转”。

小贴士

特殊情况下加工贸易货物监管方式填报要求

（1）进口少量低值辅料（5000美元以下，78种以内的低值辅料）按规定不使用加工贸易手册的，填报“低值辅料”。使用加工贸易手册的，按加工贸易手册上的监管方式填报。

（2）加工贸易料件转内销货物以及按料件办理进口手续的转内销制成品、残次品、未完成品，填制进口报关单，填报“来料料件内销”或“进料料件内销”；加工贸易成品凭征免税证明转为减免税进口货物的，分别填制进、出口报关单，出口报关单填报“来料成品减免”或“进料成品减免”，进口报关单按照实际监管方式填报。

（3）加工贸易出口成品因故退运进口及复运出口的，填报“来料成品退换”或“进料成品退换”；加工贸易进口料件因换料退运出口及复运进口的，填报“来料料件退换”或“进料料件退换”；加工贸易过程中产生的剩余料件、边角料退运出口，以及进口料件因品质、规格等原因退运出口且不再更换同类货物进口的，分别填报“来料料件复出”“来料边角料复出”“进料料件复出”“进料边角料复出”。

（4）加工贸易边角料内销和副产品内销，填制进口报关单，填报“来料边角料内销”或“进料边角料内销”。

（5）企业销毁处置加工贸易货物未获得收入，销毁处置货物为料件、残次品的，填报“料件销毁”；销毁处置货物为边角料、副产品的，填报“边角料销毁”。

企业销毁处置加工贸易货物获得收入的，填报“进料边角料内销”或“来料边角料内销”。

（6）免税品经营单位经营出口退税国产商品的，填报“其他”。

10. 监管年限内减免税设备结转

监管年限内减免税设备结转是指进口企业在减免税设备监管年限内将进口减免税设备转让给另一享受减免税待遇的企业，监管方式为“减免设备结转”（代码0500）。

本监管方式不适用于加工贸易项下进口设备结转给另一加工贸易企业，其监管方式应为“加工设备结转”（代码0456）。

11. 保税区间及保税仓库间货物结转

保税区间及保税仓库间货物结转是指保税区、保税物流园区、出口加工区、出口监管仓库、保税仓库、保税物流中心（A型、B型）等海关特殊监管区域、保税监管场所间往来的货物，监管代码为“1200”，简称“保税间货物”。

本监管方式不适用于出口加工区间结转货物，不同出口加工区企业结转货物适用监管方式“成品进出区”（代码5100）或“料件进出区”（代码5000）。

12. 保税仓库进出境仓储、转口货物

保税仓库进出境仓储及转口货物是指从境外进口直接存入保税仓库和从保税仓库出境的仓储、转口货物，以及从出口监管仓库出境的货物。监管方式代码为“1233”，简称“保税仓库货物”。

（1）本监管方式适用：

经批准设立的保税仓库进出境货物和从出口监管仓库出境的货物，包括从保税仓库提取用于外国籍国际航行运输工具的物料。

（2）本监管方式不适用：

①保税仓库、出口监管仓库进口自用的货架，办公用品，管理用具，运输车辆，搬运、起重和包装设备，以及改装用的机器等，监管方式为"一般贸易"（代码0110）。

②从保税仓库提取用于本国籍运输工具或用于维修境内设备的仓储货物，按进口申报，监管方式为"一般贸易"（代码 0110）。

③保税仓库进境货物销往境内，按货物运出保税仓库后的实际用途填报相应的监管方式。

④保税区、保税物流中心进出境仓储、转口货物，监管方式分别为"保税区仓储转口"（代码 1234）、"物流中心进出境货物"（代码 6033）。

⑤保税仓库货物出仓运往境内其他地方转为正式进口的，在仓库主管海关办结出仓报关手续，填制出口报关单，监管方式为"保税间货物"（代码 1200）；进口报关单按实际进口监管方式填报。

⑥保税仓库寄售维修零部件申请免税出仓的，进口报关单监管方式应为"无代价抵偿货物"（代码 3100）。

13. 保税区进出境仓储、转口货物

保税区进出境仓储、转口货物是指从境外存入保税区、保税物流园区和从保税区、保税物流园区运出境的仓储、转口货物，监管方式为"保税区仓储转口"（代码 1234）。

本监管方式不适用：

①保税区、保税物流园区除仓储、转口货物外的其他进出境货物，按实际进出口监管方式填报。

②从境内非海关特殊监管区域、保税监管场所运入保税区、保税物流园区的货物，按实际监管方式填报。

从境内非海关特殊监管区域、保税监管场所运入保税区、保税物流园区的货物退回境内的，按实际监管方式填报。

③从保税区、保税物流园区运往境内非海关特殊监管区域、保税监管场所的货物，按实际监管方式填报。

14. 外商投资企业进口设备、物品

（1）投资总额内进口设备、物品

投资总额内进口设备、物品，是指外商投资企业投资总额内资金（包括中方投资）进口的机器设备、零部件和其他建厂（场）物料，安装、加固机器所需材料，以及本企业自用合理数量的交通工具、生产用车辆、办公用品（设备）。

中外合资、合作企业进口设备、物品，监管方式为"合资合作设备"（代码 2025）；外商独资企业进口设备、物品，监管方式为"外资设备物品"（代码 2225）。

（2）投资总额外自有资金免税进口设备

投资总额外自有资金免税进口设备，是指鼓励类和限制类外商投资企业、外商投资研究开发中心、先进技术型和产品出口型外商投资型企业，以及符合中西部利用外资优势产业和优势项目目录的项目，利用投资总额以外的自有资金，在原批准的生产经营范围内，对设备进行更新维修，进口国内不能生产或性能不能满足需要的自用设备及其配套的技术、配件、备件。进口报关单监管方式应为“一般贸易”（代码0110），对应征免性质为“自有资金”（代码799）。

（3）以上监管方式不适用：

①外商投资企业经营来料加工、进料加工、租赁贸易等进口的设备物品，监管方式分别适用“不作价设备”（代码0320）、“加工贸易设备”（代码0420）、“租赁不满1年”（代码1500）、“租赁贸易”（代码1523）。

②外国常驻机构进口自用合理数量的公用物品，其监管方式为“常驻机构公用”（代码2439）。

③没有实际进出境，在境内结转的减免税设备，其监管方式为“减免设备结转”（代码0500）。

④出口加工区外商投资企业进口设备物品，其监管方式为“设备进出区”（代码5300）。

15. 退运进出口货物

退运货物是指原进出口货物因残损、缺少、品质不良、规格不符、延误交货或其他原因退运出、进境的货物，监管方式为“退运货物”（代码4561）。

（1）本监管方式适用于以下监管方式监管货物的退运进、出境：

“一般贸易”（代码0110）、“易货贸易”（代码0130）、“旅游购物商品”（代码0139）、“租赁贸易”（代码1523）、“寄售代销”（代码1616）、“合资合作设备”（代码2025）、“外资设备物品”（代码2225）、“外汇免税商品”（代码1831）、“货样广告品”（代码3010）、“其他进出口免费”（代码3339）、“承包工程进口”（代码3410）、“对外承包出口”（代码3422）、“援助物资”（代码3511）、“捐赠物资”（代码3612）、“边境小额”（代码4019）、“其他贸易”（代码9739）。

（2）本监管方式不适用：

①加工贸易项下料件、成品维修退换，监管方式为“来料料件退换”（代码0300）、“进料料件退换”（代码0700）、“来料成品退换”（代码4400）、“进料成品退换”（代码4600）。

②加工贸易项下料件、边角料退运，监管方式为“来料料件复出”（代码0265）、“来料边角料复出”（代码0865）、“进料料件复出”（代码0664）、“进料边角料复出”（代码0864）。

③加工贸易设备退运，监管方式为“加工设备退运”（代码0466）。

④货物进境后，放行结关前退运的货物，监管方式为“直接退运”（代码4500）。

⑤租赁不满一年退运的货物，监管方式为“租赁不满1年”（代码1500）。

⑥进出口无代价抵偿货物，被更换的原进口货物退运出境，监管方式为“其他”（代码9900）。

退运货物进出口时，应随附原出（进）口货物报关单，并将原出（进）口货物报关单号填报在“标记唛码及备注”栏内。

16. 进出境修理物品

进出境修理物品是指进境或出境维护修理的货物、物品，监管方式为“修理物品”（代码 1300）。

（1）本监管方式适用于各类进出境维修的货物，以及修理货物维修所用的原材料、零部件。

（2）本监管方式不适用：

①按加工贸易保税货物管理的进境维修业务。

②加工贸易进口料件和出口成品进出境维修，分别适用“来料料件退换”（代码 0300）、“来料成品退换”（代码 4400）、“进料料件退换”（代码 0700）、“进料成品退换”（代码 4600）。

17. 租赁贸易

租赁贸易是指经营租赁业务的企业与外商签订国际租赁合同项下境内企业租赁进口或出租出口的货物。

租赁期在一年及以上的进出口货物，其监管方式为“租赁贸易”（代码 1523）。

租赁期在一年及以上的进出口货物分期办理征税手续时，每期征税适用监管方式为“租赁征税”（代码 9800）。

租赁期不满一年的进出口货物，其监管方式为“租赁不满 1 年”（代码 1500）。

本监管方式不适用：

①经营租赁业务的企业进口自用的设备、办公用品，其监管方式应为“一般贸易”（代码 0110）。

②加工贸易租赁进口的机器设备，其监管方式应为“加工贸易设备”（代码 0420）。

③补偿贸易租赁进口的货物，其监管方式应为“补偿贸易”（代码 0513）。

④租赁贸易期满复运出（进）口的货物，其监管方式应为“退运货物”（代码 4561）；租赁不满一年期满复运出（进）口的货物，其监管方式应为“租赁不满 1 年”（代码 1500）。

18. 暂时进出境货物

暂时进出境货物是指经海关批准，暂时进出关境并且在规定的期限内复运出境、进境的货物。监管方式为“暂时进出货物”（代码 2600）。

（1）本监管方式适用：

①文化、体育交流活动中使用的表演、比赛用品。

②进行新闻报道或者摄制电影、电视节目使用的仪器、设备及用品。

③开展科研、教学、医疗活动使用的仪器、设备及用品。

④在第①至第③项所列活动中使用的交通工具及特种车辆。

⑤货样。

⑥慈善活动使用的仪器、设备及用品。

⑦供安装、调试、检测、修理设备时使用的仪器及工具。

⑧盛装货物的容器。

⑨旅游用自驾交通工具及其用品。

⑩工程施工中使用的设备、仪器及其用品。

⑪海关批准的其他暂时进出境货物。

（2）本监管方式不适用：

①进出境展览品，其监管方式为“展览品”（代码 2700）。

②驻华商业机构不复运出口的进口陈列样品，其监管方式为“陈列样品”（代码 2939）。

③对外承包工程出口物资，其监管方式为“对外承包出口”（代码 3422）。

④进出境修理物品，其监管方式为“修理物品”（代码 1300）。

⑤租赁贸易进出口货物，其监管方式为“租赁不满 1 年”（代码 1500）、“租赁贸易”（代码 1523）。

⑥企业使用旧钢瓶容器进口燃料、物料，按进口燃料、物料的监管方式申报，报关单“包装种类”栏目填报“旧钢瓶”，旧钢瓶容器凭入境货物通关单验放。旧钢瓶复运出境时监管方式填报“其他”（代码 9900）。

⑦从境外暂时进境的货物转入保税区、出口加工区等海关特殊监管区域和保税监管场所的，不属于复运出境。

⑧用于装载海关监管货物的进出境集装箱。

⑨享有外交特权和豁免权的外国驻华机构或者人员暂时进出境物品。

19. 进出境展览品

进出境展览品是指外国来华或我国为到国外举办经济、文化、科技等展览或参加博览会而进出口的展览品及与展览品有关的宣传品、布置品、招待品、小卖品和其他物品。监管方式为“展览品”（代码 2700）。

（1）进出境展览品主要包括：

①在展览会、交易会、会议及类似活动中展示或者使用的货物，包括为了示范展览会展出机器或者器具所使用的货物；设置临时展台的建筑材料及装饰材料；宣传展示货物的电影片、幻灯片、录像带、录音带、说明书、广告、光盘、显示器材等。

②上述所列活动中使用的交通工具及特种车辆。

③其他经海关批准用于展示的进出境货物、物品。

（2）本监管方式不适用：

①ATA 单证册项下的暂准进出口展览品，持证人免填报关单。

②不复运出（进）境而留在国内（外）销售的进出境展览品，按实际监管方式填报。

③在商店或者其他营业场所以销售国外货物为目的而组织的非公共展览会。

20. 进出口货样、广告品

进出口货样是指专供订货参考的进出口货物样品；进出口广告品是指用以宣传有关商品的进出口广告宣传品。

有进出口经营权的企业（单位）价购或价售进出口货样广告品，监管方式为“货样广告品”（代码 3010）。

（1）本监管方式适用：

本监管方式除以上定义所述范围外，还包括寄售代销贸易中外商免费提供的货样广告品。

（2）本监管方式不适用：

①暂时进出口的货样、广告品，其监管方式为“暂时进出货物”（代码 2600）。

②驻华商业机构不复运出口的进口陈列样品，其监管方式为“陈列样品”（代码 2939）。

21. 无代价抵偿货物

无代价抵偿货物是指进出口货物在海关放行后，因残损、短少、品质不良或者规格不符，由进出口货物的发货人、承运人或保险公司免费补偿或更换的与原货物相同或者与合同规定相符的货物。监管方式为“无代价抵偿”（代码 3100）。

本监管方式不适用：

①来料加工、进料加工贸易进口料件和出口成品因残损、短少、品质不良或者规格不符，由进出口货物的发货人、承运人或保险公司免费补偿或更换的与原货物相同或者与合同规定相符的货物，分别适用具体列名的料件或成品退换的监管方式。

②与无代价抵偿货物相关的原进出口货物退运出（进）境，其监管方式为“其他”（代码 9900）。

22. 其他免费提供的进出口货物

其他免费提供的进出口货物是指除已具体列名的礼品，无偿援助和赠送物资，捐赠物资，无代价抵偿进口货物，国外免费提供的货样、广告品等，以及归入列名监管方式免费提供的货物外，进出口其他免费提供的货物。监管方式为“其他进出口免费”（代码 3339）。

（1）本监管方式包括：

①外商在经贸活动中赠送的物品。

②外国人捐赠品。

③驻外中资机构向国内单位赠送的物资。

④经贸活动中由外商免费提供的试车材料、消耗性物品等。

（2）本监管方式不适用：

①保税仓库中由外商免费提供进口的机械设备、手工工具、运输工具、办公用品等，其监管方式为“其他贸易”（代码 9739）。

②免税店中由外商免费提供进口的货架、柜台、手推车等，其监管方式为“其他贸易”（代码 9739）。

③来料加工、进料加工贸易项下外商免费提供的机械设备，其监管方式为“不作价设备”（代码 0320）。

④免费提供进出口的货样广告品，其监管方式为“货样广告品”（代码 3010）。

⑤国家和国际组织无偿援助物资，其监管方式为“援助物资”（代码 3511）。

⑥捐赠物资，其监管方式为“捐赠物资”（代码 3612）。

⑦无代价抵偿货物，其监管方式为“无代价抵偿”（代码 3100）。

23. 对外承包工程进出口物资

对外承包工程出口物资是指经商务部批准的有对外承包工程经营权的公司为承包国外建设工程和开展劳务合作等对外合作项目而出口的设备、物资，其监管方式为

"对外承包出口"（代码 3422）。对外承包工程进口物资是指承包工程期间，在国外获取的设备、物资，以及境外劳务合作项目中对方以实物产品抵偿我国劳务人员工资所进口的货物，其监管方式为"承包工程进口"（代码 3410）。

本监管方式不适用：

①我国劳务人员带出的自用生活物资，监管方式为"其他"（代码 9900）。

②援外成套项目出口的货物应根据无偿援助或贷款援助，监管方式分别选用"援助物资"（代码 3511）或"一般贸易"（代码 0110）。

③边境地区有对外经济技术合作经营权的企业与毗邻国家边境地区开展承包工程和劳务合作的物资（包括在外购买及换回的）运回境内时，监管方式为"边境小额贸易"（代码 4019）。

④承包工程结束后复运进境原从国内运出的承包工程项下的设备、物资，监管方式为"退运货物"（代码 4561）。

24. 国家或国际组织无偿援助和赠送的物资

国家或国际组织无偿援助和赠送的物资是指我国根据两国政府间的协议或临时决定，对外捐赠或我国政府、组织基于友好关系向对方国家政府、组织赠送的物资，以及我国政府、组织接受国际组织，外国政府、组织无偿援助、捐赠或赠送的物资。监管方式代码为"3511"，简称"援助物资"。

本监管方式不适用：

①贷款援助的进出口货物（包括我方利用贷款或援助款项自行采购进口的货物），监管方式为"一般贸易"（代码 0110）。

②来（出）访的团体和人员相互馈赠的礼品，监管方式为"其他"（代码 9900）。

③经贸往来中赠送的物资，监管方式为"其他进出口免费"（代码 3339）。

④随援外物资一并出口或另外发运的批量出口的生活物资应按照"其他贸易"（代码 9739）申报。

⑤以扶贫、慈善、救灾为目的向我国境内或向境外捐赠的直接用于扶贫、救灾、兴办公益福利事业的物资，监管方式为"捐赠物资"（代码 3612）。

小贴士

外国政府、国际组织、国际条约的含义

外国政府是指外国国家的中央政府。

国际组织是指联合国各专门机构以及长期与我国有合作关系的其他国际组织。

国际条约是指依据《中华人民共和国缔结条约程序法》，以"中华人民共和国""中华人民共和国政府"或"中华人民共和国政府部门"名义同外国缔结协定或协议，以及参加的国际条约。

25. 进出口捐赠物资

进出口捐赠物资是指境外捐赠人以扶贫、慈善、救灾为目的向我国境内捐赠的直接用于扶贫、救灾、兴办公益福利事业的物资，以及境内捐赠人以扶贫、慈善、救灾

为目的向境外捐赠的直接用于扶贫、救灾、兴办公益福利事业的物资。监管方式代码为“3612”，简称“捐赠物资”。

本监管方式不适用：

①国家间、国际组织无偿援助和赠送的物资，监管方式为“援助物资”（代码3511）。

②经贸往来中赠送的物品、外国人捐赠品、我国驻外（包括驻港澳）中资机构向国内单位赠送的物资等，监管方式为“其他进出口免费”（代码3339）。

小贴士

捐赠人、受赠人、使用人（使用单位）的含义

捐赠人是指境内、外捐赠人，包括法人。其中境外捐赠人包括华侨，港、澳、台同胎，外籍人士。

受赠人是指国务院有关部门和各省、自治区、直辖市人民政府，以及从事人道救助和以发展扶贫、慈善事业为宗旨的全国性的社会团体。

使用人（使用单位）是指捐赠物资的直接使用者或负责分配该捐赠物资的单位或个人。

扶贫、慈善公益性事业的物资

扶贫、慈善公益性事业的物资是指：

（1）新的衣服、被褥、鞋帽、帐篷、手套、睡袋、毛毯及其他维持基本生活的必需用品等。

（2）食品类及饮用品，调味品、水产品、水果、饮料、烟酒等除外。

（3）医疗类，包括直接用于治疗特困患者疾病或贫困地区治疗地方病及基本医疗卫生、公共环境卫生所需的基本医疗药品、基本医疗器械、医疗书籍和资料。

（4）直接用于公共图书馆、公共博物馆、各类职业学校、高中、初中、小学、幼儿园教育的教学仪器、器材、图书、资料和一般学习用品。

（5）直接用于环境保护的专用仪器。

（6）经国务院批准的其他直接用于扶贫、慈善事业的物资。

（二）填制操作

监管方式属于与海关管理相关的信息，报关单证操作人员需要了解不同监管方式的含义和使用范围。在确定国际贸易项下货物所适用的监管方式前，报关单证操作人员要充分了解贸易双方交易的背景及货物的最终流向和用途，例如，通关货物的资金流、生产后成品流向、与其他进出口贸易合同是否存在关联关系等，并在报关前与委托单位进行沟通，最终确认监管方式。

在“单一窗口”系统中，报关单证操作人员依据监管方式代码表（见表9-4）在“监管方式”栏目录入监管方式简称及代码。

表 9-4 监管方式代码表

代码	监管方式	代码	监管方式	代码	监管方式
0110	一般贸易	0715	进料非对口	3010	货样广告品
0130	易货贸易	0744	进料成品减免	3100	无代价抵偿
0200	料件销毁	0815	低值辅料	3339	其他进出口免费
0214	来料加工	0844	进料边角料内销	3410	承包工程进口
0245	来料料件内销	0845	来料边角料内销	3422	对外承包出口
0255	来料深加工	0864	进料边角料复出	3511	援助物资
0258	来料余料结转	0865	来料边角料复出	3611	无偿军援
0265	来料料件复出	1039	市场采购	3612	捐赠物资
0300	来料料件退换	1139	国轮油物料	3910	军事装备
0314	加工专用油	1200	保税间货物	4019	边境小额
0320	不作价设备	1210	保税电商	4039	对台小额
0345	来料成品减免	1215	保税工厂	4139	对台小额商品交易市场
0400	边角料销毁	1233	保税仓库货物	4200	驻外机构运回
0420	加工贸易设备	1234	保税区仓储转口	4239	驻外机构购进
0444	保区进料成品	1239	保税电商 A	4400	来料成品退换
0445	保区来料成品	1300	修理物品	4500	直接退运
0446	加工设备内销	1371	保税维修	4539	进口溢误卸
0456	加工设备结转	1427	出料加工	4561	退运货物
0466	加工设备退运	1500	租赁不满 1 年	4600	进料成品退换
0500	减免设备结转	1523	租赁贸易	5000	料件进出区
0513	补偿贸易	1616	寄售代销	5010	特殊区域研发货物
0544	保区进料料件	1741	免税品	5014	区内来料加工
0545	保区来料料件	1831	外汇商品	5015	区内进料加工货物
0615	进料对口	2025	合资合作设备	5033	区内仓储货物
0642	进料以产顶进	2210	对外投资	5034	区内物流货物
0644	进料料件内销	2225	外资设备物品	5100	成品进出区
0654	进料深加工	2439	常驻机构公用	5300	设备进出区
0657	进料余料结转	2600	暂时进出货物	5335	境外设备进区
0664	进料料件复出	2700	展览品	5361	区内设备退运
0700	进料料件退换	2939	陈列样品	6033	物流中心进出境货物

表9-4 续

代码	监管方式	代码	监管方式	代码	监管方式
9600	内贸货物跨境运输	9700	后续补税	9839	留赠转卖物品
9610	电子商务	9739	其他贸易	9900	其他
9639	海关处理货物	9800	租赁征税		

十五、征免性质

征免性质是指海关根据《海关法》《关税条例》及国家有关政策对进出口货物实施的征减免税管理的性质类别。征免性质是海关对进出口货物征、减、免税进行分类统计分析的重要基础。

（一）填报规范

根据实际情况按海关规定的征免性质代码表选择填报相应的征免性质简称及代码。

持有海关核发的征免税证明的，按照征免税证明中批注的征免性质填报。一份报关单只允许填报一种征免性质。如涉及多种征免性质，应分单填报。

加工贸易货物报关单按照海关核发的加工贸易手册中批注的征免性质简称及代码填报。

（1）一般征税（代码101），适用于依照《海关法》《关税条例》《税则》及其他法律、行政法规和规章所规定的税率征收进出口关税、进口环节增值税、消费税和其他税费的进出口货物，包括除其他征免性质另有规定者外的一般照章（包括按照公开暂定税率、关税配额、反倾销、反补贴、保障措施等）征税或补税的进出口货物。

（2）加工设备（代码501），适用于加工贸易经营单位按照有关减免税政策进口的外商免费（不需要经营单位付汇，也不需要耗用加工费或差价偿还）提供的加工生产所需设备。

（3）来料加工（代码502），适用于来料加工装配项下进口所需的料件等，以及经加工后出口的成品、半成品。

（4）进料加工（代码503），适用于为生产外销产品用外汇购买进口的料件，以及加工后返销出口的成品、半成品。

（5）中外合资（代码601），目前一般适用于中外合资企业自产的出口产品。

（6）中外合作（代码602），目前一般适用于中外合作企业自产的出口产品。

（7）外资企业（代码603），目前一般适用于外资企业自产的出口产品。

（8）鼓励项目（代码789），适用于经主管部门审批并确认的国家鼓励发展的国有投资项目、外商投资项目、利用外国政府贷款和国际金融组织贷款项目，以及按国家规定程序审批的外商投资研究开发中心及中西部省、自治区、直辖市利用外资优势产业和优势项目目录的项目，在投资总额内进口的自用设备，以及按合同随设备进口的技术及数量合理的配套件、备件。

（9）自有资金（代码799），适用于已设立的鼓励类外商投资企业（外国投资者的投资比例不低于25%），以及符合中西部利用外资优势产业和优势项目目录的项目，在投资总额以外利用自有资金（包括企业储备基金、发展基金、折旧和税后利润），在原批准的生产经营范围内进口国内不能生产或性能不能满足需要的（不属于《国内投资项目不予免税的进口商品目录》的）自用设备及其配套的技术、配件、备件，用于本企业原有设备更新（不包括成套设备和生产线）或维修。

"鼓励项目"和"自有资金"的使用，须依程序取得海关核发的征免税证明，并与"征免性质"栏批注内容相符。

（10）其他法定（代码299），适用于依照《海关法》《关税条例》，对除无偿援助进出口物资外的其他实行法定减免税的进出口货物，以及根据有关规定，非按全额货值征税的部分进出口货物。具体适用范围如下：

①无代价抵偿进出口货物（照章征税的除外）；

②无商业价值的广告品和货样；

③进出境运输工具装载的途中必需的燃料、物料和饮食用品；

④因故退还的境外进口货物；

⑤因故退还的我国出口货物；

⑥在境外运输途中或者在起卸时遭受损坏或损失的货物；

⑦起卸后海关放行前，因不可抗力因素遭受损坏或者损失的货物；

⑧因不可抗力因素造成的受灾保税货物；

⑨海关查验时已经破漏、损坏或者腐烂，经证明不是保管不慎造成的货物；

⑩我国缔结或者参加的国际条约规定减征、免征关税的货物和物品；

⑪暂准进出境货物；

⑫展览会货物；

⑬出料加工项下的出口料件及复进口的成品；

⑭进出境的修理物品；

⑮租赁期不满一年的进出口货物；

⑯边民互市进出境货物；

⑰非按全额货值征税的进出口货物（如按租金、修理费征税的进口货物）；

⑱其他不按征免税证明管理的减免税货物。

（11）特殊情况填报要求如下：

①加工贸易转内销货物，按实际情况填报（如一般征税、科教用品、其他法定等）。

②料件退运出口、成品退运进口货物填报"其他法定"。

③加工贸易结转货物，免予填报。

④免税品经营单位经营出口退税国产商品的，填报"其他法定"。

（二）填制操作

报关单的监管方式与征免性质的填报，反映了进出口货物适用的报关程序，两个栏目存在相对应的逻辑关系。

（1）以一般贸易成交，确认按一般进出口通关制度报关（征税）的货物，其对应关系：监管方式为一般贸易；征免性质为一般征税。

（2）来料加工或进料加工进出口货物，并确认按保税通关制度报关（保税）的，其对应关系：监管方式为来料加工/进料对口；征免性质为来料加工/进料加工。

（3）来料/进料深加工结转货物，并确认按保税通关制度报关（保税）的，其对应关系：监管方式为来料深加工/进料深加工；征免性质为空。

（4）外商投资企业在投资额度内进口设备、物品，并已确认按特定减免税通关制度报关（免税）的，其对应关系：监管方式为合资合作设备/外资设备物品；征免性质为鼓励项目。

（5）外商投资企业在投资额度外利用自有资金进口设备、物品，并已确认按照特定减免税通关制度报关（免税）的，其对应关系：监管方式为一般贸易；征免性质为自有资金。

在“单一窗口”系统中，报关单证操作人员依据征免性质代码表（见表9-5），在“征免性质”栏目录入征免性质简称及代码。

表9-5　征免性质代码表

征免性质代码	征免性质简称	征免性质全称
101	一般征税	一般征税进出口货物
118	整车征税	构成整车特征的汽车零部件纳税
119	零部件征税	不构成整车特征的汽车零部件纳税
201	无偿援助	无偿援助进出口物资
299	其他法定	其他法定减免税进出口货物
301	特定区域	特定区域进口自用物资及出口货物
307	保税区	保税区进口自用物资
399	其他地区	其他执行特殊政策地区出口货物
401	科教用品	大专院校及科研机构进口科教用品
402	示范平台用品	
403	技术改造	企业技术改造进口货物
405	科技开发用品	科学研究、技术开发机构进口科技开发用品
406	重大项目	国家重大项目进口货物
407	动漫用品	动漫开发生产用品
408	重大技术装备	生产重大技术装备进口关键零部件及原材料
409	科技重大专项	科技重大专项进口关键设备、零部件和原材料
412	基础设施	通信、港口、铁路、公路、机场建设进口设备
413	残疾人	残疾人组织和企业进出口货物
417	远洋渔业	远洋渔业自捕水产品

表9-5　续1

征免性质代码	征免性质简称	征免性质全称
418	国产化	国家定点生产小轿车和摄录机企业进口散件
419	整车特征	构成整车特征的汽车零部件进口
420	远洋船舶	远洋船舶及设备部件
421	内销设备	内销远洋船用设备及关键部件
422	集成电路	集成电路生产企业进口货物
423	新型显示器件	新型显示器件生产企业进口物资
499	ITA 产品	非全税号信息技术产品
501	加工设备	加工贸易外商提供的不作价进口设备
502	来料加工	来料加工装配和补偿贸易进口料件及出口成品
503	进料加工	进料加工贸易进口料件及出口成品
506	边境小额	边境小额贸易进口货物
510	港澳 OPA	港澳在内地加工的纺织品获证出口
601	中外合资	中外合资经营企业进出口货物
602	中外合作	中外合作经营企业进出口货物
603	外资企业	外商独资企业进出口货物
605	勘探开发煤层气	勘探开发煤层气
606	海洋石油	勘探、开发海洋石油进口货物
608	陆上石油	勘探、开发陆上石油进口货物
609	贷款项目	利用贷款进口货物
611	贷款中标	国际金融组织贷款、外国政府贷款中标机电设备零部件
698	公益收藏	国有公益性收藏单位进口藏品
704	花卉种子	花卉种子
705	科普影视	科普影视
707	博览会留购展品	博览会留购展品
710	民用卫星	民用卫星
711	救助船舶设备	救助船舶设备
789	鼓励项目	国家鼓励发展的内外资项目进口设备
799	自有资金	外商投资额度外利用自有资金进口设备、备件、配件
801	救灾捐赠	救灾捐赠进口物资
802	慈善捐赠	境外捐赠人无偿向我境内受赠人捐赠的直接用于慈善事业的免税进口物资
803	抗艾滋病药物	进口抗艾滋病病毒药物

表9-5 续2

征免性质代码	征免性质简称	征免性质全称
811	种子种源	进口种子（苗）、种畜（禽）、鱼种（苗）和种用野生动植物种源
818	中央储备粮油	中央储备粮油免征进口环节增值税政策
819	科教图书	进口科研教学用图书资料
888	航材减免	经核准的航空公司进口维修用航空器材
898	国批减免	国务院特准减免税的进出口货物
899	选择征税	选择征税
901	科研院所	科研院所进口科学研究、科技开发和教学用品
902	高等学校	高等学校进口科学研究、科技开发和教学用品
903	工程研究中心	国家工程研究中心进口科学研究、科技开发和教学用品
904	国家企业技术中心	国家企业技术中心进口科学研究、科技开发和教学用品
905	转制科研机构	转制科研机构进口科学研究、科技开发和教学用品
906	重点实验室	国家重点实验室及企业国家重点实验室进口科学研究、科技开发和教学用品
907	国家工程技术研究中心	国家工程技术研究中心进口科学研究、科技开发和教学用品
908	科技民非单位	科技类民办非企业单位进口科学研究、科技开发和教学用品
909	示范平台	国家中小企业公共服务示范平台（技术类）进口科学研究、科技开发和教学用品
910	外资研发中心	外资研发中心进口科学研究、科技开发和教学用品
911	科教图书	出版物进口单位进口用于科研、教学的图书、文献、报刊及其他资料
997	自贸协定	
998	内部暂定	享受内部暂定税率的进出口货物
999	例外减免	例外减免税进出口货物

十六、许可证号

许可证号是指商务部配额许可证事务局、驻各地特派员办事处，以及各省、自治区、直辖市、计划单列市和商务部授权的其他省会城市商务厅（局）、外经贸委（厅、局）签发的进出口许可证编号。

（一）填报规范

本栏目填报进（出）口许可证、两用物项和技术进（出）口许可证、两用物项和技术出口许可证（定向）、纺织品临时出口许可证、出口许可证（加工贸易）、出口许可证（边境小额贸易）的编号。

非许可证管理商品，此栏目为空。

免税品经营单位经营出口退税国产商品的，免予填报。

一份报关单只允许填报一个许可证号。

（二）填制操作

报关单证操作人员需要确认所报关的商品编码涉及的监管条件。如果涉及许可证管理，按照许可证编号填报本栏目。

十七、启运港

（一）填报规范

填报进口货物在运抵我国关境前的第一个境外装运港。

根据实际情况，按海关规定的港口代码表填报相应的港口名称及代码。未在港口代码表中列明的，填报相应的国家名称及代码。

货物从海关特殊监管区域或保税监管场所运至境内区外的，填报港口代码表中相应的海关特殊监管区域或保税监管场所名称及代码。未在港口代码表中列明的，填报“未列出的特殊监管区”及代码。

其他无实际进境的货物，填报“中国境内”及代码。

（二）填制操作

启运港属于与运输相关的信息，报关单证操作人员可以通过提运单、船公司或航空公司查询平台等确认信息。

直接运抵货物，提运单上的“Port of Loading”列明了启运港信息。

在第三国（地区）中转的货物，进口货物提运单上的“Port of Loading”可能为中转港，报关单证操作人员需要与船代确认第一个境外装运港。例如，某企业从澳大利亚进口货物，从墨尔本起运，经停新加坡，则本栏目应填报“墨尔本”。

在“单一窗口”系统中，报关单证操作人员可以在本栏目的下拉菜单中选择贸易国（地区），或参考港口代码表录入中文名称、英文字母代码。

十八、合同协议号

合同（协议）号是指在进出口贸易中，买卖双方或数方当事人根据国际贸易惯例或国家有关法律、法规，自愿按照一定条件买卖某种商品签订的合同（包括协议或订单）的编号。

（一）填报规范

本栏目填报进出口货物合同（包括协议或订单）编号。进出口货物报关单所申报货物必须是在合同中明确包含的货物。

未发生商业性交易的免予填报。

免税品经营单位经营出口退税国产商品的，免予填报。

（二）填制操作

合同协议号属于与货物成交相关的信息，报关单证操作人员可以按照收发货人提供的合同（包括协议或订单）的编号填报本栏目。

合同号一般表示为"Contract No.：×××××"或"Purchase Order No.：×××××"，此处的"×××××"即为"合同协议号"栏目应填报的内容。

在"单一窗口"系统中，报关单证操作人员依据合同（包括协议或订单）号直接录入。

十九、贸易国（地区）

（一）填报规范

按海关规定的国别（地区）代码表选择填报相应的贸易国（地区）中文名称及代码。

发生商业性交易的，进口填报购自国（地区），出口填报售予国（地区）。未发生商业性交易的，填报货物所有权拥有者所属的国家（地区）。

（二）填制操作

贸易国（地区）属于与货物成交相关的信息，发生商业性交易的，报关单证操作人员可以通过以下单证进行查找：

（1）查询合同、发票单证中，与境内收发货人发生商业性交易的一方所属国家（地区）。

（2）查询收、付汇记录中，收发货人收、付汇的对象所属国家（地区）。但收、付汇记录一般在进出口货物通关后产生，双方在货物进出口后依据约定账期收、付汇，因此，无法在进出口货物报关单申报前获取。

未发生商业性交易的，贸易国（地区）不一定与货物启运国（地区）或运抵国（地区）一致。因此，该栏目需要报关单证操作人员与委托单位确认后填报。

在"单一窗口"系统中，报关单证操作人员可以在本栏目的下拉菜单中选择贸易国（地区），或参考国别（地区）代码表录入中文名称、英文字母代码。

二十、启运国（地区）/运抵国（地区）

（一）填报规范

按海关规定的国别（地区）代码表填报相应的启运国（地区）或运抵国（地区）的中文名称及代码。

1. 直接运抵货物的填报要求

启运国（地区）填报进口货物启始发出直接运抵我国或者在运输中转国（地区）

未发生任何商业性交易的情况下运抵我国的国家（地区）。

运抵国（地区）填报出口货物离开我国关境直接运抵或者在运输中转国（地区）未发生任何商业性交易的情况下最后运抵的国家（地区）。

2. 在第三国（地区）中转（转运）货物的填报要求

中转（转运）货物是指船舶、飞机等运输工具从装运港将货物装运后，不直接驶往目的港，而在中途的港口将货物卸下后，再换装另外的船舶、飞机等运输工具转运往目的港。货物中转（转运）的原因很多，如运输工具无法直达目的港，或运输工具可直达目的港，但时间不定或航次间隔时间太长，或目的港不在装载货物的运输工具的航线上，或货物属于多式联运等。

对于中转货物，启运国（地区）或运抵国（地区）分 2 种不同情况填报：

（1）发生运输中转而未发生商业性交易的货物，其启运国（地区）或运抵国（地区）不变，仍以进口货物的始发国（地区）为启运国（地区）填报，以出口货物的最终目的国（地区）为运抵国（地区）填报。

（2）发生运输中转并发生了商业性交易的货物，其中转国（地区）为启运国（地区）或运抵国（地区）。可通过发票等商业单证来判断货物中转时是否发生了商业性交易。

经过第三国（地区）转运的进出口货物，如在中转国（地区）发生商业性交易，则以中转国（地区）作为启运国（地区）或运抵国（地区）。

3. 无实际进出境货物

运输方式代码为“0”“1”“7”“8”“W”“X”“Z”“H”的，以及监管方式后两位为 42~46、54~58 的货物，启运国（地区）和运抵国（地区）均为“中国”（代码 CHN）。

（二）填制操作

启运国（地区）/运抵国（地区）属于与运输相关的信息，报关单证操作人员可以通过以下单证查找填报：

（1）提运单列明有货物的启运国（地区）或运抵国（地区）信息。例如，进口提货单中显示“Port of Loading Busan Korea”，启运国填报“韩国”。出口装货单中显示“Port of Destination Longbeach U. S”，运抵国填报“美国”。

（2）发票、合同中有关于启运国（地区）或运抵国（地区）的描述。例如，发票中注明“From Xin’gang China To Kobe Japan”，则启运国填报“中国”，运抵国填报“日本”。

在“单一窗口”系统中，报关单证操作人员可以在本栏目的下拉菜单中选择启运国（地区）/运抵国（地区），或参考国别（地区）代码表录入中文名称、英文字母代码。

二十一、经停港/指运港

（一）填报规范

经停港填报进口货物在运抵我国关境前的最后一个境外装运港。

指运港填报出口货物运往境外的最终目的港；最终目的港不可预知的，按尽可能预知的目的港填报。

根据实际情况，按海关规定的港口代码表选择填报相应的港口名称及代码。经停港/指运港在港口代码表中无港口名称及代码的，可选择填报相应的国家名称及代码。

无实际进出境的货物，填报“中国境内”及代码。

（二）填制操作

经停港/指运港属于与运输相关的信息，报关单证操作人员可以通过提运单、提货单、船公司或航空公司查询平台等确认信息。

直接运抵货物，提运单上的“Port of Loading”或“Port of Departure”列明了经停港/指运港信息。

在第三国（地区）中转的货物，进口货物提货单上的“Port of Loading”通常为中转港。报关单证操作人员可以通过船公司和航空公司的货物查询平台查询货物的启运港、中转港及目的港的全程信息。例如，某企业从美国进口货物，提货单上的装货港为洛杉矶，但换单后提货单上的装货港为釜山。实际情况为，货物从洛杉矶港出口，经釜山中转，再到达天津新港，本栏目应填报釜山。

指运港信息的确认，报关单证操作人员需要与发货人确认最终目的港，或根据代理公司提供的装货单、委托信息等填报本栏目。

在“单一窗口”系统中，报关单证操作人员可以在本栏目的下拉菜单中选择经停港/指运港，或参考港口代码表录入中文名称、英文字母代码。

二十二、入境口岸/离境口岸

（一）填报规范

入境口岸填报进境货物从跨境运输工具卸离的第一个境内口岸的中文名称及代码；采取多式联运跨境运输的，填报多式联运货物最终卸离的境内口岸的中文名称及代码；过境货物填报货物进入境内的第一个口岸的中文名称及代码；从海关特殊监管区域或保税监管场所进境的，填报海关特殊监管区域或保税监管场所的中文名称及代码。其他无实际进境的货物，填报货物所在地的城市名称及代码。

离境口岸填报装运出境货物的跨境运输工具离境的第一个境内口岸的中文名称及代码；采取多式联运跨境运输的，填报多式联运货物最初离境的境内口岸的中文名称及代码；过境货物填报货物离境的第一个境内口岸的中文名称及代码；从海关特殊监管区域或保税监管场所离境的，填报海关特殊监管区域或保税监管场所的中文名称及代码。其他无实际出境的货物，填报货物所在地的城市名称及代码。

入境口岸/离境口岸代码由6位数字组成，例如，北京口岸代码为“110001 北京”。

（二）填制操作

入境口岸/离境口岸类型包括港口、码头、机场、机场货运通道、边境口岸、火车站、车辆装卸点、车检场、陆路港、坐落在口岸的海关特殊监管区域等。

在“单一窗口”系统中，报关单证操作人员可以在本栏目的下拉菜单中选择应填报的入境口岸/离境口岸，或者参考国内口岸代码表录入中文名称、代码。

二十三、包装种类

（一）填报规范

填报进出口货物的所有包装材料，包括运输包装和其他包装。运输包装指提运单所列货物件数单位对应的包装，其他包装包括货物的各类包装，以及植物性铺垫材料等。

本栏目应根据进出口货物的示外包装种类和材质，按海关规定的包装种类代码表选择填报相应的包装种类代码。

（二）填制操作

包装种类中运输包装、其他包装的填报，需要报关单证操作人员关注以下信息：

（1）与委托单位确认货物的运输包装是否含有动植物性包装。例如，木质或竹藤等植物性材料制盒/箱，木质或竹藤等植物性材料制桶等，必须如实申报。

（2）确认进出口货物是否存在“其他包装”，并确认其材质。“其他包装”栏目为选填栏目，当其他包装为动植物性包装物时，必须填报。

（3）一般情况下，其他包装不用于直接包装货物，而运输包装与货物件数相关联。例如，在装箱单或提运单中，件数和包装种类通常合并在一起出现，如“No. of PKGS 300 CASES”，即 300 木箱，“件数”应填报 300，“包装种类”填报木质或竹藤等植物性材料制盒/箱。

集装箱内未使用其他材料加固或铺垫的，“其他包装”无须填报。

（4）其他包装按照包装种类和材质，可分为纸箱（Cartons）、桶（Drums/Casks）、袋（Bags）、包（Bales）、捆（Bundles）、卷（Rolls）、托盘（Pallet）、散装（Bulk）等。

在“单一窗口”系统中，“包装种类”栏目分为包装种类、其他包装 2 部分。依据包装种类代码表（见表 9-6），报关单证操作人员可在“包装种类”栏目录入代码，或下拉菜单选择包装种类。

表 9-6 包装种类代码表

代码	中文名称	代码	中文名称
00	散装	39	其他材料制桶
01	裸装	04	球状罐类
22	纸制或纤维板制盒/箱	06	包/袋
23	木制或竹藤等植物性材料制盒/箱	92	再生木托
29	其他材料制盒/箱	93	天然木托
32	纸制或纤维板制桶	98	植物性铺垫材料
33	木制或竹藤等植物性材料制桶	99	其他包装

进口货物有其他包装的，点击“其他包装”，在下拉菜单中选择包装种类；进口货物没有其他包装的，可以不填报“其他包装”栏目。

二十四、件数

（一）填报规范

填报进出口货物运输包装的件数（按运输包装计）。

件数填报数量要求与舱单件数相同。件数填报数量大于舱单数量时，海关系统会做退单处理，须修改后重新发送；件数填报数量小于舱单数量时，舱单核销将出现异常。

同一提运单下，需要申报多个报关单时，要求所有报关单的件数合计数量与舱单件数相同。

舱单件数为集装箱的，填报集装箱个数；舱单件数为托盘的，填报托盘数。

“件数”栏目不得填报零，裸装货物填报“1”。

（二）填制操作

件数属于与运输相关的信息，报关单证操作人员可以通过以下方式查找：

（1）提运单、装箱单中都会注明货物运输包装件数。

（2）件数填报数量要求与舱单件数相同。报关单证操作人员可以使用海关总署新舱单信息查询系统，查询、核对件数。

在“单一窗口”系统中，报关单证操作人员依据件数的数量直接录入本栏目。

二十五、毛重（千克）

（一）填报规范

填报进出口货物及其包装材料的重量之和，计量单位为千克。

毛重应大于等于1，不足1千克的填报“1”。

“毛重”栏目不得为空。

毛重填报数量大于舱单数量时，海关系统会做退单处理，须修改后重新发送；毛重填报数量小于舱单数量时，舱单核销将出现异常。

同一提运单下，需要申报多个报关单时，要求所有报关单的毛重合计数量与舱单重量相同。

（二）填制操作

毛重属于与运输、货物成交相关的信息。报关单证操作人员可以通过以下方式查找：

（1）合同、发票、提运单、装箱单等单证中“Gross Weight（G. W.）”所显示的重量为进出口货物的毛重。按照“两个相符”原则，提运单、装箱单上的毛重数量应该相同。

（2）毛重填报数量必须与舱单系统相同。报关单证操作人员可以使用海关总署新舱单信息查询系统，查询、核对毛重。

在“单一窗口”系统中，报关单证操作人员依据毛重的数量直接录入本栏目。本栏目整数部分最多支持录入 14 位数字，小数部分最多支持录入 5 位数字。

二十六、净重（千克）

（一）填报规范

填报进出口货物的毛重减去外包装材料后的重量，即货物本身的实际重量，计量单位为千克。

部分商品的净重还包括直接接触商品的销售包装物料的重量（如罐头、化妆品、药品及类似品等）。

净重的计量单位为千克，净重应大于等于 1，不足 1 千克的填报“1”。

本栏目填报进出口货物的实际净重，不得为空。

以毛重作净重计价的货物，可填毛重，如矿砂、粮食等大宗散货或裸装的钢管、钢板等。按照国际惯例，以公量重计价的货物，如未脱脂羊毛、羊毛条等，填报公量重。

（二）填制操作

净重属于与货物成交相关的信息，在合同、发票、装箱单等单证的“Net Weight（N. W.）”处体现。合同、发票等有关单证不能确定净重的货物，可以估重填报。

在“单一窗口”系统中，报关单证操作人员依据净重的数量直接录入本栏目。本栏目整数部分最多支持录入 14 位数字，小数部分最多支持录入 5 位数字。

二十七、成交方式

（一）填报规范

在进出口贸易中，进出口商品的价格构成和买卖双方各自应承担的责任、费用和风险，以及货物所有权转移的界限，以贸易术语（价格术语）进行约定。

在填报进出口货物报关单时，应依据进出口货物的实际成交价格条款，按照海关规定的成交方式代码表（见表 9-7）选择填报相应的成交方式代码。

表 9-7　成交方式代码表

成交方式代码	成交方式名称	成交方式代码	成交方式名称
1	CIF	5	市场价
2	CFR	6	垫仓
3	FOB	7	EXW
4	C&I		

应注意的是，海关规定的“成交方式”与《国际贸易术语解释通则》中的贸易术语内涵并非完全一致。CIF、CFR、FOB 等常见的成交方式并不限于水路，而适用于任何国际货物运输方式，主要体现成本、运费、保险费等成交价格构成因素。

《2000 年国际贸易术语解释通则》《2010 年国际贸易术语解释通则》《2020 年国际贸易术语解释通则》中各贸易术语与海关规定的“成交方式”对应关系见表 9-8～表9-10。

表 9-8 《2000 年国际贸易术语解释通则》中 13 种贸易术语与海关规定的“成交方式”对应关系表

组别	E 组	F 组			C 组					D 组			
术语	EXW	FCA	FAS	FOB	CFR	CPT	CIF	CIP	DAF	DES	DEQ	DDE	DDP
成交方式	EXW	FOB			CFR		CIF						

表 9-9 《2010 年国际贸易术语解释通则》中 11 种贸易术语与海关规定的“成交方式”对应关系表

组别	E 组	F 组		C 组				D 组		
术语	EXW	FCA	FAS	CFR	CPT	CIF	CIP	DAT	DAP	DDP
成交方式	EXW	FOB		CFR		CIF				

表 9-10《2020 年国际贸易术语解释通则》中 11 种贸易术语与海关规定的“成交方式”对应关系表

组别	E 组	F 组		C 组				D 组		
术语	EXW	FCA	FAS	CFR	CPT	CIF	CIP	DPU	DAP	DDP
成交方式	EXW	FOB		CFR		CIF				

无实际进出境的货物，进口成交方式为 CIF 或其代码，出口成交方式为 FOB 或其代码。

（二）填制操作

成交方式属于与货物成交相关的信息，报关单证操作人员可在商业发票、合同等单证中查找到相关信息。如果商业发票等单证显示的成交方式不属于海关规定的成交方式代码表中的成交方式，报关单证操作人员需要依照实际成交价格的构成因素进行换算，选择成交方式代码表中具有相同价格构成的代码填报。例如，某公司海运进口电机 1×40GP，其商业发票显示“DDU Beijing”。成交方式代码表中没有 DDU，按照上述对应关系，应该选择填报 CIF，同时将到达目的港后的运输等费用，从成交价格中扣除后申报。

在“单一窗口”系统中，报关单证操作人员依据成交方式代码表中的代码填报，或在下拉菜单中选择。

二十八、运费

（一）填报规范

填报进口货物运抵我国境内输入地点起卸前的运输费用，出口货物运至我国境内输出地点装载后的运输费用。

免税品经营单位经营出口退税国产商品的，免予填报。

1. 成交方式与运费填报的逻辑关系

当进口货物成交价格不包含前述运输费用或者当出口货物成交价格含有前述运输费用，即进口成交方式为FOB、C&I、EXW或出口成交方式为CIF、CFR时，运费栏需要填报。进口货物成交价格包含前述运输费用或者出口货物成交价格不包含前述运输费用时，运费栏免予填报。

2. 运费单价、总额、费率的填报要求

运费可按运费单价、运费总价或运费率3种方式之一填报，注明运费标记并按照货币代码表填报币种代码。运费标记“1”表示运费率，“2”表示每吨货物的运费单价，“3”表示运费总价。例如，某批进口货物以FOB条款成交，不同运费条款应分别为：

（1）应计入完税价格的运费为300美元，填报“3/300/USD”；

（2）应计入完税价格的运费为30美元/吨，填报“2/30/USD”；

（3）应计入完税价格的运费为货物价格的3%，填报“1/3/”。

（二）填制操作

运费属于与货物成交相关的信息，报关单证操作人员可通过以下方式确认：

（1）与委托单位确认运费金额。

（2）部分海运提单或航空运单会标注国际运费金额，报关单证操作人员也可以向船代公司、航空公司查询运费金额，但需要与收发货人做进一步确认，以确保运费申报准确。

（3）商业发票单证中的“Freight”栏会体现运费。

在“单一窗口”系统中，报关单证操作人员确认运费申报方式后，按照货币代码表中的币种代码，录入运费。

（1）申报运费率，录入格式为“1/运费率”；

（2）申报运费单价，录入格式为“2/运费单价/币制代码”；

（3）申报运费总价，录入格式为“3/运费总价/币制代码”。

本栏目最多支持录入19位数字，19位中小数点后最多支持录入5位数字。

二十九、保费

进出口货物报关单所列的保费是指进出口货物在国际运输过程中，由被保险人付给保险人的保险费用。进口货物保费是指货物运抵我国境内输入地点起卸前的保险费用，出口货物保费是指货物运至我国境内输出地点装卸后的保险费用。

（一）填报规范

1. 成交方式与保费填报的逻辑关系

进口货物成交价格包含前述保险费用或者出口货物成交价格不包含前述保险费用时，保费栏免予填报。进口货物成交价格不包含保险费和出口货物成交价格含有保险费，即进口成交方式为 FOB、CFR 或出口成交方式为 CIF、C&I 时，保费栏需要填报。

2. 保费总额、费率的填报要求

陆运、空运和海运进口货物的保费，按照实际支付的费用计算。进口货物保险费无法确定或者未实际发生的，按货价加运费的3‰计算保费，计算公式：

保费 =（货价+运费）×3‰

保费可按保险费总价或保险费率 2 种方式之一填报，同时注明保险费标记，并按海关规定的货币代码表选择填报相应的币种代码。保险费标记“1”表示保险费率，“3”表示保险费总价。例如，某批进口货物以 FOB 条款成交，不同运费条款应分别为：

（1）应计入完税价格的保险费为 120 美元，填报“3/120/USD”；

（2）应计入完税价格的保险费为货物价格的 3‰，填报“1/0. 03/”。

运保费合并计算的，运保费填报在“运费”栏中，本栏目免予填报。

免税品经营单位经营出口退税国产商品的，免予填报。

（二）填制操作

保费属于与货物成交相关的信息，报关单证操作人员可通过以下方式确认：

（1）按照收发货人提供的保险单，确认保费金额。

（2）无法准确确认保费的，可以按照公式计算保费或按 3‰的比率填报保费。

（3）商业发票单证中的“Insurance”栏会体现保费。

在“单一窗口”系统中，报关单证操作人员确认保费申报方式后，按照货币代码表中的币种代码，录入保费。

（1）按照保险费率申报，录入格式为“1/保险费率”；

（2）按照保险费总价申报，录入格式为“3/保险费金额/币制代码”。

本栏目最多支持录入 19 位数字，19 位中小数点后最多支持录入 5 位数字。

三十、杂费

（一）填报规范

填报成交价格以外的，按照《关税条例》等相关规定应计入完税价格或应从完税价格中扣除的费用，如手续费、佣金、折扣等。

（1）杂费可按杂费总价或杂费率 2 种方式之一填报，同时注明杂费标记，并按海关规定的货币代码表选择填报相应的币种代码。杂费标记“1”表示杂费率，“3”表示杂费总价。

（2）应计入完税价格的杂费填报为正值或正率，应从完税价格中扣除的杂费填报为负值或负率。无杂费时，本栏目免填。

（3）免税品经营单位经营出口退税国产商品的，免予填报。

（二）填制操作

杂费属于与货物成交相关的信息，需要报关单证操作人员与收发货人确认。在发票以外，由买方支付的，作为调整因素应计入的费用，主要包括除购货佣金外的佣金和经纪费，与进口货物作为一个整体的容器费，包装费（包括材料费、劳务费），协助的价值，特许权使用费，返还给卖方的转售收益等。

在发票价格中已单独列明，应予以扣除的费用主要包括机械、设备等进口后发生的除保修费外的费用，货物运抵境内输入地点起卸后发生的运输及其相关费用、保险费，进口关税、进口环节税及其他国内税，境内外技术培训及境外考察费用等，具体可见《中华人民共和国海关审定进出口货物完税价格办法》（以下简称《审价办法》）。

在“单一窗口”系统中，报关单证操作人员确认杂费申报方式后，按照货币代码表中的币种代码，录入杂费。

（1）杂费费率为正值，录入格式为“1/杂费费率”；杂费费率为负值，录入格式为“-1/杂费费率”。

（2）杂费费用总价为正值，录入格式为“3/杂费金额/币制代码”；杂费费用总价为负值，录入格式为“3/-杂费金额/币制代码”。

小贴士

计入项目与扣减项目

一、计入完税价格的项目

下列项目若由买方支付，必须计入完税价格：

1. 除购货佣金外的佣金和经纪费

佣金通常可分为购货佣金和销售佣金。

购货佣金指买方向其采购代理人支付的佣金，按照规定不应该计入进口货物的完税价格中。

销售佣金指卖方向其销售代理人支付的佣金，但上述佣金如果由买方直接付给卖方的代理人，按照规定应该计入完税价格中。

经纪费指委托人向自己的经纪人支付的劳务费用，按照规定应计入完税价格中。

2. 与进口货物作为一个整体的容器费

与有关货物归入同一个税号的容器可以理解为与有关货物作为一个整体，例如，酒瓶与酒构成一个不可分割的整体，两者归入同一税号，如果酒瓶的费用没有包括在酒的完税价格中，则应予以计入。

3. 包装费

包装费既包括材料费，也包括劳务费。

4. 协助的价值

在国际贸易中，买方以免费或以低于成本价的方式向卖方提供了一些货物或者服务，这些货物或服务的价值被称为“协助的价值”。

协助的价值计入进口货物完税价格中应满足以下条件：

（1）由买方以免费或低于成本价的方式直接或间接提供；

（2）未包括在进口货物的实付或应付价格中；

（3）与进口货物的生产和向我国境内销售有关；

（4）可按适当比例分摊。

下列4项协助费用应计入进口货物完税价格：

（1）进口货物所包含的材料、部件、零件和类似货物的价值；

（2）在生产进口货物过程中使用的工具、模具和类似货物的价值；

（3）在生产进口货物过程中消耗的材料的价值；

（4）在境外进行的为生产该货物所需的工程设计、技术研发、工艺及制图等相关服务的价值。

5. 特许权使用费

特许权使用费是指进口货物的买方为取得知识产权权利人及权利人有效授权人关于专利权、商标权、专有技术、著作权、分销权或者销售权的许可或者转让而支付的费用。

以成交价格为基础审查确定进口货物的完税价格时，未包括在该货物实付、应付价格中的特许权使用费需计入完税价格，但是符合下列情形之一的除外：

（1）特许权使用费与该货物无关；

（2）特许权使用费的支付不构成该货物向我国境内销售的条件。

6. 返还给卖方的转售收益

如果买方在货物进口之后，把进口货物的转售、处置或使用的收益一部分返还给卖方，这部分收益的价格应该计入完税价格中。

上述所有项目的费用或价值计入完税价格中，必须同时满足3个条件：由买方负担；未包括在进口货物的实付或应付价格中；有客观量化的数据资料。如果纳税义务人不能提供客观量化的数据资料，海关与纳税义务人进行价格磋商后，完税价格由海关依次采用其他估价方法估定。

二、扣减项目（不计入完税价格）

进口货物的价款中单独列明的下列税收、费用，不计入该货物的完税价格：

（1）厂房、机械或者设备等货物进口后发生的建设、安装、装配、维修或者技术援助费用，但是保修费用除外；

（2）货物运抵境内输入地点起卸后发生的运输及其相关费用、保险费；

（3）进口关税、进口环节税及其他国内税；

（4）为在境内复制进口货物而支付的费用；

（5）境内外技术培训及境外考察费用。

此外，同时符合下列条件的利息费用不计入完税价格：

（1）利息费用是买方为购买进口货物而融资所产生的；

（2）有书面的融资协议的；

（3）利息费用单独列明的；

（4）纳税义务人可以证明有关利率不高于在融资当时当地此类交易通常应当具有的利率水平，且没有融资安排的相同或者类似进口货物的价格与进口货物的实付、应付价格非常接近的。

三十一、随附单证及编号

（一）填报规范

根据海关规定的监管证件代码表（见表9-11）和随附单据代码表选择填报除《报关单填制规范》第十六条规定的许可证件以外的其他进出口许可证件或监管证件、随附单据代码及编号。

表 9-11　监管证件代码表

监管证件代码	监管证件名称	监管证件代码	监管证件名称
1	进口许可证	O	自动进口许可证（新旧机电产品）
2	两用物项和技术进口许可证	Q	进口药品通关单
3	两用物项和技术出口许可证	R	进口兽药通关单
4	出口许可证	S	进出口农药登记证明
5	纺织品临时出口许可证	U	合法捕捞产品通关证明
6	旧机电产品禁止进口	V	人类遗传资源材料出口、出境证明
7	自动进口许可证	X	有毒化学品环境管理放行通知单
8	禁止出口商品	Z	赴境外加工光盘进口备案证明
9	禁止进口商品	b	进口广播电影电视节目带（片）提取单
A	检验检疫	d	援外项目任务通知函
B	电子底账	f	音像制品（成品）进口批准单
D	出/入境货物通关单（毛坯钻石用）	g	技术出口合同登记证
E	濒危物种允许出口证明书	i	技术出口许可证
F	濒危物种允许进口证明书	k	民用爆炸物品进出口审批单
G	两用物项和技术出口许可证（定向）	m	银行调运人民币现钞进出境证明
I	麻醉精神药品进出口准许证	n	音像制品（版权引进）批准单

表9-11 续

监管证件代码	监管证件名称	监管证件代码	监管证件名称
J	黄金及黄金制品进出口准许证	u	钟乳石出口批件
L	药品进出口准许证	z	古生物化石出境批件
M	密码产品和设备进口许可证		

本栏目分为“随附单证代码”和“随附单证编号”两栏，其中“随附单证代码”栏按海关规定的监管证件代码表和随附单据代码表选择填报相应证件代码；“随附单证编号”栏填报证件编号。

1. 监管证件代码表

在海关监管和通关操作中，为满足计算机管理和便捷通关的需要，海关根据我国对外贸易法律法规和规章，对每一个商品编码项下的商品，在通关系统中均对应设置一定的监管条件，用以表示该商品是否可以进出口，或者进出口时是否需要提交监管证件，以及提交何种监管证件。

监管条件以监管证件代码来表示，如监管条件为空，则表示该商品可以进出口且无须提交任何监管证件，本栏目无须填报；如监管证件有要求时，本栏目必须填报。例如，商品编码 8479899910 项下用于光盘生产的金属盘生产设备（具有独立功能的），监管条件为“6A”，其中代码“6”表示该商品的旧品禁止进口，代码“A”表示该商品为进口检验检疫商品。

2. 优惠贸易协定项下进出口货物的填报要求

（1）“优惠贸易协定代码”填报优惠贸易协定对应的代码。各优惠贸易协定代码如下：

“01”为“亚太贸易协定”；

“02”为“中国-东盟自贸协定”；

“03”为“内地与香港紧密经贸关系安排”（香港 CEPA）；

“04”为“内地与澳门紧密经贸关系安排”（澳门 CEPA）；

“06”为“台湾农产品零关税措施”；

“07”为“中国-巴基斯坦自贸协定”；

“08”为“中国-智利自贸协定”；

“10”为“中国-新西兰自贸协定”；

“11”为“中国-新加坡自贸协定”；

“12”为“中国-秘鲁自贸协定”；

“13”为“最不发达国家特别优惠关税待遇”；

“14”为“海峡两岸经济合作框架协议（ECFA）”；

“15”为“中国-哥斯达黎加自贸协定”；

“16”为“中国-冰岛自贸协定”；

“17”为“中国-瑞士自贸协定”；

“18”为“中国-澳大利亚自贸协定”；

“19”为“中国-韩国自贸协定”；

“20”为“中国-格鲁吉亚自贸协定”；

“21”为“中国-毛里求斯自贸协定”。

（2）“原产地证明类型”选择原产地证书或者原产地声明。免予提交原产地证明的小金额进口货物（以下简称小金额货物）该栏默认为空。

（3）“原产地证明编号”填报原产地证书编号或者原产地声明序列号。小金额货物填写“XJE00000”。

一份报关单对应一份原产地证明，一份原产地证明应当对应同一批次货物。享受和不享受协定税率或者特惠税率（以下统称优惠税率）的同一批次进口货物可以在同一张报关单中申报。

“同一批次”进口货物指由同一运输工具同时运抵同一口岸，并且属于同一收货人，使用同一提单的进口货物。对于客观原因（集装箱货物因海河联运需大船换小船、因海陆联运需分车运输，陆路运输集装箱货物需大车换小车以及其他多式联运情况下同一批次货物在中转地需要分拆由多个小型运输工具进行中转运输的情况等）导致有关进口货物在运抵中国关境（运抵口岸）前必须分批运输的情况，不影响同一批次的认定。

同一批次出口货物比照上述进口货物的规定进行审核认定。

（4）“优惠贸易协定项下原产地”填报根据相关优惠贸易协定原产地管理办法确定的货物原产地。

（5）“原产地证明商品项号”填报报关单商品项对应的原产地证明商品项号。小金额货物在该栏填报报关单中该商品的项号。

（6）填报示例

①凭编号为ABC12345的原产地证书进口“中国-东盟自贸协定”项下货物，报关单商品项对应原产地证书的第3项，“优惠贸易协定”类栏目填报如下：

“优惠贸易协定代码”为“02”、“原产地证明类型”为“原产地证书”、“原产地证明编号”为“ABC12345”、“优惠贸易协定项下原产地”为“泰国”、“原产地证明商品项号”为“3”。

②进口“中国-韩国自贸协定”项下小金额货物，报关单商品项对应原产地证书的第4项，“优惠贸易协定”类栏目填报如下：

“优惠贸易协定代码”为“19”、“原产地证明类型”为空、“原产地证明编号”为“XJE00000”、“优惠贸易协定项下原产地”为“韩国”、“原产地证明商品项号”为“4”。

3. 加工贸易项下内销补税、深加工结转等报关业务的填报要求

（1）加工贸易内销征税报关单（使用“金二”加贸系统的除外），“随附单证代码”栏填报“c”，“随附单证编号”栏填报海关审核通过的内销征税联系单号。

（2）加工贸易深加工结转报关单，“随附单证代码”栏填报“K”，“随附单证编号”栏填报深加工结转申请表编号。

（二）填制操作

（1）随附单证代码

当进出口货物涉及海关监管证件时，系统将在“随附单证代码”栏中提示通关所需监管证件代码；当进出口货物涉及优惠原产地证、加工贸易通关所需单证时，系统不会作出提示，报关单证操作人员需要在“随附单证代码”栏中录入代码或在下拉菜单中选择。

（2）随附单证编号

按照相关证件号码直接录入。

（3）随附单据上传

在“单一窗口”系统中，选择通关无纸化申报后，报关单证操作人员须上传发票、箱单、合同、提运单等报关单证。单证上传后，本栏目中将显示上传资料的名称。

三十二、标记唛码及备注

标记唛码即运输标志。进出口货物报关单上的标记唛码专指货物的运输标志。货物标记唛码的英文表示有“Marks/Marking/MKS/Marks&No./Shipping Marks”等，通常是由一个简单的几何图形和一些字母、数字及简单的文字组成，包含收货人代号、合同号和发票号、目的地、原产国（地区）、最终目的国（地区）、目的港或中转港和件数号码等内容。

标记唛码及备注是指除按报关单固定栏目申报进出口货物有关情况外，需要补充或特别说明的事项，包括关联备案号、关联报关单号，以及其他需要补充或特别说明的事项。

（一）填报规范

本栏目填报要求如下：

（1）标记唛码录入除图形以外的文字、数字，无标记唛码的填报“N/M”。

（2）受外商投资企业委托代理其进口投资设备、物品的进出口企业名称。

（3）关联备案的填报：

①与本报关单有关联关系的，同时在业务管理规范方面又要求填报的备案号，填报在电子数据报关单中“关联备案”栏。

②保税间流转货物、加工贸易结转货物及凭征免税证明转内销货物，其对应的备案号填报在“关联备案”栏。

③减免税货物结转进口（转入），“关联备案”栏应填写本次减免税货物结转所申请的《进口减免税货物结转联系函》的编号。

④减免税货物结转出口（转出），“关联备案”栏应填写与其相对应的进口（转入）报关单“备案号”栏中征免税证明的编号。

（4）关联报关单的填报：

①与本报关单有关联关系的，同时在业务管理规范方面又要求填报的报关单号，填报在电子数据报关单中“关联报关单”栏。

②保税间流转、加工贸易结转类的报关单，应先办理进口报关，并将进口报关单号填入出口报关单的“关联报关单”栏。

③办理进口货物直接退运手续的，除另有规定外，应当先填写出口报关单，再填写进口报关单，并将出口报关单号填入进口报关单的“关联报关单”栏。

④减免税货物结转出口（转出），应先办理进口报关，并将进口（转入）报关单号填入出口（转出）报关单的“关联报关单”栏。

（5）直接退运货物的填报：

办理进口货物直接退运手续的，本栏目填报“<ZT”+“海关审核联系单号”或“海关责令进口货物直接退运通知书编号”+“>”。

（6）保税监管场所进出货物的填报：

在“保税/监管场所”栏填写本保税监管场所编码［保税物流中心（B型）填报本中心的国内地区代码］，其中涉及货物在保税监管场所间流转的，在本栏目填写对方保税监管场所代码。

（7）涉及加工贸易货物销毁处置的，填报海关加工贸易货物销毁处置申报表编号。

（8）当监管方式为“暂时进出货物”（代码2600）和“展览品”（代码2700）时，填报要求如下：

①根据《中华人民共和国海关暂时进出境货物管理办法》（海关总署令第233号）（以下简称《管理办法》）第三条第一款所列项目，填报暂时进出境货物类别，例如，暂进六，暂出九。

②根据《管理办法》第十条规定，填报复运出境或者复运进境日期，期限应在货物进出境之日起6个月内。例如，20180815前复运进境，20181020前复运出境。

③根据《管理办法》第七条，向海关申请对有关货物是否属于暂时进出境货物进行审核确认的，填报“中华人民共和国××海关暂时进出境货物审核确认书”编号。例如，<ZS海关审核确认书编号>，其中英文为大写字母；无此项目的，无须填报。

上述内容依次填报，项目间用“/”分隔，前后均不加空格。

④收发货人或其代理人申报货物复运进境或者复运出境的，货物办理过延期的，根据《管理办法》填报“货物暂时进/出境延期办理单”的海关回执编号。例如，<ZS海关回执编号>，其中英文为大写字母；无此项目的，无须填报。

（9）跨境电子商务进出口货物，在本栏目内填报“跨境电子商务”。

（10）加工贸易副产品内销，在本栏目填报“加工贸易副产品内销”。

（11）服务外包货物进口，填报“国际服务外包进口货物”。

（12）公式定价进口货物填报公式定价备案号，格式为“公式定价”+“备案编号”+“@”。对于同一报关单下有多项商品的，如某项或某几项商品为公式定价备案的，则备注栏内填报为“公式定价”+“备案编号”+“#”+“商品序号”+“@”。

（13）获得预裁定决定书的进出口货物的填报：

进出口与预裁定决定书列明情形相同的货物时，按照预裁定决定书填报，格式为“预裁定”+“预裁定决定书编号”。例如，某份预裁定决定书编号为“R-2-0100-2018-0001”，则填报为“预裁定R-2-0100-2018-0001”。

（14）含归类行政裁定的报关单，应在报关单备注栏内填写归类裁定编号，格式为

“e”+四位数字编号。例如，c0001。

（15）已经在进入海关特殊监管区时完成检验的货物，在出区入境申报时，填报“预检验字样”，同时在“关联报检单”栏填报实施预检验的报关单号。

（16）进口直接退运的货物，填报“直接退运”字样。

（17）企业提供 ATA 单证册的货物，填报“ATA 单证册”字样。

（18）不含动物源性低风险生物制品，填报“不含动物源性”字样。

（19）货物自境外进入境内海关特殊监管区或者保税仓库的，填报“保税入库”或者“境外入区”字样。

（20）海关特殊监管区域与境内区外之间采用分送集报方式进出的货物，填报“分送集报”字样。

（21）军事装备出入境的，填报“军品”或“军事装备”字样。

（22）申报商品编码为 3821000000、3002300000 属于下列情况的，填报要求为：

属于培养基的，填报“培养基”字样；属于化学试剂的，填报“化学试剂”字样；不含动物源性成分的，填报“不含动物源性”字样。

（23）属于修理物品的，填报“修理物品”字样。

（24）属于下列情况的，填报“压力容器”“成套设备”“食品添加剂”“成品退换”“旧机电产品”等字样。

（25）商品编码为 2903890020（入境六溴环十二烷），用途为“其他”（代码 99）的，填报具体用途。

（26）集装箱体信息填报集装箱号（在集装箱箱体上标示的全球唯一编号）、集装箱规格、集装箱商品项号关系（单个集装箱对应的商品项号，用半角逗号分隔）、集装箱货重（集装箱箱体自重加装载货物重量，单位为千克）。

（27）申报商品编码为 3006300000、3504009000、3507909010、3507909090、3822001000、3822009000，不属于“特殊物品”的，填报“非特殊物品”字样。“特殊物品”的定义见《出入境特殊物品卫生检疫管理规定》。

（28）进出口列入《法检目录》的进出口商品及法律、行政法规规定须经出入境检验检疫机构检验的其他进出口商品实施检验的，填报“应检商品”字样。

（29）申报时其他必须说明的事项。

（二）填制操作

在“单一窗口”系统中，“标记唛码及备注”栏分为 4 个部分：标记唛码、备注、关联备案及报关单、集装箱项目。

（1）标记唛码

标记唛码属于与运输相关的信息。唛头印刷或粘贴在货物外包装上，报关单证操作人员可以从提运单、装箱单等报关单证中查看唛头。

本栏目录入除图形以外的文字、数字，无标记唛码的录入“N/M”，最多录入 400 字符。

（2）备注

备注项可以录入与海关管理相关的信息，也可以根据收发货人的要求录入部分补充信息。

①加工贸易结转的关联备案号或报关单号。加工贸易结转进口申报时，可以请收货人提供对方的手册编号；加工贸易结转出口申报时，可以请发货人提供对方的进口报关单，以确认对方手册编号及“转入进口报关单编号”。

②减免税设备结转的关联，需要收发货人提供《进口减免税货物结转联系函》及对方的相关联手册号或减免税证明编号。

③直接退运货物、含预归类商品报关单、含归类裁定货物的报关单、获得预审价决定书的进出口货物，填报相关审批证件编号。

④暂时进出货物、展览品，填报适用的暂时进出境货物类别、复运进境或出境日期、海关暂时进/出境货物审核确认书的编号（属于涉及海关审核类的货物）。

⑤录入其他必要信息。例如，收发货人为便于报关单管理录入发票号、清单号等。

本栏目最多可录入255字符。

（3）关联备案及报关单

保税间流转、加工贸易结转类、直接退运货物、减免税货物结转业务，需要填报关联备案及报关单。本栏目最多录入18位字符。

（4）集装箱项目

申报使用集装箱装载进出口货物的情况时，本栏目必须填报；未使用集装箱装载进出口货物的，本栏目无须填报。

在“单一窗口”系统中，集装箱项目的录入分为5个部分：集装箱号、集装箱规格、自重、拼箱标识、商品项号关系。

①集装箱号

集装箱号是在每个集装箱箱体两侧标示的全球唯一编号。其组成规则是箱主代号（3位字母）+设备识别号“U”+顺序号（6位数字）+校验码（1位数字）。例如，TCKU6201981。

报关单证操作人员在本栏目填报集装箱号。

②集装箱规格

报关单证操作人员根据提运单确认集装箱规格，按照集装箱规格代码表（见表9-12）选择填报集装箱规格，或在下拉菜单中选择。其中，L代表40尺集装箱、S代表20尺集装箱。

例如，TCKU6201981为40尺普通集装箱，应填报“普通2*标准箱（L）”。

表9-12　集装箱规格代码表

代码	中文名称
11	普通2*标准箱（L）
12	冷藏2*标准箱（L）
13	罐式2*标准箱（L）
21	普通标准箱（S）

表9-12 续

代码	中文名称
22	冷藏标准箱（S）
23	罐式标准箱（S）
31	其他标准箱（S）
32	其他 2 * 标准箱（L）
N	非集装箱

③自重

录入集装箱箱体的重量（千克），本栏目为选填项。

④拼箱标识

进出口货物为集装箱拼箱货物时，在本栏目的下拉菜单中选择“是”或“否”。

⑤商品项号关系

报关单证操作人员与委托单位确认每个集装箱和货物的对应关系，填报时在本栏目的下拉菜单中选择单个集装箱对应的商品项号，同一个集装箱对应多个商品项号的，应根据实际情况多选填报。本栏目应在填报完货物表体部分后填报。

小贴士

集装箱标识

集装箱标识是为便于在流通和使用中识别与管理集装箱，便于单据编制和信息传输而编制的集装箱代号、标志的统称。国际标准化组织规定的标记有必备标记和自选标记两类，每一类标记中又分为识别标记和作业标记。必备标记中的识别标记包括箱主代号、顺序号和核对数字；作业标记包括额定重量和自定重量标记、空陆水联运集装箱标记和登箱顶触电警告标记。自选标记中的识别标记包括国家和地区代号、尺寸和类型代号；作业标记包括超高标记和国际铁路联盟标记。

一、必备标记

1. 识别标记

（1）箱主代号。国际标准化组织规定，箱主代号由 4 个大写的英文字母表示，前 3 位由箱主自己规定，第 4 位一律用“U”表示。

（2）顺序号。又称箱号，由 6 位阿拉伯数字组成。如有效数字不是 6 位时，则在有效数字前用“0”补足 6 位，如“053842”。

（3）核对数字。核对数字是用来核对箱主代号和顺序号记录是否准确的依据。它位于箱号后，以 1 位阿拉伯数字加一方框表示。

2. 作业标记

（1）额定重量和自定重量标记。额定重量即集装箱总重，自定重量即集装箱空箱重量，以公斤（kg）和磅（lb）同时表示。

（2）空陆水联运集装箱标记。该集装箱因强度仅能堆码两层，因而国际标准化组织对该集装箱规定了特殊标记。该标记为黑色，位于侧壁和端壁的左上角，最小尺寸为高127mm、长355mm，字母标记的字体高度至少为76mm。

（3）登箱顶触电警告标记。该标记为黑色三角形，三角形内的底色为黄色，一般设在罐式集装箱和登顶箱顶的扶梯处，以警告登顶者有触电危险。

二、自选标记

1. 识别标记

（1）国家和地区代号，如中国用“CN”，美国用“US”。

（2）尺寸和类型代号（箱型代码）。

2. 作业标记

（1）超高标记。该标记为在黄色底上标出黑色数字和边框，贴在集装箱每侧的左下角，距箱底约0.6m处，同时贴在集装箱主要标记的下方。凡高度超过2.6m的集装箱均应贴上此标记。

（2）国际铁路联盟标记。凡符合《国际铁路联盟条例》规定的集装箱，均可获得该标记。该标记是在欧洲铁路上运输集装箱的必要通行标志。

三十三、项号

项号是指申报货物在报关单中的商品排列序号及该项商品在加工贸易手册、征免税证明等备案、审批单证中的顺序编号。

（一）填报规范

本栏目分两行填报。第一行填报报关单中的商品顺序编号；第二行填报备案序号，专用于加工贸易及保税、减免税等已备案、审批的货物，填报该项货物在加工贸易手册或征免税证明等备案、审批单证中的顺序编号。

1. 加工贸易项下进出口货物的填报要求

加工贸易项下进出口货物的报关单，第一行填报报关单中的商品顺序编号，第二行填报该项商品在加工贸易手册中的商品备案项号，用于核销对应项号下的料件或成品数量。例如，一张加工贸易料件进口报关单中某项商品项号填报为“01”“10”，说明该商品位列报关单所申报商品的第1项，且对应加工贸易手册备案料件第10项。

第二行特殊情况填报要求如下：

（1）深加工结转货物，分别按照加工贸易手册中的进口料件项号和出口成品项号填报。

（2）料件结转货物（包括料件、制成品和未完成品折料），出口报关单按照转出加工贸易手册中进口料件的项号填报；进口报关单按照转入加工贸易手册中进口料件的项号填报。

（3）料件复出货物（包括料件、边角料），出口报关单按照加工贸易手册中进口料件的项号填报；如边角料对应一个以上料件项号时，填报主要料件项号。料件退换货物（包括料件、不包括未完成品），进出口报关单按照加工贸易手册中进口料件的项号填报。

（4）成品退换货物，退运进境报关单和复运出境报关单按照加工贸易手册原出口成品的项号填报。

(5) 加工贸易料件转内销货物，以及按料件办理进口手续的转内销制成品、残次品、未完成品，填制进口报关单，填报加工贸易手册中进口料件的项号；加工贸易边角料、副产品内销，填报加工贸易手册中对应的进口料件项号。如边角料或副产品对应一个以上料件项号时，填报主要料件项号。

(6) 加工贸易成品凭征免税证明转为减免税货物进口的，应先办理进口报关手续。进口报关单填报征免税证明中的项号，出口报关单填报加工贸易手册原出口成品项号，进、出口报关单货物数量应一致。

(7) 加工贸易货物销毁，填报加工贸易手册中相应的进口料件项号。

(8) 加工贸易副产品退运出口、结转出口，填报加工贸易手册中新增成品的出口项号。

(9) 经海关批准实行加工贸易联网监管的企业，按海关联网监管要求，企业需申报报关清单的，应在向海关申报进出口（包括形式进出口）报关单前，向海关申报清单。一份报关清单对应一份报关单，报关单上的商品由报关清单归并而得。加工贸易电子账册报关单中项号、品名、规格等栏目的填报规范比照加工贸易手册。

2. 优惠贸易协定项下进出口货物的填报要求

有关优惠贸易协定项下进出口货物报关单的填报要求按照《关于优惠贸易协定项下进出口货物报关单填制规范的公告》（海关总署公告 2016 年第 51 号）执行。

（二）填制操作

项号是与海关管理相关的信息，本栏目有商品序号和备案序号 2 种。

一般贸易项下货物，只需按照录入顺序填报项号，1 个报关单号可以录入 50 项商品。加工贸易项下货物，除需要按照录入顺序填报项号外，还需要按照加工贸易手册备案内容，填报备案项号。报关单证操作人员按照原料备案项号填报进口报关单，按照成品备案项号填报出口报关单。

优惠贸易协定项下备案序号按照单证对应关系表填报要求填报。

三十四、商品编号

（一）填报规范

填报由 10 位数字组成的商品编号。前 8 位为《税则》和《统计商品目录》确定的编码；第 9、10 位为监管附加编号。

加工贸易货物，进出口报关单的商品编号应与加工贸易手册（账册）中备案的商品编号一致。

减免税货物，进出口报关单的商品编号应与征免税证明备案的商品编号一致。

加工贸易保税货物跨关区深加工结转双方的商品编号的前 4 位必须一致。

（二）填制操作

商品编号是与海关管理相关的信息，与税费、监管条件等密切相关。

一般贸易项下货物，报关单证操作人员需了解商品信息（材质、成分含量、工作原理、功能用途等），与收发货人共同完成对商品编号的确认。

加工贸易手册项下货物，在报关单录入系统中录入备案号、备案序号后，系统自动调取加工贸易手册备案的商品编号。

征免税证明项下货物，在报关单录入系统中录入征免税证明编号后，系统自动调取征免税证明备案商品编号。

进出口货物报关单中，涉及预归类裁定的商品应按照预归类裁定的商品编号申报。

小贴士

进出口商品归类

进出口商品归类是指在《商品名称及编码协调制度公约》（以下简称《协调制度公约》）商品分类目录体系下，以《税则》为基础，按照《商品及品目注释》《本国子目注释》，以及海关总署发布的关于商品归类的行政裁定、商品归类决定的要求，确定进出口货物商品编码的活动。

进出口商品归类的意义在于：

（1）是对进出口商品实施关税政策、措施，如关税征收、减征或免征的基础、依据；

（2）是对进出口商品准确估价，合理确定货物原产地的基础；

（3）是编制海关进出口商品统计，确保数据准确，实现与国际贸易统计的对比和交换的基础；

（4）是实施货物贸易管制措施，对受控物质，如废物、麻醉药物、化学武器、臭氧层消耗物质、危险品等进行有效监控的基础。

此外，进出口商品归类的准确和统一，关乎报关单位的切身利益，影响通关效率。

《商品名称及编码协调制度》

为便利国际贸易及相关统计资料的收集、对比与分析，减少国际贸易往来中因分类制度不同而引起的转换费用，以及便利数据的传输和贸易单证的统一，海关合作理事会（1994 年更名为世界海关组织）主持制定了《协调制度公约》。

《商品名称及编码协调制度》（以下简称《协调制度》，英文简称为 HS）作为《协调制度公约》的附件，是以《海关合作理事会分类目录》和《国际贸易标准分类》为基础，参考国际上其他主要的分类目录制定而成的。

1988 年，《协调制度》正式生效，成为全球通用的国际贸易商品分类目录。1992 年 1 月 1 日，我国正式以《协调制度》为基础编制《税则》和《统计商品目录》。截至目前，已有 200 多个国家、地区和国际组织采用《协调制度》分类目录。

《协调制度》将国际贸易商品分为 21 大类 97 章，其中第 77 章是空章。

《协调制度》商品编码表的主要内容是品目和子目。

商品编码表中前 4 位编码货品名称，称为“品目条文”，主要限定了 4 位编码所包括商品的名称、规格、成分、用途、加工程度或方式等，是《协调制度》中具有法律效力的归类依据。

商品编码表中5、6位数级货品名称，称为“子目条文”，主要限定了品目条文项下子目所包括具体的商品名称、规格、成分等，也是具有法律效力的归类依据。

我国《税则》在《协调制度》6位编码的基础上增设了第7、8位编码，即我国的本国子目。对一些有特殊规定的商品，我国海关又增设了第9、10位编码。

编码不是简单的顺序号，它具有一定的含义。

第1、2位表示商品所在的章。

第3、4位表示商品在该章中的税目。

第5位是一级子目，也称第5位数级编码。

第6位是二级子目，也称第6位数级编码。

同理，第7位、第8位是三级、四级子目，也分别称第7位、第8位数级编码。

第5~8位中出现数字“9”，则通常情况下代表未具体列名的商品，即在“9”的前面一般留有空序号，以便修订时增添新商品。

三十五、商品名称及规格型号

商品名称是指国际贸易缔约双方的商品名称。报关单中的商品名称是指进出口货物规范的中文名称。

规格型号是指反映商品性能、品质和规格的系列指标，如品牌、等级、成分、含量、纯度、尺寸等。

（一）填报规范

本栏目分两行填报。第一行填报进出口货物规范的中文商品名称，如果发票中的商品名称为非中文名称，则需翻译成规范的中文名称填报，必要时加注原文。第二行填报规格型号，按照《规范申报目录》的要求填报。

1. 商品名称及规格型号中申报要素的填报

（1）商品名称及规格型号应据实填报，并与进出口货物收发货人或受委托的报关企业所提交的合同、发票等相关单证相符。

（2）商品名称应当规范，规格型号应当足够详细，以能满足海关归类、审价及许可证件管理要求为准，可参照《规范申报目录》对商品名称、规格型号的要求进行填报。

（3）已备案的加工贸易及保税货物，填报的内容必须与备案登记中同项号下货物的商品名称一致。

（4）对需要海关签发货物进口证明书的车辆，商品名称应填报“车辆品牌”+“排气量（注明cc）”+“车型（如越野车、小轿车等）”。进口汽车底盘不填报排气量。车辆品牌应按照“进口机动车辆制造厂名称和车辆品牌中英文对照表”中签注名称一栏的要求填报。规格型号可填报“汽油型”等。

（5）由同一运输工具同时运抵同一口岸并且属于同一收货人、使用同一提单的多种进口货物，按照商品归类规则应当归入同一商品编号的，应当将有关商品一并归入该商品编号。商品名称填报一并归类后的商品名称；规格型号填报一并归类后商品的规格型号。

（6）加工贸易边角料和副产品内销、边角料复出口，填报其报验状态的名称和规格型号。

（7）进口货物收货人以一般贸易方式申报进口属于《需要详细列名申报的汽车零部件清单》（海关总署公告 2006 年第 64 号）范围内的汽车生产件的，应按以下要求填报：

①商品名称填报进口汽车零部件的详细中文商品名称和品牌，中文商品名称与品牌之间用“/”相隔，必要时加注英文商业名称；进口的成套散件或者毛坯件应在品牌后加注“成套散件”“毛坯”等字样，并与品牌之间用“/”相隔。

②规格型号填报汽车零部件的完整编号。在零部件编号前应当加注“S”字样，并与零部件编号之间用“/”相隔，零部件编号之后应当依次加注该零部件适用的汽车品牌和车型。汽车零部件属于可以适用于多种汽车车型的通用零部件的，零部件编号后应当加注“TY”字样，并用“/”与零部件编号相隔。

与进口汽车零部件规格型号相关的其他需要申报的要素，或者海关规定的其他需要申报的要素，如功率、排气量等，应当在车型或“TY”之后填报，并用“/”与之相隔。

汽车零部件报验状态是成套散件的，应当在“标记唛码及备注”栏内填报该成套散件装配后的最终完整品的零部件编号。

（8）进口货物收货人以一般贸易方式申报进口属于《需要详细列名申报的汽车零部件清单》（海关总署公告 2006 年第 64 号）范围内的汽车维修件的，填报规格型号时，应当在零部件编号前加注“W”，并与零部件编号之间用“/”相隔；进口维修件的品牌与该零部件适用的整车厂牌不一致的，应当在零部件编号前加注“WF”，并与零部件编号之间用“/”相隔。其余申报要求同上条执行。

2. 商品名称及规格型号中品牌类型、出口享惠情况的填报

（1）品牌类型。品牌类型为必填项目。可选择“无品牌”（代码 0）、“境内自主品牌”（代码 1）、“境内收购品牌”（代码 2）、“境外品牌（贴牌生产）”（代码 3）、“境外品牌（其他）”（代码 4）如实填报。

其中，“境内自主品牌”是指由境内企业自主开发、拥有自主知识产权的品牌；“境内收购品牌”是指境内企业收购的原境外品牌；“境外品牌（贴牌生产）”是指境内企业代工贴牌生产中使用的境外品牌；“境外品牌（其他）”是指除代工贴牌生产外使用的境外品牌。上述品牌类型中，除“境外品牌（贴牌生产）”仅用于出口外，其他类型均可用于进口和出口。

（2）出口享惠情况。出口享惠情况为出口报关单必填项目。可选择“出口货物在最终目的国（地区）不享受优惠关税”“出口货物在最终目的国（地区）享受优惠关税”“出口货物不能确定在最终目的国（地区）享受优惠关税”如实填报。进口货物报关单不填报该申报项。

“出口货物在最终目的国（地区）不享受优惠关税”是指出口货物没有计划在最

终目的国（地区）享受优惠关税；“出口货物在最终目的国（地区）享受优惠关税”是指出口货物计划在最终目的国（地区）享受优惠关税；“出口货物不能确定在最终目的国（地区）享受优惠关税”是指出口货物在申报时不能确定最终目的国（地区），以尽可能预知的最后运往国（地区）为最终目的国（地区）进行申报。

3. 进口已获 3C 认证的机动车辆的填报

申报进口已获 3C 认证的机动车辆时，填报以下信息：

（1）提运单日期。填报该项货物的提运单签发日期。

（2）质量保质期。填报机动车的质量保证期。

（3）发动机号或电机号。填报机动车的发动机号或电机号，应与机动车上打刻的发动机号或电机号相符。纯电动汽车、插电式混合动力汽车、燃料电池汽车为电机号，其他机动车为发动机号。

（4）车辆识别代码（VIN）。填报机动车车辆识别代码，须符合国家强制性标准《道路车辆　车辆识别代号（VIN）》（GB16735）的要求。该项目一般与机动车的底盘（车架号）相同。

（5）发票所列数量。填报对应发票中所列进口机动车的数量。

（6）品名（中文名称）。填报机动车中文品名，按“进口机动车辆制造厂名称和车辆品牌中英文对照表”的要求填报。

（7）品名（英文名称）。填报机动车英文品名，按“进口机动车辆制造厂名称和车辆品牌中英文对照表”的要求填报。

（8）型号（英文）。填报机动车型号，与机动车产品标牌上整车型号一栏相符。

4. 进口属于实施反倾销、反补贴措施货物的填报

进口货物收货人申报进口属于实施反倾销、反补贴措施货物的，填报原厂商中文名称、原厂商英文名称、反倾销税率、反补贴税率和是否符合价格承诺等计税必要信息。

格式要求为“|<><><><><>”。“|”“<”和“>”均为英文半角符号。第一个“|”为在“规格型号”栏目中已填报的最后一个申报要素后系统自动生成或人工录入的分割符（若相关商品税号无规范申报填报要求，则需要手工录入“|”），“|”后面 5 个“<>”内容依次为原厂商中文名称、原厂商英文名称（如无原厂商英文名称，可填报以原厂商所在国或地区文字标注的名称，具体可参照商务部实施贸易救济措施相关公告中对有关原厂商的外文名称写法）、反倾销税税率、反补贴税税率、是否符合价格承诺。其中，反倾销税税率和反补贴税税率填写实际值，例如，税率为 30%，填写 0.3。是否符合价格承诺填写“1”或者“0”，“1”代表“是”，“0”代表“否”。填报时，5 个“<>”不可缺项，如第 3、4、5 项“<>”中无申报事项，相应“<>”中的内容可以为空，但“<>”需要保留。

（二）填制操作

在“单一窗口”系统中，商品名称及规格型号分为 2 部分填报。

报关单证操作人员在“商品名称”栏目录入文本内容，本栏目最多可录入 255 位字符。报关单证操作人员录入商品编码后，系统弹出“商品规范申报-商品申报要素”

表，根据提示录入完成后，系统将申报要素更新为“规格型号”栏目内容。

商品名称、规格型号的填报，需要报关单证操作人员与委托单位做详细沟通，了解商品信息（材质、成分含量、工作原理、功能用途等），根据《规范申报目录》填报。

（1）参考发票中的商品名称。一般体现在“Description of Goods/Product and Description/Goods Description/Quantities and Description”等栏目。

（2）加工贸易保税货物、减免税货物，报关单证操作人员按照收发货人备案信息，填报商品名称，根据《规范申报目录》的要求，以及报关单据与委托单位确认的规格型号填报。

（3）商品名称、规格型号与商品编号必须逻辑相符。报关单证操作人员根据商品编号查询《规范申报目录》，按照要求逐项填报规格型号。报关单证操作人员须在正确理解的基础之上，与委托单位做详细确认。

（4）品牌类型。

①确定品牌持有企业的所在地。所有权属于境外企业的品牌，按境外品牌申报，反之按境内品牌申报。

②“境外品牌（贴牌生产）”仅用于在境内生产的、出口时按生产合同约定使用境外品牌的货物。品牌使用许可并不采用授权书等单独法律文本的形式，而是在加工合同中用合同条款表述。在这种情况下，只要符合合同约定，出口商品使用境外品牌的，即可申报为“境外品牌（贴牌生产）”。品牌类别反映的是货物生产时的品牌信息，与货物进出口的目的或用途无关。加工贸易的进口料件应按照料件本身的品牌类别申报，不得申报为“境外品牌（贴牌生产）”。例如，贴牌生产企业从我国香港进口了一批料件，印有香港品牌标识，应按“境外品牌（其他）”申报。

③“境外品牌（其他）”用于除贴牌生产外所有使用境外品牌的进出口货物。品牌持有人为境外公司，在境内工厂生产的货物，应申报“境外品牌（其他）”。例如，某总部在境外的跨国公司在境内全资设立了分公司，使用总公司品牌生产，出口时申报“境外品牌（其他）”。

④“境内自主品牌”是指由境内企业自主开发、具有自主知识产权的品牌，但品牌类别范围更广，包括但不限于在海关进行知识产权保护备案的商标。

⑤“境内收购品牌”是指境内企业收购的原境外品牌。境内企业为打开国际市场，收购了境外品牌，进出口货物直接使用该境外品牌，应按照“境内收购品牌”申报。

⑥“无品牌”用于不包含品牌信息的进出口货物。进出口货物的外包装上仅有公司名称，商品本身未印有品牌信息或商品的销售包装上不能反映品牌信息时，应按“无品牌”申报。

⑦同一个海关商品编码涉及多个品牌类别时，应该在报关单表体中分行申报，确保每个不同的品牌类别都能准确反映所对应商品的进出口情况。

（5）出口享惠情况需要与境外收货人确认，出口货物在最终目的国（地区）进口时，是否能享受优惠关税。对已与我国签署并实施优惠贸易协定的国家（地区），可以做重点确认。当出口报关单申报的“最终目的国（地区）”不是优惠贸易协定的国家（地区）时，应选择“出口货物在最终目的国（地区）不享受优惠关税”。

小贴士

申报要素

申报要素是指为满足归类、审价及许可证件管理等海关监管需要，参照《规范申报目录》中的要求向海关提交的有关商品信息。

三十六、数量及单位

（一）填报规范

报关单上的“数量及单位”栏指进出口商品的成交数量及计量单位，以及海关法定计量单位和按照法定计量单位计算的数量。

海关法定计量单位分为海关法定第一计量单位和法定第二计量单位。海关法定计量单位以《统计商品目录》中规定的计量单位为准。例如，天然水为“千升/千克”，烟卷为“千克/千支”。

本栏目分三行：

（1）第一行应按进出口货物的法定第一计量单位填报数量及单位，法定计量单位以《统计商品目录》中的计量单位为准。

（2）凡列明有法定第二计量单位的，应在第二行按照法定第二计量单位填报数量及单位。无法定第二计量单位的，本栏目第二行为空。

（3）成交计量单位及数量应填报并打印在第三行。成交计量单位与《统计商品目录》中的计量单位一致时，本栏目第三行为空。

法定计量单位为“千克”的数量填报，特殊情况下填报要求如下：

（1）装入可重复使用的包装容器的货物，应按货物扣除包装容器后的重量填报，如罐装同位素、罐装氧气及类似品等。

（2）使用不可分割包装材料和包装容器的货物，按货物的净重填报（包括内层直接包装的净重重量），如采用供零售包装的罐头、药品及类似品等。

（3）按照商业惯例以公量重计价的商品，应按公量重填报，如未脱脂羊毛、羊毛条等。

（4）采用以毛重作净重计价的货物，可按毛重填报，如粮食、饲料等大宗散装货物。

（5）采用零售包装的酒类、饮料、化妆品，按照液体部分的重量填报。

成套设备、减免税货物如需分批进口，货物实际进口时，应按照实际报验状态确定数量。

具有完整品或制成品基本特征的不完整品、未制成品，根据《协调制度》归类规则应按完整品归类的，按照构成完整品的实际数量填报。

加工贸易等已备案的货物，成交计量单位必须与加工贸易手册中同项号下货物的计量单位一致，加工贸易边角料和副产品内销、边角料复出口，本栏目填报其报验状态的计量单位。

优惠贸易协定项下进出口商品的成交计量单位必须与原产地证书上对应商品的计量单位一致。

法定计量单位为立方米的气体货物，应折算成标准状况（0 摄氏度及 1 个标准大气压）下的体积进行填报。

（二）填制操作

（1）成交单位

报关单证操作人员可以在下拉菜单中选择货物实际成交所用的计量单位。

加工贸易项下进出口报关单，报关单证操作人员录入备案号、备案项号后，“成交单位”栏目会显示为加工贸易手册备案计量单位，当备案计量单位与法定计量单位不同时，报关单证操作人员需要填报法定计量单位。

（2）成交数量、法定第一数量、法定第二数量

报关单证操作人员录入与计量单位对应的数量，本栏目最多可以录入 19 位数字，19 位中小数点后最多支持录入 4 位。

数量及单位是与货物成交相关的信息，报关单证操作人员可以从报关单证中查找。

（1）发票、装箱单中都列有货物的交易数量、单位和净重。合同或订单中列明的货物数量为订单总数量，有可能大于发票中列明的数量，注意不要混淆。

（2）当发票中列明的交易数量单位与法定计量单位不同时，本栏目必须填报法定计量单位。例如，某公司进口花边 500 米，净重为 120 千克，商品编码为 58043000，法定计量单位为千克，本栏目应按第一行“120 千克”，第二行为空，第三行“500 米”填报。

三十七、单价

单价是指进出口货物实际成交的商品单位价格。

（一）填报规范

填报同一项号下进出口货物实际成交的商品单位价格。无实际成交价格的，填报单位货值。

（二）填制操作

在“单一窗口”系统中，报关单证操作人员录入成交数量、成交单位后，可先录入总价，系统会自动核算出单价。

三十八、总价

总价是指进出口货物实际成交的商品总价。

（一）填报规范

填报同一项号下进出口货物实际成交的商品总价格。无实际成交价格的，填报

货值。

（二）填制操作

报关单证操作人员可以从发票、合同中获取相关信息。本栏目最多可以录入 19 位数字，19 位中小数点后最多支持录入 4 位。

三十九、币制

（一）填报规范

按海关规定的货币代码表（见表 9-13）选择相应的货币名称及代码填报，如货币代码表中无实际成交币种，需将实际成交货币按申报日外汇折算率折算成货币代码表列明的货币填报。

表 9-13 货币代码表

代码	中文名称	英文名称
HKD	港币	Hong Kong Dollar
IDR	印度尼西亚卢比	Rupiah
JPY	日本元	Yen
MOP	澳门元	Pataca
MYR	马来西亚林吉特	Malaysian Ringgit
PHP	菲律宾比索	Philippine Piso
SGD	新加坡元	Singapore Dollar
KRW	韩国圆	Won
THB	泰国铢	Baht
CNY	人民币	Yuan Renminbi
TWD	新台币	New Taiwan Dollar
EUR	欧元	Euro
DKK	丹麦克朗	Danish Krone
GBP	英镑	Pound Sterling
NOK	挪威克朗	Norwegian Krone
SEK	瑞典克朗	Swedish Krona
CHF	瑞士法郎	Swiss Franc
RUB	俄罗斯卢布	Russian Ruble
CAD	加拿大元	Canadian Dollar
USD	美元	US Dollar
AUD	澳大利亚元	Australian Dollar
NZD	新西兰元	New Zealand Dollar

（二）填制操作

报关单证操作人员可从发票、合同中获取相关信息，对照货币代码表进行填报。

四十、原产国（地区）

原产国（地区）是指进出口货物的生产、开采或加工制造的国家（地区）。

（一）填报规范

本栏目应按海关规定的国别（地区）代码表选择填报相应的国家（地区）名称及代码。

1. 一般填报要求

（1）原产国（地区）应依据《中华人民共和国进出口货物原产地条例》《中华人民共和国海关关于执行〈非优惠原产地规则中实质性改变标准〉的规定》，以及海关总署关于各项优惠贸易协定原产地管理规章规定的原产地确定标准填报。

（2）同一批进出口货物的原产地不同的，应分别填报原产国（地区）。

（3）进出口货物原产国（地区）无法确定的，填报“国别不详”。

2. 特殊情况填报要求

（1）料件结转货物，原产国（地区）为原进口料件生产国（地区）。

（2）深加工结转货物，原产国（地区）填报“中国”。

（3）加工出口成品因故退运境内的，原产国（地区）填报“中国”。

（4）加工贸易剩余料件内销，原产国（地区）填报料件的原实际生产国（地区）；加工贸易成品（包括半成品、残次品、副产品）转内销，原产国（地区）均填报“中国”。

（5）海关特殊监管区域运往区外，未经加工的进口货物，填报货物原进口时的原产国（地区）；经加工的成品或半成品，按现行原产地规则确定原产国（地区）。

（二）填制操作

报关单证操作人员依据国别（地区）代码表，在“原产国（地区）”栏目，录入相应的国家（地区）名称及代码，或在下拉菜单中选择。

原产国（地区）是与交易相关的信息，报关单证操作人员可以通过以下方式查找：

（1）进口报关单证（发票或原产地证明书）上原产国（地区）一般表示为“Made in”（在……制造）或“Origin/Country of Origin：×××”（原产于：×××）。

（2）提单或装箱单的唛头中也会记录原产国（地区）信息。如“Made in Thailand”。

四十一、最终目的国（地区）

最终目的国（地区）是指已知的进出口货物的最终实际消费、使用或进一步加工制造的国家（地区）。

(一) 填报规范

本栏目应按海关规定的国别（地区）代码表选择填报相应的国家（地区）名称及代码。

1. 一般填报要求

(1) 最终目的国（地区）填报已知的进出口货物的最终实际消费、使用或进一步加工制造的国家（地区）。

(2) 同一批进出口货物的最终目的国（地区）不同的，应分别填报最终目的国（地区）。

(3) 不经过第三国（地区）转运的直接运输货物，以运抵国（地区）为最终目的国（地区）；经过第三国（地区）转运的货物，以最后运往国（地区）为最终目的国（地区）。

(4) 进出口货物不能确定最终目的国（地区）时，以尽可能预知的最后运往国（地区）为最终目的国（地区）。

2. 特殊情况填报要求

(1) 料件结转货物，最终目的国（地区）填报“中国”。

(2) 深加工结转货物，最终目的国（地区）填报“中国”。

(3) 料件或成品复运出境货物，填报实际最终目的国（地区）。

(4) 海关特殊监管区域外运入区内的货物，最终目的国（地区）填报“中国”。

(二) 填制操作

报关单证操作人员依据国别（地区）代码表，在“最终目的国（地区）”栏目录入相应的国家（地区）名称及代码，或在下拉菜单中选择。

最终目的国（地区）是与交易相关的信息，报关单证操作人员与委托单位确认货物的最终实际消费、使用或进一步加工制造的国家（地区）。如果不能确认，按出口报关单证（发票、装货单）上列明的运抵国（地区）填报本栏目。

四十二、境内目的地/境内货源地

(一) 填报规范

境内目的地填报已知的进口货物在国内的消费、使用地或最终运抵地，其中最终运抵地为最终使用单位所在的地区。最终使用单位难以确定的，填报货物进口时预知的最终收货单位所在地。

境内货源地填报出口货物在国内的产地或原始发货地。出口货物产地难以确定的，填报最早发运该出口货物的单位所在地。

海关特殊监管区域、保税物流中心（B 型）与境外之间的进出境货物，境内目的地/境内货源地填报本海关特殊监管区域、保税物流中心（B 型）所对应的国内地区。

按海关规定的国内地区代码表选择填报相应的国内地区名称及代码。境内目的地还需根据行政区划代码表选择填报其对应的县级行政区名称及代码。无下属区县级行政区的，可选择填报地市级行政区。

（二）填制操作

在“单一窗口”系统中，“境内目的地/境内货源地”栏目各分 2 栏填报：

（1）境内目的地

进口货物需同时在“境内目的地代码”和“目的地代码”两个栏目录入相应的国内地区和县级行政区名称及代码。

（2）境内货源地

出口货物需同时在“境内货源地代码”和“产地代码”两个栏目录入相应的国内地区和县级行政区名称及代码。

境内目的地/境内货源地代码由 5 位数字组成，目的地/产地代码由 6 位数字组成。

境内目的地/境内货源地属于与货物成交相关的信息，报关单证操作人员需要与委托单位确认。在报关单录入时，录入系统将收发货人注册地默认为境内目的地/境内货源地，但报关单证操作人员必须根据实际情况填报，不能以默认信息为准。

例如，天津某外贸公司海运进口医疗设备，货物通关后，送往山西太原某医院。此票进口货物报关单的境内目的地，应填报为“太原”。

四十三、征免

征免是指海关依照《海关法》《关税条例》及其他法律、行政法规，对进口货物进行征税、减税、免税或特案处理的实际操作方式。同一份报关单上可以填报不同的征减免税方式。

（一）填报规范

1. 主要征减免税方式

（1）照章征税指对进出口货物依照法定税率计征各类税、费。

（2）折半征税指依照主管海关签发的征免税证明或海关总署的通知，对进出口货物依照法定税率折半计征关税和增值税，但照章征收消费税。

（3）全免指依照主管海关签发的征免税证明或海关总署的通知，对进出口货物免征关税和增值税，但消费税是否免征应按有关批文的规定办理。

（4）特案减免指依照主管海关签发的征免税证明或海关总署通知规定的税率或完税价格计征各类税、费。

（5）随征免性质指对某些特定监管方式下进出口的货物按照征免性质规定的特殊计税公式或税率计征税、费。

（6）保证金指经海关批准具保放行的货物，由担保人向海关缴纳现金的一种担保形式。

（7）保函指担保人根据海关的要求，向海关提交的订有明确权利、义务的一种担保形式。

2. 填报要求

（1）按照海关核发的征免税证明或有关政策规定，对报关单所列每项商品选择海关规定的征减免税方式代码表（见表 9-14）中相应的征减免税方式填报。

（2）加工贸易报关单应根据加工贸易手册中备案的征免规定填报，加工贸易手册中备案的征免规定为“保金”或“保函”的，不能按备案的征免规定填报，而应填报“全免”。

表 9–14 征减免税方式代码表

征减免税方式代码	征减免税方式名称	征减免税方式代码	征减免税方式名称
1	照章征税	6	保证金
2	折半征税	7	保函
3	全免	8	折半补税
4	特案	9	全额退税
5	随征免性质		

（二）填制操作

征免是与海关管理相关的信息，与报关单的监管方式及征免性质的填报存在相对应的逻辑关系。

（1）以一般贸易成交，确认按一般进出口通关制度报关（征税）的货物，其对应关系：监管方式为一般贸易；征免性质为一般征税；征免为照章征税或保证金、保函。

（2）来料加工或进料加工进出口货物，并确认按保税通关制度报关（保税）的，其对应关系：监管方式为来料加工/进料对口；征免性质为来料加工/进料加工；征免为全免。

（3）来料/进料深加工结转货物，并确认按保税通关制度报关（保税）的，其对应关系：监管方式为来料深加工/进料深加工；征免性质为空；征免为全免。

（4）外商投资企业在投资额度内进口设备、物品，并已确认按特定减免税通关制度报关（免税）的，其对应关系：监管方式为合资合作设备/外资设备物品；征免性质为鼓励项目；征免为全免/特案。

（5）外商投资企业在投资额度外利用自有资金进口设备、物品，并已确认按照特定减免税通关制度报关（免税）的，其对应关系：监管方式为一般贸易；征免性质为自有资金；征免为全免/特案。

在“单一窗口”系统中，报关单证操作人员依据征减免税方式代码表，在“征免方式”栏目录入代码，或在下拉菜单中选择，系统会更新为征减免税方式的名称。

四十四、特殊关系确认

（一）填报规范

根据《审价办法》第十六条，填报确认进出口行为中买卖双方是否存在特殊关系，有下列情形之一的，应当认为买卖双方存在特殊关系，本栏目应填报“是”，反之则填报“否”：

（1）买卖双方为同一家族成员的。

（2）买卖双方互为商业上的高级职员或者董事的。

（3）一方直接或者间接地受另一方控制的。

（4）买卖双方都直接或者间接地受第三方控制的。

（5）买卖双方共同直接或者间接地控制第三方的。

（6）一方直接或者间接地拥有、控制或者持有对方5%以上（含5%）公开发行的有表决权的股票或者股份的。

（7）一方是另一方的雇员、高级职员或者董事的。

（8）买卖双方是同一合伙的成员的。

买卖双方在经营上相互有联系，一方是另一方的独家代理、独家经销或者独家受让人，如果符合上述规定，也应当视为存在特殊关系。

出口货物免予填报，加工贸易及保税监管货物（内销保税货物除外）免予填报。

（二）填制操作

在“单一窗口”系统中，报关单证操作人员点击“其他事项确认”，系统弹出“特殊关系确认”“价格影响确认”“与货物有关的特许权使用费支付确认”3个信息的确认界面。报关单证操作人员根据与委托单位的确认结果，在“特殊关系确认”栏中录入“是”或“否”。

四十五、价格影响确认

（一）填报规范

本栏目根据《审价办法》第十七条，填报确认纳税义务人是否可以证明特殊关系未对进口货物的成交价格产生影响。纳税义务人能证明其成交价格与同时或者大约同时发生的下列任何一款价格相近的，应视为特殊关系未对成交价格产生影响，本栏目应填报“否”，反之则填报“是”：

（1）向境内无特殊关系的买方出售的相同或者类似进口货物的成交价格。

（2）按照《审价办法》第二十三条的规定所确定的相同或者类似进口货物的完税价格。

（3）按照《审价办法》第二十五条的规定所确定的相同或者类似进口货物的完税价格。

出口货物免予填报，加工贸易及保税监管货物（内销保税货物除外）免予填报。

（二）填制操作

在“单一窗口”系统中，报关单证操作人员点击“其他事项确认”，系统弹出“特殊关系确认”“价格影响确认”“与货物有关的特许权使用费支付确认”3个信息的确认界面。报关单证操作人员根据与委托单位的确认结果，在“价格影响确认”栏中录入“是”或“否”。

小贴士

相同或类似货物成交价格方法

相同或类似货物的成交价格方法是在对进口货物（也称被估货物）进行估价时，进口货物成交价格不能成立的条件下，依次采用的第二种和第三种估价方法。依照这两种方法，被估货物完税价格的基础就是与被估货物在同一时间或大约同时（海关接受货物申报之日前后45天内）出口销售至我国境内的相同货物或类似货物的成交价格。在采用这两种方法进行估价时，关键是找到相同货物或类似货物。采用这两种方法寻求被估货物的完税价格，可以用下列公式来表示：

被估货物完税价格=相同（类似）货物的成交价格+运保费

四十六、支付特许权使用费确认

根据《审价办法》第十一条和第十三条，填报确认买方是否存在向卖方或者有关方直接或者间接支付与进口货物有关的特许权使用费，且未包括在进口货物的实付、应付价格中。

买方存在需向卖方或者有关方直接或者间接支付特许权使用费，且未包含在进口货物实付、应付价格中，并且符合《审价办法》第十三条的，填报“是”。

买方存在需向卖方或者有关方直接或者间接支付特许权使用费，且未包含在进口货物实付、应付价格中，但纳税义务人无法确认是否符合《审价办法》第十三条的，填报“是”。

买方存在需向卖方或者有关方直接或者间接支付特许权使用费，且未包含在进口货物实付、应付价格中，纳税义务人根据《审价办法》第十三条，可以确认需支付的特许权使用费与进口货物无关的，填报“否”。

买方不存在向卖方或者有关方直接或者间接支付特许权使用费的，或者特许权使用费已经包含在进口货物实付、应付价格中的，填报“否”。

出口货物免予填报，加工贸易及保税监管货物（内销保税货物除外）免予填报。

小贴士

特许权使用费

特许权使用费是指进口货物的买方为取得知识产权权利人及权利人有效授权人关于专利权、商标权、专有技术、著作权、分销权或者销售权的许可或者转让而支付的费用。同时符合以下条件的特许权使用费应当计入进口货物的完税价格：与进口货物有关；费用的支付作为卖方出口销售该货物到我国关境内的条件。

例1 国内某数据处理公司是一家以数据输入、处理为经营范围的中日合资企业，该公司在国外经销商的授权下，通过互联网将所需软件下载在其计算机上，并为此向国外支付计算机软件使用费和价款。

进口关税的课税对象是进境货品，即在一般情况下，海关只能对有形货品课税，而不能对无形货品课税。只有在无形货品的价值物化在某种有形货品中或符合一定条件时，其价值才能成为完税价格的一部分。在上述案例中，无相关的货物或载体，权利费的支付既与进口货物无关，也未构成进口货物的一项销售条件，因而不能计入完税价格。从实务来看，这种贸易方式海关难以监管，大多数国家均不征收进口关税。

例 2 外国生产商在进口国拥有一项商标权。进口商使用该商标销售其 6 种化妆品。按合同规定，进口商需每年向生产商支付化妆品销售总价的 5%作为商标费。进口商生产化妆品的配方由生产商提供，并且进口商为了生产的需要常常向生产商购买基本原料。在这种情况下，当该基本原料进口时，商标费不能成为完税价格的一部分。这是因为，该商标费的支付并不是购买该基本原料的一项交易条件，不论进口商是否购买该生产商的基本原料，都得支付该商标费。

例 3 国内某邮电管理局从美国某电信公司进口移动通信设备的同时，和外方签订了软件使用许可合同，根据合同的约定向外方支付计算机软件使用费，其中部分软件“固化”在设备的控制盘中，没有单独的载体，其价格在进口设备的发票中单独列名。在该案例中，由于计算机软件是用于或装载于该移动通信设备的，因而与该进口货物有关，同时它也是出口销售的条件，所以该软件使用费应计入完税价格。

例 4 国内某客户向巴黎的服装设计师购买了一件可以转售但不可复制的某款式睡衣，价格为 1000 美元。另一位国内服装制造商向该设计师购买了一件同样款式的睡衣，价格为 25000 美元，其中包括在美国独家生产该睡衣的复制费。因买卖双方未对该睡衣的价格单独确认，所以该睡衣没有成交价格。如果其他条件均得到满足，服装制造商购买的睡衣的成交价格应为 1000 美元，而对睡衣复制费的支付则不能成为睡衣完税价格的一部分。

四十七、自报自缴

进出口企业采用“自主申报、自行缴税”（自报自缴）模式向海关申报时，填报“是”，反之则填报“否”。

四十八、申报单位

自理报关的，填报进出口企业的名称及编码；委托代理报关的，填报报关企业名称及编码。编码填报 18 位法人和其他组织统一社会信用代码。

报关单证操作人员填报在海关备案的姓名、编码、电话，并加盖申报单位印章。

四十九、海关批注及签章

供海关作业时签注。

第二节 报关单其他相关信息填制

根据“单一窗口”系统的申报要求，企业向海关申报时，除按照《报关单填制规范》的要求填制相关栏目外，还需要录入其他申报项目，实现申报人通过电子口岸平台一点接入、一次性提交满足口岸管理和国际贸易相关部门要求的标准化单证和电子信息，相关部门通过电子口岸平台共享数据信息、实施职能管理。

一、报关单类型

有纸报关通过下拉菜单选择“0-有纸报关”，有纸带清单报关选择“L-有纸带清单报关”，无纸带清单报关选择“D-无纸带清单报”，通关无纸化选择“M-通关无纸化”。

特殊说明：

（1）有纸报关：没有与海关签订通关无纸化企业报关填报用，报关单不传输随附单据。

（2）有纸带清单报关：没有与海关签订通关无纸化企业报关带有清单的集中申报报关单用，报关单不传输随附单据。

（3）无纸带清单报关：没有与海关签订通关无纸化企业报关带有清单的集中申报报关单用，报关单上传随附单据（后改为“M-通关无纸化”）。

（4）通关无纸化：与海关签订通关无纸化企业报关填报用，报关单上传随附单据。

二、企业资质类别

按进出口货物种类及相关要求，本栏目须选择填报货物的生产商/进出口商/代理商必须取得的资质类别。多个资质的须全部填写。包括：

（1）进口食品、食品原料类，填写进口食品境外出口商代理商备案、进口食品进口商备案；

（2）进口水产品，填写进口食品境外出口商代理商备案、进口食品进口商备案、进口水产品储存冷库备案；

（3）进口肉类，填写进口肉类储存冷库备案、进口食品境外出口商代理商备案、进口食品进口商备案、进口肉类收货人备案；

（4）进口化妆品，填写进口化妆品收货人备案；

（5）进口水果，填写进境水果境外果园/包装厂注册登记；

（6）进口非食用动物产品，填写进境非食用动物产品生产、加工、存放企业注册登记；

（7）饲料及饲料添加剂，填写饲料进口企业备案、进口饲料和饲料添加剂生产企业注册登记；

（8）其他：进境植物繁殖材料隔离检疫苗圃申请、进出境动物指定隔离场使用申请、进境栽培介质使用单位注册、进境动物遗传物质进口代理及使用单位备案、进境动物及动物产品国外生产单位注册、进境粮食加工储存单位注册、境外医疗器械捐赠机构登记、进出境集装箱场站登记、进口棉花境外供货商登记注册、对出口食品包装生产企业和进口食品包装的进口商实行备案。

三、企业资质编号

按进出口货物种类及相关要求，本栏目须填报货物生产商/进出口商/代理商必须取得的资质对应的注册/备案编号。有多个资质的须全部填写。

四、启运日期

启运日期是指装载入境货物的运输工具离开启运口岸的日期。

本栏目为8位数字，顺序为年（4位）、月（2位）、日（2位），格式为“YYYYMMDD”。

五、UN编码

进出口货物为危险货物的，须按照“关于危险货物运输的建议书”，在“危险货物信息”中填写危险货物对应的UN编码。

六、危险货物名称

进出口货物为危险货物的，须在“危险货物信息”项下的“危险货物名称”中，填写危险货物的实际名称。

七、货物属性代码

根据进出口货物的商品编码和货物的实际情况，按照海关规定的货物属性代码表，在下拉菜单中勾选货物属性的对应代码。有多种属性的要同时选择。

（1）入境强制性产品认证产品，必须在入境民用商品认证（11-3C目录内、12-3C目录外、13-无须办理3C认证）中勾选对应项；

（2）食品、化妆品是否预包装、是否首次进口，必须在食品及化妆品（14-预包装、15-非预包装、18-首次进口）中勾选对应项；

（3）凡符合《进出境转基因产品检验检疫管理办法》规定含转基因成分须申报的，必须在转基因（16-转基因产品、17-非转基因产品）中勾选对应项；

（4）“成套设备”“旧机电”产品，必须在货物属性（18-首次进出口、19-正常、20-废品、21-旧品、22-成套设备）中勾选对应项；

（5）特殊物品、化学试剂，必须在特殊物品（25-A级特殊物品、26-B级特殊物品、27-C级特殊物品、28-D级特殊物品、29-V/W非特殊物品）中勾选对应项；

（6）木材（含原木）板材是否带皮，必须在是否带皮木材（23-带皮木材/板材、24-不带皮木材/板材）中勾选对应项。

八、用途代码

根据进境货物的使用范围或目的，按照海关规定的用途代码表（见表9-15）在下拉菜单中选填。例如，进口货物为核苷酸类食品添加剂（商品编码 29349990001），用于工业时，选择“工业用途”；用作食品添加剂时，选择“食品添加剂”。

表 9-15　用途代码表

代码	中文名称	代码	中文名称
11	种用或繁殖	23	食品容器
12	食用	24	食品洗涤剂
13	奶用	25	食品消毒剂
14	观赏或演艺	26	仅工业用途
15	伴侣	27	化妆品
16	实验	28	化妆品原料
17	药用	29	肥料
18	饲用	30	保健品
19	食品包装材料	31	治疗、预防、诊断
20	食品加工设备	32	科研
21	食品添加剂	33	展览展示
22	介质土	99	其他

九、许可证件编号

进出口货物取得了许可、审批或备案等资质时，应在“产品资质”项下的“产品许可证/审批/备案信息”中填报对应的许可、审批或备案证件编号。

同一商品有多个许可、审批或备案证件号码时，须全部录入。

十、核销货物序号

进出口货物取得了许可、审批或备案等资质时，应在“产品资质”项下的“产品许可证/审批/备案信息”中填报被核销文件中对应货物的序号。

特殊物品审批单支持导入。

十一、核销数量

进出口货物取得了许可、审批或备案等资质时，应在“产品资质”项下的“产品许可证/审批/备案信息”中，填报被核销文件中对应货物的本次实际进出口数（重）量。

特殊物品审批单支持导入。

十二、许可证类别代码

进出口货物取得了许可、审批或备案等资质时，应在“产品资质”项下的“产品许可证/审批/备案信息”中填报对应的许可、审批或备案证件代码。

十三、许可证类别及名称

进出口货物取得了许可、审批或备案等资质时，应在“产品资质”项下的“产品许可证/审批/备案信息”中填报对应的许可、审批或备案证件类别及名称。

同一商品有多个许可、审批或备案证件类别及名称时，须全部录入。

十四、集装箱货重

当使用集装箱装载货物时，需填报集装箱体信息，包括集装箱号、集装箱规格、集装箱商品项号关系、集装箱货重。

其中，集装箱货重录入集装箱箱体自重（千克）+装载货物重量（千克）。例如，集装箱重量和箱内装载的200箱商品重量合计为15555千克时，本栏目应录入“15555千克”。

本栏目只能填报以“千克”为单位的重量数字，其他计量单位应该转换为“千克”后填报。

十五、关联号码及理由

进出口货物报关单有关联报关单时，在本栏目中填报相关关联报关单号码，并在下拉菜单中选择关联报关单的关联理由。

十六、检验检疫签证申报要素

填报“所需单证”项下“检验检疫签证申报要素”时，在确认境内收发货人名称（外文）、境外收发货人名称（中文）、境外收发货人地址、卸毕日期和商品英文名称后，根据现行相关规定和实际需要，勾选申请单证类型，确认申请单证正本数和申请单证副本数后保存数据。

十七、担保验放

担保验放是指与海关总署签署“适用担保验放通关程序责任担保书”的高级AEO企业所进出口货物的报关单电子数据经海关接受申报后，经确定商品归类、海关估价和提供有效报关单证的基础上，在缴清税费或者办结其他海关手续前，企业可以凭“进（出）口货物担保验放清单”向海关先行办理货物验放手续（国家对进出口货物有限制性规定，应当提供许可证而不能提供的除外）的便利通关措施。

进出口企业采用“担保验放”模式向海关申请通关放行的，勾选本栏目，反之则不勾选。

十八、税单无纸化

进出口企业采用“税单无纸化”模式向海关申报时，勾选本栏目，反之则不勾选。

十九、场地代码

按照进出口货物海关实际监管点，根据海关规定的海关货场代码表准确填报本栏目。

(1) 一般进出口货物报关单，按照进出口货物海关实际监管点如实填写。

(2) 通关一体化报关单，如企业在某直属海关（黄埔海关）申报、在外关区（非黄埔海关）实际监管验放的报关单，填报“5298”。

(3) 加工贸易形式报关单，参照原报关单填写。

(4) 除上述类型外的报关单，填写“5299”。

二十、货号

申报加工贸易货物进出口报关单时，根据加工贸易手册中备案的料件、成品货号填报本栏目。

二十一、加工成品单耗版本号

申报加工贸易货物出口报关单时，系统自动返填与加工贸易手册中备案成品单耗一致的版本号。

二十二、境外收/发货人代码

境外收货人通常指签订并执行出口贸易合同的买方或合同指定的收货人，境外发货人通常指签订并执行进口贸易合同的卖方。

境外收/发货人为AEO互认国家（地区）企业的，本栏目填报AEO编码，填报样式按照海关总署发布的相关公告要求填报（如新加坡AEO企业填报样式为SG123456789012，韩国AEO企业填报样式为KR1234567）。

二十三、特殊业务标识

属于国际赛事、特殊进出军工物资、国际援助物资、国际会议、直通放行、外交礼遇、转关等特殊业务的，根据实际情况勾选。

不属于以上情况的无须勾选。

二十四、B/L号

填报入境货物的承运人开出的提单/运单号的总单号或直单号。该栏目不可为空，空时系统自动提取提运单号返填。

二十五、原箱运输

申报使用集装箱运输的货物，根据是否原集装箱原箱运输，勾选“是”或“否”。

二十六、使用单位联系人

使用单位联系人填报进境货物销售、使用单位的联系人的名字。

二十七、使用单位联系电话

使用单位联系电话填报进境货物销售、使用单位的联系人的电话。

二十八、非危险化学品

企业填报的商品编码可能涉及危险化学品时，系统会弹出“危险货物信息”窗口进行提示，企业可在本栏目选择“是”或“否”。

二十九、危包规格

进出口货物为危险货物的，须根据危险货物包装规格的实际情况，按照海关规定的危包规格代码表（见表 9–16）在“危险货物信息”项下的“危包规格”中，选择填报危险货物的包装规格代码。

表 9–16　危包规格代码表

代码	中文名称
1A1	钢制不可拆装桶顶圆桶
1A2	钢制可拆装桶顶圆桶
1B1	铝制不可拆装桶顶圆桶
1B2	铝制可拆装桶顶圆桶
1D	胶合板圆桶
1G	纤维圆桶
1H1	塑料不可拆装桶顶圆桶
1H2	塑料可拆装桶顶圆桶
2C1	塞式木琵琶桶
2C2	非水密型木琵琶桶
3A1	钢制不可拆装罐顶罐
3A2	钢制可拆装罐顶罐
3B1	铝制不可拆装罐顶罐
3B2	铝制可拆装罐顶罐
3H1	塑料制不可拆装罐顶罐
3H2	塑料制可拆装罐顶罐
4A	钢箱

表9-16 续1

代码	中文名称
4B	铝箱
4C1	大木箱
4C2	箱壁防撒漏木箱
4D	胶合板箱
4F	再生木木箱
4G	纤维板箱
4H1	膨胀的塑料箱
4H2	硬质的塑料箱
5H	塑料编织袋
5H1	塑料编织无内衬或涂层的袋
5H2	塑料编织防撒漏的袋
5H3	塑料编织防水的袋
5H4	塑料薄膜袋
5L1	无内衬或涂层的纺织品编织袋
5L2	纺织品防撒漏的纺织品编织袋
5L3	纺织品防水的纺织品编织袋
5M1	多层的纸袋
5M2	多层防水纸袋
6HA1	塑料容器在钢桶内复合包装
6HA2	塑料容器在钢条或钢皮箱内复合包装
6HB	塑料容器在铝桶内复合包装
6HB2	塑料容器在铝条或铝皮箱内复合包装
6HC	塑料容器在木箱内复合包装
6HD1	塑料容器在胶合板桶内复合包装
6HD2	塑料容器在胶合板箱内复合包装
6HG1	塑料容器在纤维桶内复合包装
6HG2	塑料容器在纤维板箱内复合包装
6HH1	塑料容器在塑料桶内复合包装
6HH2	塑料容器在硬塑料箱内复合包装
6PA1	玻璃、陶瓷、粗陶器在钢桶内复合包装
6PA2	玻璃、陶瓷、粗陶器在钢条或钢皮箱内复合包装
6PB1	玻璃、陶瓷、粗陶器在铝桶内复合包装

表9-16　续2

代码	中文名称
6PB2	玻璃、陶瓷、粗陶器在铝条或铝皮箱内复合包装
6PC	玻璃、陶瓷、粗陶器在木箱内复合包装
6PD1	玻璃、陶瓷、粗陶器在胶合板内复合包装
6PD2	玻璃、陶瓷、粗陶器在柳条筐内复合包装
6PG1	玻璃、陶瓷、粗陶器在纤维桶内复合包装
6PG2	玻璃、陶瓷、粗陶器在纤维板箱内复合包装
6PH1	玻璃、陶瓷、粗陶器在膨胀塑料包装内复合包
6PH2	玻璃、陶瓷、粗陶器在硬塑料包装内复合包装

三十、危包类别

进出口货物为危险货物的，须按照《危险货物运输包装类别划分方法》，在“危险货物信息”项下的“危包类别”中，勾选危险货物的包装类别。

危险货物包装根据其内装物的危险程度划分为三种包装类别：

一类：盛装具有较大危险性的货物；

二类：盛装具有中等危险性的货物；

三类：盛装具有较小危险性的货物。

三十一、所需单证

进出口企业申请出具检验检疫证单时，应根据相关要求，在“所需单证”项下的“检验检疫签证申报要素”中，勾选申请出具的检验检疫证单类型。

申请多个的可多选。

三十二、检验检疫货物规格

在“检验检疫货物规格”项下，填报“成分/原料/组分”“产品有效期”“产品保质期”“境外生产企业”“货物规格”“货物型号”“货物品牌”“生产日期”“生产批次”栏目。

（1）品牌以合同或装箱单为准，需要录入中英文品牌的，录入方式为“中文品牌/英文品牌”。

（2）境外生产企业名称默认为境外发货人。

（3）特殊物品、化妆品、其他检疫物等所含的关键成分或者其他检疫物的具体成分、食品农产品的原料等，在“成分/原料/组分”栏填报。